诺贝尔奖中华风云

探宇宙秩序易
厘人心纷扰难
爱要说出来

李政道传

季承/著　李政道/供图

语大义之方　论万物之理

谨以此书献给李政道先生八十五寿辰暨宇称不守恒发现五十五周年

国际文化出版公司

图书在版编目（CIP）数据

诺贝尔奖中华风云：李政道传/季承著. －北京：国际文化出版公司，2010.1

ISBN 978－7－80173－868－4

I. 诺…　II.季…　III.李政道－传记　IV.K837.126.11

中国版本图书馆CIP数据核字（2009）第206625号

诺贝尔奖中华风云：李政道传

作　　　者	季　承	
责任编辑	王逸明	
策划编辑	胡劲华　戴子昂	
特约编辑	黄　悦	
装帧设计	丁华勇	
出版发行	国际文化出版公司	
经　　　销	全国新华书店	
印　　　刷	北京利丰雅高长城印刷有限公司	
开　　　本	710×1000　16开	
	25印张　300千字	
版　　　次	2010年1月第1版	
	2010年1月第1次印刷	
书　　　号	ISBN 978－7－80173－868－4	
定　　　价	39.80元	

国际文化出版公司

北京朝阳区东土城路乙9号　邮编：100013
总编室：（010）64270995　传真：（010）64271499
销售热线：（010）64271187　64279032
传真：（010）84257656
E－mail：icpc@95777.sina.net
http://www.sinoread.com

作者季承与李政道

1957 年 12 月 10 日诺贝尔奖颁奖仪式。

14 岁的李政道。摄于从上海离家去内地前。

与祖父祖母，右一为李政道。

李政道夫妇新婚时。

1957年万圣节，李政道一家和杨振宁一家在普林斯顿
高等研究院内合影。摄于他俩同获诺贝尔奖后。

1957 年 12 月 10 日，李政道获奖瞬间。

1959 年，李政道、杨振宁与几位曾获诺贝尔奖的物理学家。

1974 年 5 月，毛泽东接见李政道。

1974 年，周恩来接见第二次回国的李政道。

1978 年，邓小平与李政道亲切握手。

邓小平参观李政道支持的科学工程。

1998 年，江泽民参观李政道倡议的科学与艺术展。

1998 年，朱镕基会见李政道。

一辈子醉心于物理的李政道。

晚年李政道。

在庆祝李政道 60 岁寿辰大会上，吴健雄、吴大猷、丁肇中等前来祝贺。

李政道和国内的艺术家们。

李政道夫妇与儿子中清、中汉在家中。

李政道夫妇与吴作人夫妇。

李政道先生绘画作品选

李政道先生绘画作品选

仙客来

11/2/93

Margaret rose
3/24/94
Sunday, after lunch

Vineyard
in
Tuscany
(6/..)

8/29/95
Les Praz

李政道先生绘画作品选

目　录

　　　　江青有点火，大着嗓门说："搞教学改革的可以讲讲嘛！……
意识形态问题很复杂，我就不相信科学比意识形态更难！"……李
政道对回答这样的问题并不犯难。他说："问题是怎样才能更好地为
人民服务。没有现在的基础科学，就没有将来的应用科学，就不能
很好地为人民服务。……没有为人民服务，我们的问题就失去了讨
论的前提。"李政道就这样回击了"四人帮"的诡辩。

　　　　吴大猷先生说，看一个人要看他的智慧、基础，看他的发展趋
势和潜力。当时，他觉得李政道……虽然只是大学二年级，但实际
水平超过了大学毕业生。李政道热爱物理，研究意识强烈，刻苦钻
研，做习题好像发了疯，有科学家的敬业精神。后生可畏，前途无
量……不是他选择了李政道，而是李政道选择了他，是李政道从重
庆跑到昆明来找他的。

　　　　李政道初到异国他乡，语言不通，环境生疏。但是他是从克
服重重困难中长大的，深深地懂得，困难一定要靠自己去战胜。李
政道从小就具有刚毅的性格，成长中又饱经战乱和穷困的考验，现
在虽然他只有大学本科二年级的学历，可他已经熟悉了经典物理学，
对量子物理学也有所了解，对进研究生院很有信心。于是，他暗自
下决心一定要靠自己的奋斗走出一条路来。

是在弱作用中对称性破坏、高能中微子物理方面，李政道是合作中的先行者和主导者。

李政道是因为对物理有极大的兴趣而专门从事物理研究的。他选择了物理，采取了"细推"的办法，把生命献给了物理，终生以物理为伴，不为浮名，其乐无穷！

从第一次回国访问，他就强调基础科学的重要。为了对抗当时的潮流，扭转人们特别是执政领导人的思想偏差，他反复地强调基础科学的重要性，并且不断用形象的比喻，来说明这个问题……后来，他找到了更为恰当的比喻，把基础研究、应用研究和科技开发三者的关系，比喻作水、鱼和鱼市场。没有水就没有鱼，也就没有鱼市场，说明基础科学是根本，当然也不能没有后二者。

李政道不但对科学和艺术结合有独到的见解，还身体力行参加实践，不但以自己高水平的科学智慧去探求自然界的普遍规律，还经常赋诗作画在艺术领域里耕耘，颇有成就。他身在人间却心通天宇，凭着他的天才和勤奋，在科学和艺术这两个天堂里以苦为乐，孜孜以求，不达目标，誓不罢休。

李政道醉心物理，钟情科学和艺术的结合。他把一生绝大部分时间贡献给了物理，可是他却具有诗人、画家和书法家的天赋和秉性。幼年时，他并没有读多少中国古诗，也没有机会让他展现自己的绘画才能，更没有时间临摹碑帖，但是诗人的气质、画家的灵感和书写的天资使他禁不住要表现自己。

李政道书生意气的另一个方面，是路见不平，仗义执言，颇具侠客之风。这与他出生在中国南方，也就是所谓"南方人"的性格不太相符。在中国，南方人，尤其是江浙一带的人，是以精明柔弱和明哲保身为特征的。他的性格可能和他年幼时漂泊流浪、屡遇恩人、自立成长有关。

第十四章　树欲静而风不止：无奈的争辩

现在大家都很清楚，李杨不和的核心问题是，有关宇称不守恒的发现这一突破性的思想，在李政道和杨振宁之间，是由谁先提出来的。李政道认为是他一个人独立地先提出来并且有实验的证实，随后杨振宁才参加进来；而杨振宁则认为是他先有了这个想法，说服李政道之后，一同做出来的工作。争论的另一个方面，就是他们不和的内幕是谁首先向外界披露的。换句话说，就是谁首先挑起争论的。

第十五章　语大义之方 论万物之理

2006 年 11 月 24 日，是李政道的 80 寿辰。9 月 29 日，美国哥伦比亚大学物理系为李政道举行 80 寿辰和宇称不守恒发现 50 周年庆祝会。会上有 6 位诺贝尔奖获得者发言，介绍李政道的物理成就并祝贺他的寿辰。另外还有多人发言。李政道则分发了书名为《学而时习之》的小册子，以答谢大家。在这本小册子里呈现给大家的是他在 2006 年发表的 5 篇科学论文，说明他虽年届耄耋，却仍然活跃在科研前线。

代序: 宇称不守恒的发现影响了一代人的思维

何祚庥（中科院院士、著名理论物理学家）

　　我和李教授算是同时代的人，又在物理学的一个领域内是同行，有幸在年轻时代起就不断追随李政道先生在各个时期所做的各项开拓性的工作。特别在粒子物理的领域内，政道教授绝对是"各领风骚"的先驱者，尤其是他和杨振宁教授合作研究的弱相互作用下宇称不守恒理论的发现。

　　1956 年国庆前夕，张文裕教授、王承书教授、郭永怀教授、李佩教授乘海船由香港归来。我奉命到深圳的罗湖桥头欢迎他们四位回国服务。由于我的兴趣在粒子物理，而张文裕先生、王承书先生和李政道、杨振宁都是往来十分密切的朋友，所以，就自然而然地向我介绍了李政道和杨振宁所做的经典工作。而且，他们给了我一份由他们两位带回来的预印本《关于弱相互作用里的宇称是否守恒的问题》。

　　宇称，涉及左和右相对称的概念，一个物理体系处在左和右相对称的始态，发展或演化以后，竟然会出现左和右不相对称的末态，这太神奇了！虽然我们震惊于李政道、杨振宁的论文的奇思妙想，但是，实验"必定"表明宇称"一定"守恒！

1956 年底和 1957 年 1 月，消息传来，吴健雄教授有关钴 60 极化核的 β 衰变的实验，竟然观察到末态电子分布的左右不对称！接下来，伽尔汶等人又观察到 $\Pi \to \mu \to e$ 衰变过程中的左右不对称。于是，宇称守恒的定律就此被李政道、杨振宁两位科学上的先驱者所"打破"！

一时之间，"打破"宇称守恒定律的消息传遍世界，在许多国家激起"李、杨效应"。一些青年学子，纷纷立志要向李政道、杨振宁学习，有的立志要向粒子物理进军，立志向科学进军，立志要"赛因顶峰会李杨"。至于我们这些略为懂得一些粒子物理的初等知识的"粉丝"（追星族），更是对李先生、杨先生所做的这一经典工作，崇敬之至！

那时的新中国是和国际社会相隔绝的。美国的《物理评论》杂志要经过曲折的渠道，才能寄到新中国。虽然宇称守恒定律被"打破"的新闻，在媒体上广泛传播，但是，当时在国内能拿到的唯一的正式文本，就是由张文裕、王承书教授转交给我的《关于弱相互作用下宇称是否守恒问题》的预印本。

由于这一问题太重要了！于是，当时在中国科学院近代物理所（注：后来改为原子能研究所）的粒子理论工作者纷纷钻研起这一"唯一"的预印本，最后由朱洪元先生在全所的讨论会上，向全体研究人员介绍这一创造性的新理论。

毫无疑义，宇称不守恒的发现，直接影响到整整一代粒子物理学家们的工作。例如，弱相互作用理论以及最终导致弱电统一理论的标准模型的建立，就是宇称不守恒定律的发现，所导致的结果。

在粒子物理的实验上，更是硕果累累，书不胜书。现在在粒子物理、天体物理研究中的中微子物理学、中微子天文学……也是这一新理论的直接后果。

　　但是，更为重要的是李政道先生、杨振宁先生在发现弱相互作用下宇称不守恒定律时，所采用的思维模式。

　　1957 年，我曾在一个"弱相互作用问题科学讨论会"上写了一个发言稿，《谈谈李政道、杨振宁发现宇称不守恒的工作方法和思想方法上的一些特点》，此稿当时并未发表。直到 1997 年，我在整理我的文稿时，才重新发现了这一旧稿，并收入我的一本文集中，为纪念宇称不守恒定律的发现，现将这一文稿中的某些段落摘录如下：

　　"著名科学家李政道、杨振宁发现弱相互作用下宇称不守恒的事迹已经在我国报刊上多次地介绍过了。李和杨的发现是科学上的一个重大贡献。不过，我们感到，李和杨的发现除了在科学知识上提出的原理有重要的价值以外，他们在处理这一类问题时所采用的方法也能对我们有不少启发。现在来谈一谈我对这个问题的认识。"

　　"李政道和杨振宁的工作给予人们的一个突出的印象，便是理论上的敢于破除成见的独创精神。要提出宇称可能在一定条件下不守恒的观念确实是需要一些勇气的。宇称守恒的观念的酝酿在科学上由来已久。正式在量子力学中加以肯定也早在 1927 年。这个观念看来也是十分合理的，我们很难设想物理的规律在左手座标和右手座标中会有什么不同。事实上也有大量的科学实验证明宇称守恒定律的正确。在李和杨提出弱相互作用下宇称可能不守恒的假设时，那时实验上还只有 t 介子和 q 介子宇称互相相反一个实验事实。在当时，实验上虽然指出 t 介子和 q 介子具有差不多相等的寿命、质量以及相等的电荷、自旋等性质。不过，人们尽可以设想 t 和 q 是两种不同的粒子，只是他们具有不同的宇称而已。可是李、杨却从这样一个实验事实给予的启示出发，深入地分析了宇称是否在一切条件下都守恒的问题，从而提出了宇称可能不守恒的观念，这确实需要很大的勇气。

　　"著名的物理学家泡利一直被公认为物理学界优秀的批评家，很多人认为泡利所认为重要的工作大概就是很重要的工作。可是，当李、杨刚提出他们的假设时，泡利就不信这件事情是可能的。泡利在他给著名的原子核物理学家韦斯荷夫的一封私人的通信中写道：'我不相信上帝是一个左撇子，同时我准备用一大笔钱和你打赌，实验的结果将一定是电子的球形对称的分布。我看不出相互作用的强度与镜象对称性之间有任何逻辑上的联系。而且，即使在 P 衰变中抛弃了左右的对称性，也不见得会对 K 介子问题的解决有所帮助。'后来当他得到吴健雄的实验测量到电子的不对称的分布的消息时，他又写信给韦斯荷夫说：'真是惊人！难道这个消息是确实的吗？'直到后来，实验已经完全证实李、杨的假设的正确以后，他才又写信给韦斯荷夫说道：'幸亏我没有和你打赌，否则我将损失一大笔我所不能负担的财富。现在我只是在信中或口头上说了一些胡话而失去了我的名誉，然而这还是我付得起的。不过，我是十分惊讶为什么上帝是一个左撇子，但是当他表现得十分'强壮'的时候，他又是左右对称的了！"

"非常值得重视的是李先生和杨先生介绍他们探索和解决这一问题的过程。"

"杨振宁自己叙述他的工作过程时说道：'我们并没有这种准确的预想。讲起来，我们不过是通过对于 $t-q$ 疑难已经作过的各种不同尝试的失败而被迫走到这一点。'在物理文献上，我们可以找到李和杨对于解决 $t-q$ 疑难的种种尝试，例如，李政道曾经提出 q 可以转化为 t 并放出一个光子的假说。李政道和杨振宁还曾经共同提出'宇称双重态'的假说，其他的人也有不同的尝试。不过，所有以前的这些尝试都是在想努力保存宇称守恒定律的条件下来进行的。然而所有这些尝试都遭到了失败，这才被迫做出宇称在弱相互作用下可能不守恒的假说。"

"李、杨的工作的可贵的地方还不仅仅在于以上我们所说的他们在理论上的勇气。能够想到 $t-q$ 粒子在衰变时宇称可能不守恒这一思想，虽然不是一件容易的事，不过，根据以上所说的事实，也还是可能联想到或怀疑到宇称是否一定守恒问题。事实上在六次罗彻斯特的会议上，就有人提出过这样的怀疑。不过，李、杨工作的可贵之处，就在于他们并不停留在抽象的怀疑或猜想上，他们把宇称可能不守恒的假想和实验的事实联系起来。他们仔细地检查了所有有关这种问题的实验事实。结果发现：1. 过去对于弱相互作用所做的实验对于宇称守恒问题毫无关系；2. 在强相互作用中，确实有许多实验高度精确地证实了宇称守恒，不过，他们的实验精确度还没有精确到足以显示出在弱相互作用中是否宇称守恒的证据。"

"李政道和杨振宁对待实验事实的这种有分析有批判的态度确实给予人们鲜明的印象。在他们发表在《物理评论》第 104 卷第 254 页上的《弱相互作用中的宇称守恒问题》的论文中，他们逐个逐个地分析所有的实验事实，指出这些实验的精确度，也就是指出他们在多大精确度内证实了宇称守恒。而检查结果确是实验上并没有证明弱相互作用下宇称守恒。于是，李和杨就在检查了所有实验的基础上，提出了弱相互作用下宇称可能不守恒的假设。"

"可以看出，李和杨的尊重实验事实而又不迷信实验事实的态度，正是他们之所以获得成功的最重要原因。

"李和杨在提出弱相互作用下宇称可能不守恒的假设以后，他们并没有只停留在假设的阶段。他们又进一步设计了种种的实验，来设法检证他们的假设是否正确。既然过去所有的实验都不能证明宇称是守恒或是不守恒，那么当然就需要采用新的办法来设计一些新的实验了。而这个任务是差不多由李、杨两人全部完成了的。几乎是所有可能做的实验，都由他们详加讨论。后来由著名科学家吴健雄所从事的证明宇称不守恒的确证实验，就是李、杨所设计的一系列实验之一。

"在实验证实了弱相互作用下宇称不守恒以后，李、杨又进一步讨论了其他守恒定律，如时间反演守恒，电荷共轭守恒定律在弱相互作用下是否正确的问题。当然，这是理论成就的进一步推广了，也是理论向前发展的必然的逻辑。不过，这里值得提出的仍然是他们所使用的理论和实验相结合的方法，他们对各种理论因素在实验上可能产生的影响的分析，以及各种实验结果能在哪些范围内验证哪些理论因素的分析，是很值得我们注意的。

"我感到，李政道和杨振宁创造性的分析理论因素和实验结果的方法正是他们的工作方法上最可贵的地方。"

时代继续前进。

1976年，中国清除了"四人帮"。1978年，出现了有关"实践是检验真理的唯一标准"的大讨论。这一讨论竟成了"牵一发而动全身"（罗瑞卿同志语）的、在新时期的思想解放的旗帜！因为实践和理论的相互关系的问题，涉及到如何科学地对待毛泽东思想；涉及如何对待毛泽东在各个时期所说过的话，写过的文章，是否"句句是真理，一句顶一万句"；涉及如何评价毛泽东所亲自发动和亲自领导的文化大革命；涉及如何纠正毛泽东在文化大革命时期所犯的理论上的、政策上的各种错误。在革命的转折时期，无疑要解放思想，要破除在文化大革命时期所发展起来的个人迷信。但是，何谓迷信，何谓科学，何谓错误，何谓真理，是一个有争议的问题。我们既不能"鱼目混珠"，也不能"把小孩子和脏水一起倒掉"，有关真、伪之争、正确和错误之争的最终的判据，是社会实践以及自然科学中的科学实践。1978年5月11日，在《光明日报》上刊登了由"本报特约评论员"撰写的《实践是检验真理的唯一标准》那篇著名的文章。由于"本报特约评论员"的文章不仅涉及革命路线以及社会科学有关问题，而事实上还涉及"四人帮"及其同伙假借宇称不守恒的发现来宣扬伪科学的理念，来否定实践是检验真理的唯一标准。例如，在"四人帮"控制的一本《自然辩证法杂志》上，就以宇称不守恒的发现为"证据"，从而说"这一次则是以如此明确，如此彻底的形式推翻了这几条守恒定律……直截了当地展示在光天化日之下，在科学史上，这还是第一次。"据此，就进一步提出"能量守恒定律……总有一天也会被打破"，而且还要"彻底打破"！（《论运动的守恒和不守恒》，《自然辩证法杂志》，1975年，第2期，第1页）其无视于能量守恒定律的实践基础，无视于实践是检验真理的标准这一马克思主义的根本原理，达到何等惊人的程度！

  1978年5月13日，我在《光明日报》上又撰写一篇《真理的标准只能是社会实践——从宇称不守恒的发现说起》的文章，此文又一次回顾了李先生和杨先生在1956年所做的经典性工作：宇称不守恒的发现，是否表明"检验科学理论的实践标准"已经"过时"。此文再一次强调："由弱相互作用下宇称不守恒的发现的历史，可以看出（一）宇称不守恒的问题的提出，完全是科学实验的产物，是理论和实验产生尖锐冲突的结果。用杨振宁的话来说，'我们不过是通过 $q-t$ 疑难的已经作过的各种不同的尝试的失败而被迫走到这一点。'（杨振宁：《物理学中的宇称不守恒定律和其它对称定律》，《科学通报》，1958年，第2期，第33页）（二）宇称守恒定律之所以能'打破'，是由于历史上根本没有证实弱相互作用下宇称守恒的实验，只是'先验地'断定弱相互作用下宇称也'一定'守恒。所谓'打破'，并不是真正打破了曾由实验证明为正确的定理或定律，所打破的只是一种先验的成见，是没有得到实验证明的一种成见。（三）凡是经由实验检验并证明为正确的，或在一定精确程度内证明为正确的理论或定律，是不能打破的。如强相互作用、电磁相互作用下宇称守恒定律，就并没有打破，只是得到新的证实。这说明实践标准具有绝对性。（四）弱相互作用过程中，宇称究竟是否守恒，也不能先验地从理论上来确定。李和杨只是从理论上分析出存在着这种可能性。最后的判决者仍是科学实验。当时在美国的物理学家吴健雄博士所做的低温下极化钴 -60 原子核的 β 衰变现象中的上下不对称实验，就是许多判决性实验中的第一个。"

"宇称不守恒发现的历史，说明一切的理论、观点、学说，必须经由实践的检验而决定它的取舍。一切先验的未经实践考验的成见，必将由实践冲破其樊篱。"

因此也可以说，由李先生、杨先生在物理学研究中所开拓的一种新的思维模式，也影响到社会科学以及中国的社会实践领域。时光如矢，已经过去 50 多年了，但是，这一宇称不守恒的发现的历史及其思维模式，还将为后来者继续提供有益的经验和教训。

例如，在最近一段时期，在中国的科学战线上，又出现了科学和伪科学之争，一些人假借自主创新的理念，实行自主创假。一些人宣称要"打破"热力学的第二定律，宣称已制作出第二类永动机；（注：其实是他们所做"实验"未对电磁波进行屏蔽，因而就出现类似矿石收音机的微弱电流）有些人宣称要"打破"爱因斯坦的狭义相对论，要超越狭义相对论里的光速极限。这就需要重申李先生和扬先生在"打破"宇称守恒定律时的历史经验："所谓'打破'，并不是真正打破了曾由实验证明为正确的定理或定律，所打破的只是一种先验的成见，是没有得到实验证明的一种成见。""凡是经由实验检验并证明为正确的，或在一定精确程度内证明为正确的理论或定律，是不能打破的。""弱相互作用过程中，宇称究竟是否守恒，也不能先验地从理论上来确定。李和杨只是从理论上分析出存在着这种可能性。最后的判决者仍是科学实验。"总之，判断科学真理的唯一标准是科学实践。这就是当我们回顾 50 多年前宇称不守恒的发现历史时，最为有益的经验和教训。

2009 年 11 月

第一章
回国：回击"四人帮"的诡辩

1988 年 10 月 24 日，北京典型的金秋天气，阳光普照，碧空万里，天高气爽。阳光是金色的，树上的叶子也是金色的，人们的脸上也闪着金色的光。

李政道，1946 年春离开祖国去美国学习，1972 年第一次回国。从这一年算起，这已经是他第八次回国了。他的心情早就不像最初那样夹杂着新鲜、惊奇、兴奋和忧虑。这一次，他的心里充满了和北京的金秋天气一样的爽快、明朗和自信。

和李政道一起来中国的，除了他的夫人秦惠䇹，还有一个十几个人的美国高能物理代表团。他们是来参加中美第九次高能物理联合委员会的。这次例行的联合会议是根据 1979 年中美双方的协议举行的，这项协议规定，联合委员会每年轮流在中国和美国举行。巧合的是，这一次会议在中国举行正好赶上中美合作建造的北京正负电子对撞机（BEPC—Beijing Electron–Positron Collider）如期建成。这才是他们兴奋的真正原因。

　　李政道夫妇的兴奋，和同来的美国代表团完全不一样。他和夫人体验到的是一种"苦尽甘来"。他一生多次"苦尽甘来"，"有惊无险"。在中国发展高能物理这件事情上也是一样，在十几年的长时间里，他和祖国科技教育界同仁相濡以沫，共同奋斗，为发展祖国科技和教育事业做出了一个又一个的贡献，个中滋味非亲历者难以体味，而他则完全品尝了所有的苦，现在，自然他也应该分享它的甜。

　　李政道本身是理论物理学家，也可以说是高能物理理论学家。他终生以基础科学中的理论物理为业，也因理论物理的成果获得了诺贝尔奖，在世界物理学界真可谓叱咤风云，久领风骚。新中国成立以后，他心系的是祖国的科技教育事业，是祖国的基础科学的发展和人才的培养。自20世纪70年代初起他开始回国访问，就始终强调基础科学对祖国发展的重要性，强调基础科学人才的培养，但他并没有想到要

在中美高能物理联合委员会第十一次会议上，李政道和中外专家们。

将高能物理以及高能加速器的建造放在祖国建设中的什么特殊的重要位置，也没想到他会因高能物理和高能加速器的建造而和祖国产生了那么长时间的、紧密的联系。高能物理重要，但基础科学并不就是高能物理。之所以如此，那是有它众多原因的。20世纪40年代，李政道正在西南联大读书，是二年级的大学生。抗日战争胜利后，蒋介石觉得原子弹很重要，心血来潮，也要造原子弹。他请军政部部长陈诚、副部长俞大维找到西南联大的物理教授吴大猷、化学教授曾昭抡和数学教授华罗庚，并对他们说，给你们十万美元，一个大礼堂作为工作场所，请你们造原子弹！吴大猷他们说，造原子弹要先培养人才，建议选拔一些人去美国学习。蒋介石接受了他们的建议。于是，三位教授在理、化、数三个领域里各选了两位年轻学者组成军政部科技考察组一起前往美国。吴大猷先生选了朱光亚和李政道。华罗庚先生选了唐敖庆和王瑞骃。曾昭抡先生选了孙本旺等。吴先生对李政道很了解，因为在李政道要求入西南联大念物理的时候，他既没有小学毕业，也没有中学毕业，但在物理、数学方面却有奇特的才能。吴先生曾用特别的办法考察过李政道，结果是破例录取。这次吴大猷毫不迟疑地选择了李政道。时任理学院院长的叶企孙也同意吴大猷的推荐，加以批准。1946

19岁在昆明，摄于赴美留学前夕。

年夏，李政道到南京去报到，领取出国经费，当时他穿了一条短裤，看起来就是一个孩子。兵工署的人说，怎么来了一个童子军？可是李政道手里却持有官员的护照，还有个军衔，是上校什么的，令那些工作人员惊讶不已。

李政道离别祖国去美国学习原子弹的制造技术，但由于美国并不开放此项技术，中国派去的学习小组只能解散。根据南京中央政府的指示，他们可以用领取到的经费在美国深造。于是李政道就去芝加哥大学师从费米学起了理论物理。从那时算起到 1972 年第一次回国，他浪迹天涯已经 26 个年头。时过境迁，沧桑巨变，他从一个年轻的研究生成为世界物理学坛的巨擘，名噪一时，誉冠全球。当然也大大地震动了祖国大地。深深的祖国情、民族情也一直在他的心里激荡。新中国的成立，祖国翻天覆地的变化，在他朴素的祖国情缘上又涂上了厚重的色彩。他觉得他必须回祖国看看了。这时无论国际还是国内的政治气候都比较适合他做这样的旅行。中美两国虽然还没有建交，出于各自的考虑，美国已有与中国接触，并改善关系的动向；中国毛泽东也表示了同样的意愿。1970 年 10 月毛泽东就对斯诺说，他愿意跟尼克松谈，谈的成也行，谈不成也行。1971 年 4 月在日本参加 31 届世界乒乓球赛的美国队有来中国访问的愿望，毛泽东知道了这个消息，开始他拒绝批准对美国乒乓球队的邀请。但一夜之间毛泽东却改变了主意，又做出了同意邀请他们来华访问的指示①。美国乒乓球队成功地访问了中国。尼克松也于 1972 年完成了他惊动世界的具有历史意义的对中国的访问。当时国内林彪事件已过，"文化大革命"渐近尾声，政治气氛稍有缓和。李政道回国的心情越来越急迫。他关心祖国的情况，关心在国内的亲朋好友，更关心祖国的科技教育事业。于是通过美国科协

---

① 见陈敦德著《毛泽东·尼克松在 1972》，第 14、16 章。

吴大猷（中）、朱光亚（左）和李政道合影。

李政道夫妇和朱光亚夫妇。

向中国科协周培源主席转达了他和夫人想回国访问的愿望。周恩来总理很快就批准了李政道夫妇回国的请求。

1972 年 9 月 20 日李政道和夫人回国来了。他和夫人从广州到上海、北京、洛阳、郑州、长沙、杭州等地参观。在北京受到了周总理的接见。这次回国，祖国给了他们热情的接待，使他们由衷地感激。在访问中的所见所闻，令他们眼界大开。祖国的巨大变化可说如同天翻地覆，沧桑巨变使他们心情激动，兴奋不已。李政道觉得祖国大有希望。浓浓的中国情一直在他的心中翻腾。可是，许多事情也给了他深深的刺激。在兴奋之余，他暗暗地为国家的前途担忧。作为一个有良知的科学家，在参观了一些大学和研究所之后，对当时存在的那种倾向，他心里感到很不痛快，觉得应该提醒国家领导人。当时在中国，在对待科学问题上，一种看法占了统治地位，那就是：基础科学，特别是理论科学，是次要的，而应用科学才是第一位重要的。因为领导人总是强调，理论是从实践里面产生的，没有实践哪有理论？另外，当时中

1979 年李政道夫妇在新疆。

国经济落后，需要应用科学的支持。与忽视基础科学同时存在的问题是忽视科技人才的培养。由于"文化大革命"，各层次的教育已经陷于停顿，人才断档的危机已露端倪。没有人才中国如何生存，更如何发展？李政道觉得这些倾向的错误之处明若观火，这种错误倾向忽视了一个道理，没有基础科学，应用科学就是无本之木、无源之水。不培养基础扎实的科技和其他方面的人才，国家建设就没有人才可用。长此以往，国家的兴旺发达从何谈起，最终中国依然会是贫穷落后和受制于人的。国内的科学家们虽然对此早有觉察也深感焦虑，他们懂得这个道理，但不敢发表意见。面对这种情形李政道认为他有责任提出自己的看法，而不是迎合那个潮流，虽然这样做会得罪一些人，甚至会有政治风险。

10 月 14 日，周恩来总理接见李政道夫妇。这是一次绝好的机会让他阐述自己的看法。可是，接见的时间虽然很长，谈话涉及到派人出国和请外国专家来华等事项，但始终没有切入他心里的问题。李政道没能畅所欲言，又一次感到很不痛快。产生这种不痛快不是因了总理的接见，而是他自己后悔没有把想说的话说出来，说清楚，他的准备不够充分。他内心感到愧疚。他决心弥补。

然而，在这一次访问中发生的一件事情，却使他找到了解决问题的突破口，并由此和中国的高能物理界结下了几十年的不解之缘。

当他到达北京的时候，周总理要中国科学院原子能研究所（高能物理研究所的前身）张文裕先生去见李政道，探讨一项物理发现。张文裕先生是中国物理学界的前辈，当时是中国科学院原子能所的研究员、宇宙线研究室的主任。他 1943–1956 年曾在美国普林斯顿和普渡大学任教授，李政道是知道他的。1957 年 12 月，张文裕先生曾代表中国科学界赴斯德哥尔摩参加李政道和杨振宁诺贝尔奖授奖典礼，他们

匆匆见过一面。这次重逢感到分外亲切。原子能所在云南落雪山海拔
3200 米的高山上建有一个大型云雾室，在他们拍照的粒子径迹照片中，
有一张的径迹显示可能是一个重质量荷电的粒子。这个粒子的质量可
能比质子重十倍（$>10\,\mathrm{GeV/C^2}$），很难用已知的粒子来解释。如果确定
是一个新粒子，在物理学上将有重要意义[①]。

　　张文裕询问李政道对这一发现的看法。这只是一个科学问题，并
不难判断，可是在当时却有着特殊的意义。这是中国科学家在极困难、
极特殊的物质条件和社会环境下做出的结果。他们不但将要发表这一
结果，而且还要报告毛泽东。他们这样做的初衷与其说是要显示"文
化大革命"和伟大的毛泽东思想的伟大胜利，倒不如说是要显示中国

1972 年，周总理接见秦惠䇹。

---

　　① 这一工作后来在 1972 年 10 月《物理》杂志上发表（《物理》，1972 年，第一卷，第二期，57 页）。题目为
《一个可能的重质量荷电荷粒子事例》。文章的结论是："以上初步测量分析结果表明，……很难用已知粒子来解释，
其质量小于或等于质子质量的几率小于千分之二，它可能是一个质量大于 $10\,\mathrm{GeV/C^2}$ 重质粒子。"

科学家们为了祖国科学的发展顽强不屈的工作精神。李政道清醒地知道，轻易地处理这一件事情会带来难以想象的后果。李政道显示了他处理棘手问题的高超本领。他慎重而巧妙地问张文裕，你们认为误判的或然率是多少。他说，据工作人员的初步分析，认为误判的或然率是百万分之一。李政道又问这或然率是怎么得来的。张文裕说是根据粒子径迹的散射计算出来的。李政道问，实验组总共拍摄了多少照片才得到这一事例照片的。张文裕说，有一两万张。李政道根据高能所提供的实验过程认为，误判的或然率要大得多，可能接近1/100，说百万分之一是不对的。经过讨论，高能所的科学人员同意误判的或然率是接近1/100。李政道认为，在这样的误判率下得到的结果是不会被物理学界承认的，不能作为发现新粒子的依据。

　　周总理接见李政道的时候，也讨论了这个问题。因为周总理要向毛主席报告，必须把问题搞清楚。李政道如实说了自己的看法。李政道还询问，这一结果在中国的物理学杂志上发表了没有？其实他已经知道那时国内的物理学杂志都停刊了，有意这样提问。回答当然是所有的学术刊物基本都停刊了。当时，张文裕先生计划在那年年底去美国考察。于是李政道借机建议立即恢复物理学杂志的出版，尽快把这一结果发表出去，加上英文的摘要，让张先生带到美国去。这样做，一方面是让世界物理学界知道中国的这项实验，取得合法的知识产权；一方面又可促成国内科学刊物的恢复，当然是极合理又极有价值的。因为，美国费米实验室的加速器很快就要在这一能区做实验，如果能产生出这种粒子，中国的发现就具有重要价值。虽然，他们后来没有发现这种粒子，但是这种处理方式的确是又聪明，又技巧。至少，在接见的时候，周恩来当场就指示要科学院恢复科技刊物的出版。

　　接着，周恩来总理又要张文裕征求李政道关于中国建造加速器的意见。那时，李政道对国内高能加速器建造的事情和高能物理研究的状况一无所知。其实，新中国在建国后不久，于1950年就组建了近代物理研究所，后来改名为原子能研究所，进行物理学各门类的研究，其中就有高能物理研究的内容。可见，高能物理研究和高能加速器的建造，并不是出于偶然。1956年中国还出巨资参加苏联的联合核子研究所。王淦昌在那里发现反负Σ超子，是高能物理的一项重要发现。张文裕在1956年从美国回国后就与肖健[①]共同负责宇宙射线研究室，开展了高能物理研究。在此之前，王淦昌是这个研究室的主任。从1956年起，中国已经在制定高能物理和高能加速器的建造计划，并提出过许多方案，不过都未能实现。到李政道回国的1972年，张文裕等18位科学家联名上书郭沫若院长和第二机械工业部副部长刘西尧（当时原子能所由中科院和二机部双重领导），提出要尽快成立高能物理研

李政道回国期间深入到工厂、学校等地
了解祖国大陆的巨大变化。这是他与青年物理学者们交谈。

---

　① 实验物理学家，湖南长沙人。1920年5月生。1944年毕业于西南联合大学。1948获美国加州理工学院科学硕士学位。中国科学院高能物理研究所研究员。主要从事基本粒子物理实验方面的研究并取得重要成果。早年对中性重介子和超子作了许多研究。负责筹建了北京、云南落雪山的中国早期的宇宙线观测站并领导开展了宇宙线强度的观测研究。负责磁云室的设计与建造。负责研制了中国科学考察卫星用第一台宇宙线探测仪器并提出了相应的观察研究课题。组织领导了云南高山站大云室系统的设计、建造和调试等工作。在宇宙线粒子物理方面获多项成果。1980年当选为中国科学院院士。1984年因病去世。

究所，抓好加速器的预先研究，改变中国高能物理的落后面貌。随后，在那年9月间，周恩来总理做出了那个有名的批示："这件事不能再延迟了……高能物理研究和高能加速器的预制研究，应该成为科学院要抓的主要项目之一。"中国发展高能物理、建造高能加速器是新中国建国以来的既定方针，国内科学家在这一方面的努力是正常的，并不像有些人说的那样是政府的偏爱。所有这些，是李政道所不了解和没有想到的。既然周恩来总理要张文裕征求自己的意见，他就有义务去和国内的同行切磋讨论。李政道支持中国发展基础科学也尊重中国发展高能物理的愿望，认为制定恰当的计划，开展预制研究是十分必要的。可是，国内尚无明确计划，自己仓促之间也不可能提出具体建议。

李政道结束了他第一次归国访问回美后，他的生活里多了几分活力。除了一贯忙碌的教学和研究工作之外，他开始为自己祖国的事情操劳。他立即开始多方联络，为国内派出人员和邀请国外专家做准备，这花费了他大量的精力和时间，也改变了他一心致力于教学和研究的单纯生活。他工作中的交往和联系大大增加。惠箸夫人觉得李政道变了，从一个学者变成了一个兼为祖国的科技教育事业奔忙的社会活动家了。在李政道奔忙的事情中间，他想得最多的是如何完成周恩来总理的委托，在发展祖国高能物理和培育人才方面提供有益的建议。为此，他与美国各国家实验室和大学联系，提出了美国能够接受祖国访问学者的单位以及可供邀请的专家学者的名单。他给张文裕寄去了许多有关加速器的资料。他也在亲自调研，看看究竟什么样的加速器在物理研究和应用研究上在当时最有意义，而且还要适合中国的国情。

1974年5月李政道夫妇又一次回国。他是有备而来的。第一次回国时，李政道了解到，由于"文化大革命"的原因，国内的科研教育基本上处于停顿状态。基本上所有的科学家和教授都不敢发表意见，甚至连周恩来总理都要借助李政道的建议，才能发出恢复科技刊物出版的指令。对于一个有十几亿人口的国家，这种状况的确令他忧心忡忡。他明了造成这种状况的原因，明了要改变它必须有有效的"武器"和适当的突破口。

他们到达上海以后，接待计划里安排他们再次参观复旦大学和观看革命芭蕾舞剧。在参观复旦大学的时候，李政道发现，两年后的复旦大学的师生们连希望改变现状的积极性都没有了。唯一的研究工作仅仅是测量几只大电灯泡的功能（当时被誉为"小太阳"）。绝大部分师生都下放到农村"为人民服务"去了。新招收的工农兵学员都留在学校，虽然有很高的热情，可是他们对科学的基本常识都不了解，完全是科盲。祖国国内这种完全放弃科技人才培养的情形，使李政道忧心如焚。

李政道夫妇没有兴致去观看芭蕾舞剧。惠箬夫人回忆起他们上次回国时，在周恩来的宴会上，江青曾对她说起芭蕾舞剧团培养年轻演员的做法。这给了李政道以启示，就像在黑夜里的迷路人忽然看见眼前有小小的灯火闪现。于是他请求不去看芭蕾舞演出而安排他们去参观上海芭蕾舞学校。

在参观中，李政道了解到，上海芭蕾舞学校是从全国少年中选拔学员。学员来校后只在学校校园里每天劳动约一小时，培养训练不能中断，不下放农村，而跳芭蕾舞就是为人民服务。李政道立即敏感地觉得这就是改变现状的"武器"和突破口。李政道白天继续访问，夜里就赶写了一份题目是《参观复旦大学后的一些感想》的文字。这是一份关于如何培养人才的建议书①。

5月20日，李政道夫妇到达北京。为了慎重，李政道把那份建

① 见本书第十章。

议书首先拿给他的老朋友，心脏病专家黄宛看以征求意见。李政道说，这是他从第一次回国访问后一直要说的话。这些话如鲠在喉，不吐不快。黄宛虽心有顾忌，但还是表示李政道的建议很好，并激动地说："这真是您对祖国的一片深情啊！"

李政道心中一个重要的考虑是如何才能打动当时的中国领导人，"四人帮"犹在，大的变动不切实际，小的变动总可进行吧。李政道建议，培养基础科学人才，也可以模仿芭蕾舞的做法，少而精，从全国选拔，从小培养起，连续培养，不能中断，让他们19岁的时候达到独立进行研究的水平。中国要富强，就要重视基础科学的发展，要从培养基础科学人才做起，下决心培养一支少而精的基础科学人才队伍。

李政道认为，按当时中国十亿人口算，基础科学的队伍占 0.01% 或 0.001% 就可以了。如果没有这样一支基础科学队伍，十年后国家就

1974年5月24日，周恩来会见李政道夫妇。

会出问题，甚至有不可挽救的危险。

李政道多年来养成了刻苦工作的习惯，做起事来不分昼夜。来北京后的那两天就在连夜修改建议书。5月23日，他把修改好的建议书交给他的老同学朱光亚，请他转交周恩来总理。朱光亚当时任国防科工委副主任，是中国政府专门指定来接待李政道的。

李政道还是低估了形势。他没料到，他的建议碰到了老虎屁股，他将面临一场遭遇战。

5月24日晚，周恩来总理在人民大会堂接见李政道夫妇和二儿子李中汉。邓小平副总理、郭沫若院长也一同参加了会见。可是王洪文、张春桥、江青、姚文元也来了，还带来了他们的干将谢静宜等。中国俗语：来者不善，善者不来。周恩来首先对李政道说，您的建议已经送呈给毛泽东主席了。周恩来客气地但实际上是机智地说："李先生，还是请您先讲讲好吗？"李政道扼要地讲述了建议的内容。当讲到选拔基础科学人才也应当像选拔芭蕾舞人才那样从小的时候做起时，江青突然插嘴："难道50岁就不行了？"李政道回答说："舞蹈演员不是从小的时候就培养起吗？"江青说："舞蹈演员要有持续性。"李政道说："基础科学人才也要有持续性。效率最高也是在年轻的时候。基础科学人才也应该在很年轻的时候开始训练。比

上世纪50年代，李政道在西方的物理学界是一颗耀眼的星星。

如 13 岁或更早一些。这次在上海参观了舞蹈学校，我的这个看法更坚定了。他们从 20 多万个孩子中才选了 60 人。"李政道又说："我认为，基础科学人才的成长与艺术人才的成长具有共通性，培养基础科学人才，可以从十三四岁开始，也要确定几个基本条件，而最重要的是要有极高的理解力，富有创新和斗争精神和出众的记忆力。"李政道说："如果从现在开始，过六七年就可以有一批很精干的基础科学人才出现，会对国家和人类做出重要贡献。"

周恩来想听听大家的意见，但是没有人发言，他当然明白大家不会对这一敏感问题表态。于是周恩来机智地问，李政道的建议是否可以试验一下？在座的科学家仍无人响应。用"噤若寒蝉"这个词来形容当时的科学家们并不为过。这种情况是完全可以理解的。当时中国大地上正刮着强劲的"批林批孔"风，王、张、江、姚又都在场，基础科学、芭蕾舞又是十分敏感的问题，没有人敢于发言，情有可原。

为了打破冷场的尴尬，科学院的负责人周荣鑫说："可以研究、探讨。"周恩来又说："吴有训副院长讲讲吧。"吴有训不吱声。他又请朱光亚发言，朱光亚也不说话。

接下来，周恩来还是请李政道继续发表意见。李政道接下来的发言，又触及到另一个敏感的问题。他讲了对基础科学的看法。他认为，把基础科学看成仅仅是基础理论是不对的。基础科学也有理论和实验两方面。应用科学也有理论和实验。没有什么孤立存在的基础理论。基础科学十分重要，要给予十分的重视，因为没有基础科学，就不会有应用科学。因此，培养基础科学人才是非常重要的。

李政道凭着一个正直科学家的良心和朴素的科学发展观，发表了他对基础科学的看法。他不知道他已经不自觉地参加到一场政治斗争中间去了。

　　基础科学与应用科学的关系，在新中国建立后不久就成为一个争论的话题。建国初期，这一话题只不过是左右之分。重基础者为"右"，重应用者为"左"。左总是比右好，比右正确。随着时间的推移，这一话题已经成为阶级斗争的重要内容之一。"右"代表着资产阶级，"左"则代表无产阶级。到了"文化大革命"的时候，"四人帮"更是拿这一话题当作棍棒向他们认为的资产阶级开火。李政道来自资本主义的大本营，是物理学的世界级权威，在"四人帮"眼里，他无疑是一位资产阶级学术权威，他发表的关于基础科学的看法，江青认为与毛泽东思想不符，自然不会同意。

　　江青忍不住了。她假借同意李政道的意见说："李先生说的一条，我觉得有点道理，就是要有持续的斗争性。培养人才，理解力是一个条件。但持续斗争性应该放在前面，没有持续斗争性，什么事情都干不成。当然，更重要的是社会制度和主席思想领导的党。"

　　还是没人答话。江青有点火，大着嗓门说："搞教学改革的可以讲讲嘛！……意识形态问题很复杂，我就不相信科学比意识形态更难！"她见仍没人接茬，便以好斗的口气说："是不是在这个问题上顶牛了？"接着便指令她的干将谢静宜说："小谢，你讲啊！"谢静宜

李政道带国外的专家参观中国的科学工程。

　　既然得到命令，便从后排座位上走过来坐到前排事先就空出来的座位上，说道："我认为首先要解决为谁服务的问题。"

　　李政道对回答这样的问题并不犯难。他说："问题是怎样才能为人民服务，怎样才能更好地为人民服务。没有现在的基础科学，就没有将来的应用科学，就不能很好地为人民服务。"谢静宜摆起了"左"派的架势，诡辩说："这和社会制度有很大关系。科学要为社会制度服务。主席讲过：学问多了，方向不对，等于无用，甚至有害。"

　　李政道说："没有为人民服务，我们的问题就失去了讨论的前提。"李政道就这样回击了"四人帮"的诡辩。

　　李政道第一次领教了"四人帮"的嘴脸。他心里明白，周恩来是赞成他的建议的，在座的除去"四人帮"以外的科学家和领导者也是赞同的，他们只是碍于形势和权势不能跟"四人帮"争辩。至于"四人帮"用来与李政道辩论的那点"理论"，怎能经得起李政道的反驳。李政道说的最后一

李政道拿到博士学位，摄于哥伦比亚大学图书馆前。

句话，实际上已经让"四人帮"无言以对了。

周恩来想结束会见，总结性地说："您的建议完全可以试验一下。"可江青却不依不饶，说："试验失败了再来？！"

这时周恩来对李政道说："你看这个问题有没有阻力？"李政道并不隐讳，说："我想会有阻力的。"

这次会见之后，李政道的心情很复杂，第一次回国时的那种不痛快的感觉，又强烈地萦绕在他的心头。关于基础科学和培养人才这样简单的问题，在当时的形势下，连周恩来总理都不能做肯定的答复，可见问题有多么严重。事关祖国的前途，李政道暗下决心，一定要把这一仗打胜。

会见后的那个夜晚，他没有去天安门广场抒发自己的不痛快，但也不可能安稳睡觉。他在北京饭店的住房里奋笔疾书。他要把基础科学和人才培养的问题用简洁的文字说清楚，让国家领导人更好地理解他的建议，并做出正确的决定。

他写的是《关于基础科学与应用科学的补充说明》：

什么是基础科学？拿物理来讲吧，宇宙间自然界中一切事物的演变都有它们的规律。星云星球的变化过程是有一定规律的，原子分子间的相互作用是有一定规律的，核和基本粒子的构造反应也是有它们间的规律的。可是这些不同事物的规律又基于一组共同的基本规律，要了解和掌握这组基本规律就要去研究基础科学。

掌握了自然界的基本规律，就可以将这些规律反复地、螺旋式地循环应用，这就产生了应用科学。今日的应用科学是基于过去的基础科学的成就。现在觉得有用的应用科学项目，如激光、电子计算机、核反应堆，在二三十年前是没有的。它们的产生是由于我们过去在电动力学、量子力学等基础科学上的成就。而目前有用的应用科学，不见得在二三十年以后，还都有同样的用处。

要有将来的应用科学，就得有今日的基础科学，所以，培养基础科学人员的问题恐怕是不能忽略的。

第二天，李政道把这份《补充说明》呈交周恩来，并且也给参加会见的人员每人一份。李政道这样做了，他的心情稍有舒缓，但他明了此事尚属吉凶未卜。他在繁忙的访问中间时刻惦记着这件事。

李政道没料到，5月30日清晨6点，当他还没有起床的时候，却接到毛泽东要在一个小时以后接见他的消息。他除了觉得荣幸，更感到机会来了。他可以直接向毛泽东陈述自己的建议。而且他已经预感到，他回国后的这第一次遭遇战胜利在望。

毛泽东在中南海他的书房里接见李政道夫妇。参加接见的有国务院副秘书长罗青长、国防科工委副主任，他的老同学朱光亚。王海容、唐闻生当时是毛泽东的联络员，也在座。

毛泽东身体有病，但依然风趣、幽默。见到李政道便说："有上海，有没有下海？"李政道是上海人，但从未听说有下海。只好回答说：

1974年5月30日，毛泽东在中南海书房接见李政道。

"不知道。"毛泽东说："有上海就有下海，不然，就不对称了。下海是一个镇子。"

毛泽东接着就对李政道说："你提的培养人才的建议我是赞成的。但是，你的那个理论没有讲清楚。"李政道听到毛泽东赞成他的建议，心情顿时畅快了许多。听毛泽东说他道理没讲清楚，他先是一惊，但立刻感到这也有中肯的一面。看来毛泽东还没有看到他的《补充说明》。

毛泽东又幽默地自问自答说："理论是从哪里来的呢？就是从应用科学来的，然后又指导应用科学。"李政道认为，这种说法自然是对的，这也就是那个哲学上的命题，即理论来自实践。可是问题在于，有人拿这个命题去贬低理论的重要性，甚至认为重视理论是错误的，是所谓"修正主义"。拓展开来，连培养基础科学人才都不对了。在毛泽东亲自发动的"文化大革命"的年代，这种认识被极端化，造成了对国家文化科技教育的极大破坏。李政道的建议正是针对这种情况提出的。周恩来接见时的情况说明，要恢复人们正确的认识有多么困难。这里面当然有毛泽东上面那些话的影响。毛泽东虽然说赞成李政道的建议，可是又说李政道没有把道理讲清楚。毛泽东所谓没讲清楚的仍然是那个老问题，即理论和实践的关系。毛泽东的阐述仍然明显地强调了实践对于理论的重要性或者说优先性。但不管怎样，眼前毛泽东既然表示赞成李政道的建议，那么事情就可以乘势做下去。于是李政道向毛泽东陈述了自己的建议。他提出的要重视基础科学和从年轻的人中间挑选，要参照培养芭蕾舞演员的办法去培养基础科学人才的建议，终于得到了毛泽东的首肯。在此之后，李政道的建议得以突破坚冰付诸实施。

李政道在他第二次回国的时候打了这样一个胜仗，他的心情自然从不痛快变得非常痛快。他并没想到，要真正把祖国的事情办好，他将面对更多的不痛快。

就这样，在两次回国访问之后，李政道就与中国高能物理的发展结下了不解之缘。1974年6月他回到美国后，因受国家之托，就为这件事忙碌起来。1977年2月李政道夫妇第三次回国访问。他除了继续向当时的华国锋主席强调基础科学的重要性之外，更多的是与国内高能物理界讨论发展计划。当时，国内已经制定了一个建造高能加速器的计划，要建造一台40亿电子伏特（40GeV）的质子同步加速器（即"八七工程"）。李政道并不赞成这个计划，因为从物理研究的角度看，这个加速器可做的有意义的工作不多，经济上花费又太大。但国家既然做了决定，他就有义务为这个计划而努力。同时，他觉得仍然有必要把自己的建议提出来。12月，李政道和袁家骝、吴健雄联名给张文裕所长写了一封信，提出建造正负电子对撞机的建议。但是，最终他

1974年，李政道与国内的科学家们在一起。

们的建议并没有被接受。

随着中国建造高能加速器计划的确定和实施，李政道介入的事情自然就多起来。出乎他意料的是，国外华人科技界的一些人士对国内的计划不断发出指责，而许多指责竟是针对他的。似乎国内搞高能物理是李政道所指使，建大加速器是李政道所主张。有些说法竟是明显的人身攻击。这种情况使李政道很难理解。但是，李政道不为所动，他从为国家负责的愿望出发，认定无论在什么样的社会环境下，基础研究都是重要的，培养基础科学人才都是重要的。至于建立高能加速器，进行高能物理研究，这是一个特定的要慎重考虑才可做出抉择的问题。他坚持向中国国家领导人阐述他的看法，坚持为祖国高能物理的发展献力，这总归不会有错。他这样想，就这样做，不去理会那些针对他的言论。

为了推行建造高能加速器的计划，中国高能物理所希望与美国有关实验室合作，张文裕早在1972年去美国访问的时候就表达了这种

1978年，邓小平与李政道会谈。

愿望。但是，由于他说得过于客气和含蓄，美国方面不清楚他们到底要做什么。李政道立刻感觉到，中国既已选定了建造方案，要进行合作，中美两方面就一定要建立正式的合作关系，要有明确具体的合作项目。1979 年 1 月，邓小平、方毅访问美国，中美两国政府签订了科学技术合作协议，高能物理领域的合作列入其中。李政道以他个人的影响与美国能源部以及其所属的五大国家高能实验室①协商。这时李政道的协调组织能力显露锋芒，他在这方面的天分和智慧使他左右逢源、得心应手。而他的学术威望更使他如虎添翼。他此前在 1978 年曾以他个人的名义成功地组织了上述五大实验室的会议，他们都表示愿意与中国合作，能源部也支持与中国的合作。现在这种合作应属瓜熟蒂落、水到渠成的事。李政道的脑子里已经设计出了这种合作的模式。他首先建议，中美有关部门在两国政府大的科学合作协议下签订一项在高能物理领域进行合作的执行协议的附件，再签订一项具体的合作项目协议，列出与美国五大实验室合作的项目，以备实施。要建立一个中美高能物理联合委员会，定期轮流在两国开会并互设办公室。中国方面要立即向美国派出自己的访问学者。他的这些设想，一一得到实现。1979 年 6 月中美高能物理联合委员会第一次会议在北京召开，成功地签订了两项协议：《中华人民共和国国家科学技术委员会和美利坚合众国能源部在高能物理领域进行合作的执行协议的附件》和《一九七九年六月至一九八零年六月中美高能物理技术合作项目》。中美在高能物理领域的合作正式开始。

　　中国方面为了使合作进行得顺利，也为高能工程提供了特殊的工作渠道。它有高级别的领导小组，有独立支配的外汇，独立的在外采

---

　　① 阿贡（ANL—Argon National Laboratory）、布鲁克黑汶（BNL—Brookhaven National Laboratory）、费米（FNAL—Fermi National Laboratory）、劳伦斯伯克利（LBL—Lawrence Berkely Laboratory）、斯坦福（SLAC—Stanford Linear Accelerator Center）

购和进口渠道，工程被列为国家重点工程，享受"军口"待遇，等等①。

在 1979 年 6 月到 1980 年年底这段时间里，中美高能物理的合作进行得十分顺利。中方在美国芝加哥费米国家实验室建立了高能物理办公室。这是中美建交后中方在美国建立的第一个不设在大使馆或总领馆里的专业办公室。笔者（季承）即为这一办公室的主任，亲历了这一段历史。那时，李政道的特殊作用，使他更加忙碌了。几十个项目在进行，近百名访问学者到了美国，几十个考察团到美国访问，为此他花去了大量的时间，耗费了极大的精力。

1980 年年底，中国政府出于对国民经济的调整，决定"八七工程"下马，但邓小平指示"高能物理研究不能断线"。这意味着中国并不是放弃高能物理研究，只是原来的方案不合适，要寻找新的方案。李政道对"八七工程"下马感到很突然，但是他觉得这给选择新方案提供了机会。所以，尽快选择一个合适的方案是使中国高能物理走上

邓小平、万里、胡启立等与李政道合影。

① 当时国内建设分军口、民口；军口有更多的保证。

坦途的唯一出路。中国高能物理的发展道路曲折，已有"七下八上"的经历，即七次取消已定计划而下马，只在第八次才按计划上马，宝贵的时间浪费了，现在时机已经成熟，中国应该做点切实的工作了。没有切实的方案，这一切又要落空。他一方面协助办理工程下马的善后事宜，帮助近百位访问学者争取到美方的资助，继续留下来考察学习，一方面考虑提出新的方案。他的心情很沉重，但是他的灵感和智慧又一次使他立刻提出了解决问题的办法并付诸实施。李政道立即写信给高能所，请他们派人来美国讨论新方案。1981年3月，朱洪元、谢家麟二位教授赶到了纽约。在美国做访问学者的叶铭汉教授也作为代表参加，笔者也全程陪同。其实，李政道的方案早已成竹在胸。可是他并不知道，朱、谢二位带来的国内方案竟然与下马的那个方案相差不多，只不过把时间拉长了。李政道内心感到很无奈。他在费米实验室组织了讨论会，大多数与会者都建议建造正负电子对撞机。斯坦福直线加速器中心的主任潘诺夫斯基教授（W. Panofsky）则正式提出了建造44亿电子伏特（4.4GeV）质心能量的正负电子对撞机的建议。为了进一步论证，李政道又建议并帮助朱、谢二位去加州斯坦福实验室，与那里的20几位科学家讨论。讨论的主要问题是技术难度和物理目标。这时在美的15位中国访问学者也正式书面提出了建造对撞机的方案。朱、谢二位只能把建造电子对撞机的方案带回中国研究。5月，中国召开了专门论证会议，称作"香山会议"，接受了正负电子对撞机的方案，后来正式的名称叫"北京正负电子对撞机（BEPC）"。直到这时，李政道心里才感到一丝欣慰。可是接下来的事情，又使他有些茫然。1981年9月，中国科学院派邓照明（中科院局长）和朱、谢三人去美国为中美高能物理联合委员会第三次会议做准备。他们临行时，中科院的领导却指示他们仍然坚持质子加速器的方案。李政道知道后大为不解，并有些愠怒。他不理解，中科院为什么会这样出尔反尔。个别领导人怎能轻易否定经过严肃论证并已经过批准而且通知了美方的方案。这样做，中国方面怎样面对联合委员会？会议如何能开？作为联络人的他如何向会议交代？在李政道的坚持下，三位代表又请示国内，最终保住了对撞机的方案。说李政道强加于人并不正确，可是在于理于法都无懈可击的时候，他并不是一位和事佬。为了科学的真理，他敢于推翻固见，建立了人类对宇宙真谛的新的认识。为了国家的利益，他敢于和"四人帮"斗争，敢于讨论理论和实践、基础和应用、对称与静止等问题。在中国发展高能物理的具体方案上，他也是一位真理的捍卫者。他无所畏惧。

为了不再发生意外，李政道趁年底邓小平接见他的机会，又陈述了选择正负电子对撞机方案的理由。邓小平以他惯有的果断作风简明地说："方案已经定了，要干，不再犹豫不决了。应该在五年或稍短的时间内建成。经费可以放宽一点。"李政道的心情稍有舒缓。这是李政道回国后第二次受到邓小平的接见。从这里，李政道开始认识到邓小平这位中国领导人的伟大风范。李政道心里充满了对邓小平的崇敬，对北京正负电子对撞机的建设也充满了信心。李政道和邓小平的友谊应该从 1979 年 4 月算起，那是邓小平第一次接见李政道。谈话投机，邓小平对李政道的意见建议都很赞赏，在不长的时间里，李政道的意见和建议等都证明是正确的，对国家是有利的。他们从此结下了友谊。

1984 年，李政道又促进北京正负电子对撞机增加了同步辐射的功能，确定了"一机两用"的方针，使这个基础研究的实验装置具有了进行应用科学研究的能力。

1984 年 10 月 7 日，北京正负电子对撞机工程正式开工。它的巨型实验装置北京谱议（BES）也正式开始建造。对撞机工地位于北京西部石景山区的东部边缘。邓小平来了，杨尚昆、万里、方毅、余秋里、胡乔木、胡启立等国家领导人都来了。邓颖超打来电话，聂荣臻送来贺信。邓小平听了汇报，明确地说："我相信这件事不会错！"邓小平挥动铁锹为工程奠基。

　　四年过去，1988年10月24日，北京正负电子对撞机和北京谱议顺利建成。高能物理所举行庆祝仪式。邓小平又来了。赵紫阳、杨尚昆、李鹏、万里、胡启立、姚依林、王震等国家领导人来了。邓小平见他四年前亲手为之奠基的科学工程按时建成，心情畅快，仔细参观过后，即兴发表讲话，后来收入《邓小平文选》第三卷。讲话的题目是《中国必须在世界高科技领域占有一席之地》。这篇四百字左右的讲话是一个纲领，是邓小平理论的重要组成部分。只有他能作这样的讲话，简要、明确，句句份量有千斤之重。邓小平还接见了第九次中美高能物理联合委员会的中美两方的代表。邓小平在讲话里提到了李政

1988年10月24日，邓小平视察正负电子对接机科学工程，李政道在一旁讲解。

道的帮助。李政道对此感到非常欣慰。他的欣慰不是来自那种侥幸的喜悦，而是来自对自己科学判断的自信，来自踏实工作、严谨努力后的成功。他也为自己四年来为这一成功所付出的艰辛和精力而欣慰。

对撞机的建成不是目的，最重要的是它运行良好，并在物理上做出了有价值的工作，从而得到国际物理学界的承认。1991、1992年，北京谱议对 τ 轻子质量的精确测量，结果的精度较国际上提高了 5~6 倍，被誉为那时国际上高能物理领域最重要的成果之一。1998、1999 年在 2–5GeV 能区测量强子 R 值，精度达到 6.6%，比国际上原有实验值提高了 2~3 倍，对寻找粒子模型中唯一尚未找到的粒子——Higgs 粒子、g^{-2} 实验和 $\alpha(M_Z^2)$ 等研究具有重要意义。北京谱议国际合作组还于 2003 年 7 月宣布，在 5800 万 τ/ψ 事例数据分析中，在质子反质子阈能处发现可能的新共振态，再次引起国际国内高能物理界的广泛关注。

在同步辐射方面，对撞机上共建有 4 个插入件，14 条光束线和 14 个实验站。自 1991 年以来，接待了 200 多个用户单位的 600 多个研究课题，研究项目涉及凝聚态物理、材料科学、化学化工、环境科学、高压物理、生物医学、地球科学、剂量学、地质资源、考古、软 X 光学和微电技术等。在大分子实验方面，获得了膜蛋白大分子结构，SARS 病毒蛋白酶结构等重要进展，进行了 MASA（甲基转移酶）蛋白晶体结构测定等。刊载在 2004 年 3 月 18 日出版的《自然》杂志的封面上的菠菜主要捕光复合物 2.72 埃分辨率的晶体结构图，其中部分衍射数据是在对撞机上获得的。

可以说，北京正负电子对撞机的建成，使中国高能物理研究迈出了正确的一步，为今后的发展开了一个好头。事到如今，在中国科技界没有人再去攻击建造高能加速器了，没有人再去攻击李政道了；那些顾虑或借口，即所谓"所有的钱都被高能物理给吸光了"，有的学科

"饭都吃不饱，高能物理所在那儿吃肥肉。"① 等也不攻自破。对撞机和实验谱仪成功建成，基础物理的卓越成果，应用科学的重要成果，难道还不能说明中国高能物理发展的这一步是踏实而又富有成果的吗？在这成功的面前，过去一切的攻击、非难，难道还能立足吗？

关于高能物理的发展，在中国素来就有不同的意见。但是，自从李政道、杨振宁这两位华裔诺贝尔奖得主自天外归来、陆续回国访问并介入其间，这一分歧就带有了浓厚的个人意气的色彩，成了李杨不合的易地之战。李政道主张建加速器，杨振宁反对。李政道主张重视基础科学，杨振宁力主搞应用科学。李政道创立特殊的考试办法帮助中国学子赴美留学，杨振宁就说是"丧权辱国"，等等。推而广之，似乎只要是李政道赞成的，杨振宁就反对。杨振宁的个人意气远超出了高能物理领域。相反，李政道却没有表示出对杨振宁回国后所作所为的个人意气。人们看不到"只要杨振宁主张，李政道就反对"这种现象。这样的分析符合事实，自然是公道的。

胡耀邦会见李政道夫妇。

---
① 《杨振宁传》，江才健著，第30页。

　　更重要的，杨振宁的个人意气所依托的理论很值得商榷。他反对中国搞高能物理，除去他认为当时的中国国力不强，最重要的是他认为"高能物理在 70 年代以后走向一种唯像研究的发展方向……前景并不乐观。""如果他现在做研究生，绝对不会再搞到高能物理里头去，他也不鼓励自己的学生搞到高能物理里头去。"[①] 进而甚至认为高能物理是一门"死亡的科学"。

　　另外，杨振宁自己身为基础科学大师，对基础科学的重要性的认识却失之偏颇。他曾经说："……不要念高能物理。高能物理与中国'翻两番'毫无关系，甚至会起反作用……"[②]。

　　再者，杨振宁比李政道接触中国高能物理的事情要早一些。他的第一次接触是在 1972 年 6 月第二次回国的时候。而李政道的第一次接触是同一年的 9 月他第一次回国的时候。杨振宁一开始就"独排众议"反对建加速器，可见他开始的反对态度并没有对李政道的个人意气。但是，后来由于有了李政道的参与，且意见相左，杨振宁的个人意气就如脱缰之马，一发不可收拾。他对中国高能物理发展没有提出任何具体建议，甚至主张冻结基础研究的经费，说这是全民族的利益，主张科学院要以发展性研究为主，从而"生产第一，生产第一，生产第一"[③]。这不能不使人感到遗憾。

　　在 80 年代末，杨振宁曾在一封信里坚持地认为，他反对建高能加速器的意见是对的，因为这里没有"中国人民的签名"，没有"中国人民的需要和殷望。"

　　李政道心里只装着祖国。他为祖国做了许多事情，有许多动人的故事。

　　他的故事还要从头说起。

---

① 《杨振宁传》，江才健著，第 33 页。
② 杨振宁《谈谈物理学研究和数学》，1986 年 5 月。
③ 杨振宁 1984 年 10 月 3 日对国家科委主任宋健、中国科学院副院长严东生的谈话。

第二章
求学西南联大: 历尽艰辛终与物理结缘

　　李政道于 1926 年 11 月 24 日在上海出生。

　　他的家庭是一个中产阶级家庭。父亲李骏康是南京金陵大学农业化学系第一届毕业生。母亲张明璋,毕业于上海启明女子中学,是位有文化知识的女性。父亲大学毕业后在上海一家德国化肥厂制造化肥,后来又进入上海的洋行,充当化肥进口贸易代理商,生意发达,家道兴隆,是殷实富户。

　　李政道的祖籍在江苏苏州。从祖父一辈李家就接受西方文化,信奉基督教并成为传教的活动分子。曾祖父李子义(1844–1904)本姓张,因入赘李家,故改姓李。他是东吴大学创办人之一。曾祖母李太夫人与李子义生的次子是李政道的祖父李仲覃(1870–1936),他 1892 年毕业于东吴博习书院(Buttington Institute),曾任基督教苏常沪区内主任传道、教区长和卫理会会督,在当时国际宗教界颇有影响。至今在苏州大学东门外圣约翰教堂仍有一块李仲覃牧师纪念石碑,上面刻有李仲覃的事迹，说他"自幼受洗，二十卒业于博习书院，即实习传道工作，三十以来历任苏常沪区内主任传道及教区长，曾受荣誉博士学位兼任百年大会总干事。"（标点符号为引者所加）李仲覃是美国的神学博士，是苏州圣约翰堂的第一位华人牧师。碑文末了的铭文颂曰："三十求真，四十阐真，五十悟真，七十又二而归真，真人真人，典型长存"。说明李仲覃在苏州宗教界和教育界的崇高地位。李政道小的时候不相信上帝，就问祖父，上帝在哪里。如果在天上，为什么不掉下来。祖父回答说，一个人升高了就会往地下掉，因为他比较重。而上帝和空气的密度差不多，也就是说差不多一样重，所以就可以浮在天上。李政道虽感不服，但觉得祖父还是动了脑筋，而且还有点物理知识，也就罢了。李政道小的时候，在家里有个外号叫"三糊涂"。三是因为他行三，可是"糊涂"并不是真的说他糊涂，而是觉得他的注意力总不在家庭人员的谈论上面，显得有些反应迟钝。对此李政道觉得，这是因为，他从小好独立思考，对外界的反应与一般孩子不太一样。由于父母长时间不在家，他对大哥、

曾祖父李子义。

二哥及其他家人的谈话和要求不很注意，因而常常产生误会，其实这就是所谓的"大智若愚"的表现。

曾祖父、祖父、伯祖父都是东吴大学（今苏州大学）的主要创办人。伯祖父李伯莲是博习书院 1887 年首届毕业生，毕业后留校任教，曾参与创办东吴大学并任东吴大学教务长数十年。叔祖父李叔青是博习书院早期毕业生，后往天津学医，后又回南方在上海中西书院和东吴大学任教亦有数十年。伯父、堂伯叔父等都是东吴大学的毕业生。东吴大学于 1900 年在苏州成立。它是由美国基督教监理会（The Methodist Episcopal Church，South）在 19 世纪后期所办苏州博习书院、宫巷书院和上海中西书院三个书院合并而成，1982 年改名为苏州大学。

李家的族谱是由先祖"沾赐堂"排定为十六个字："子应骏，道中善，乐为本，义永守"，显示了苏州李家为人治家的道德规范。

可见，李政道的家庭出身并不贫寒。可是近来有人却说"李政道出身贫寒"，并说那些出身"贫寒"的所谓"圈外人"由于"发自内心的沮丧与失

曾祖母李太夫人。

落"而"无法越过那道与出身高贵的著名科学家之间的看不见的障碍"，因而与所谓"圈内人"发生不和①。持这种看法的人，不仅杜撰李政道的所谓"贫寒"出身，而且企图用出身贫富来解释后来发生的李杨不和，实在荒唐得很。读者在读了本传记之后一定会有正确的结论。这是后话。

李骏康夫妇共有六个子女，五男一女。李政道行三。

李政道的父亲因经商而十分忙碌，但他对子女的教育却毫不放松。李家每个孩子都有家庭教师，对他们进行语文、算术和英语的启蒙教育。家庭读书气氛很浓厚。六个子女都受过高等教育，都是大学毕业生。老大李宏道毕业于上海重广税务学校；老二李崇道毕业于广西大学畜牧兽医系；老四李达道大同大学肄业；老五李学道毕业于上海交通大学船舶系；老六李雅芸是女孩，毕业于上海大学，同样是船舶系。

李政道从小并不认为读书有什么用，

祖父李仲覃博士、祖母蒋氏。

① 鲁伊《走近真实的杨振宁》，《三联生活周刊》，2004.12.30。

也没有立志作什么大科学家。可是实际上他却酷爱读书，无论什么时候，手里总是拿着书，真可谓手不释卷。家里的书，不管是文学、历史还是科学，只要看得下去，他都愿意读。家里的书读完了，就要母亲带他到书店去买。商务、中华、开明等书店都是他常去的。他要什么书，母亲就给买什么书。所以家里的书很多。他读书有个特别的地方，就是喜欢读的就读，不喜欢的就不读，全凭自己的兴趣，而自己的兴趣是什么自己也并不清楚。他记得，他最喜欢读马克·吐温的《汤姆历险记》，而爱丁顿（A. S. Eddington）的《膨胀的宇宙》则给了他深刻的印象。宇宙居然在不断地膨胀，这一现象使他既着迷又困惑，引起了他的无限遐思。

李政道心算能力特强。他经常要母亲和家庭教师出题，由他来心算，还和兄弟、妹妹比赛。当然，总是李政道获胜。

由于他所住的租界里经常发生外国人欺负中国人的事情，他的一个哥哥也在公园里受到外国小孩的欺负，李政道自己也曾遭到外国巡捕的毒打。李政道年幼的心里萌发了复仇的念头。兄弟们向父母请求雇一位武术教师教他们学习武术。于是李政道就学了一段时间的武术。没料到这点自卫本领在他以后逃难途中还真的派上了用场。

李政道的母亲精明能干，既喜欢储蓄，又喜欢赌博。她对孩

父亲李骏康。

子们经济上的需要也有打算。她给每一个孩子都有一项储蓄，选择的是有奖储蓄。她按长幼顺序，大哥是一整份，二哥是半份，他行三，只有四分之一份，依此类推。结果，就是李政道那一份中了银行的大奖，共得到了500大洋的奖金。这在当时是很大的一笔财富。这时李政道才是小学四年级的学生。有了这笔钱，李政道的花费，比如买衣服鞋袜，日常零用等，都用的是这笔钱。直到李政道离开上海去流浪求学，这笔钱才仅仅用去了1/10。

1935-1937年李政道在上海私立清心中学附小读小学，因抗日战争未能读完。1937年抗日战争爆发，11月12日，日本侵略军占领上海。1938年他就转学到苏州东吴大学附中（那时学校设在上海昆山路中西书院

母亲李张明璋。

旧址，现为苏州木渎中学）读中学。1941年太平洋战争爆发，12月8日，日军进占外国租界，上海完全沦陷。日本侵略军的坦克开进上海，路上的行人，必须向日本军

与祖父等合影。前排正中为李政道，3岁。

躬身行礼。李政道对此非常愤怒，下决心离开上海。爱国知识分子深感偌大中国已经"安放不得一张平静的书桌"[①]。这时，李政道不愿意在日寇统治下读书，于是和老二崇道一起离开上海赴自由区，经浙江、福建到达江西赣州，住进了为流浪学生设立的招待所。所谓招待所实际就是难民营。李政道想加入江西临时中学（后改名为江西赣州联合中学），但是，那里的中学不收转学生。李政道对此非常不满。于是根据一位同学提供的线索，于一天早晨上门访问省教育厅阮厅长。他到了厅长的住处，对门卫说要见厅长。门卫立刻通报进去，厅长慌忙一边穿长袍一面出来见客。可是，这位厅长看到来者是一个流浪学生，便盘问起来，家在那里，长辈是做什么工作的，认识省上什么人等等。厅长断定李政道没有什么后台，于是就把他赶了出去。过了若干年，李政道才知道阮厅长就是他的恩师吴大猷夫人阮冠世的弟弟。当然，他从未向吴大猷透露过这件事。后来他还是进了联合中学。可是学校没有老师，没有设备，生活极端艰苦。没有老师，学生们就自学，相互切磋，李政道实际上充当了教师的角色。李政道有极强的自学能力，不需要老师上课，很快就把中学的课程学完，特别是数学、物理更是成绩突出，每次考试都几乎是满分。有一段

李政道，13 岁摄于上海。

① 此语出自蒋南翔执笔的《清华大学救国会告全国民众书》，1935 年 12 月 10 日刊于《怒吼吧》第一期，见《蒋南翔文集》上卷，第三篇。

时间，低年级数理课没有教课的老师，学校就让李政道登台授课。时年16岁的李政道竟然当起了老师，受到学生和教师的称赞。李政道的天才在联合中学初露锋芒。

就是在赣州，李政道初次接触到物理学，就对物理学发生了兴趣。赣州是中国古老的城市之一，约有四五千年的历史，不说它悠久的建城历史，仅就近代历史而言，它曾经是1927年到1937年第二次国内革命战争时期的中国共产党中央革命根据地和中华苏维埃临时政府所在地。更有意味的是，1937年到1945年，蒋经国也是在赣南推行了其著名的"赣南新政"，赣州成为当时中华民国时期的"三民主义示范区"。因此，在赣州就有一所以蒋经国命名的图书馆。在该馆的二楼藏

与母亲等合影。左一为李政道，13岁。

有许多自然科学的书籍。李政道经常去那里读书。有一次他读到一本书，里面谈到牛顿三大定律。李政道很好奇。当时，李政道对自然科学尚处在模糊状态，谈不上对哪门科学情有独钟。他只是出于好奇，觉得自然界竟然会有三大定律。

李政道还没有高中毕业，就盘算着考大学的事情。那时他对物理已经产生了浓厚的兴趣，决定报考物理系。就近说，浙江大学有物理系，也有胡刚复、王淦昌、束星北等有名的教授。浙江大学离开杭州之后，一度曾在吉安落脚，但很快就迁到贵州去了。如果他参加完中学的联合考试取得毕业证书再报考浙大，肯定赶不上全国大学统一考试。于是他决心离开赣州奔赴贵州，以同等学历报考浙大。这是一个充满勇气、胆略和智慧的决定。这样的决定对于李政道来说，一方面饱含风险，一方面却给自己创造了一个机会，这个机会影响了他整个的人生。他抓住了这个稍纵即逝的机会，他为自己的光辉前程铺下了第一块路石。

赣县基督教联合中学第一届高中毕业同学留影。
第三排右五为李政道。

　　决心既下，从浙江奔赴贵州的长征就开始了。为了避开敌占区，李政道从江西经广东进入广西，再从广西转入贵州。一路上，或独自行进，或与同学结伴；有时搭乘以烧木材产生的煤气做动力燃料的汽车，有时搭乘所谓"黄鱼车"（上海地方话，概指人员拥挤的破旧车辆或货运车，李政道此处所乘系运兵的大卡车），大半时间要靠双脚徒步前进。时值盛夏，疟疾痢疾流行，李政道没能幸免。他既感染上了疟疾，又患了痢疾，身上长满疥疮，活像一个流浪的乞丐。每天疟疾发作，如寒流来袭，颤抖不止。高烧、恶心、呕吐又频频泻肚。他无药可服，备受折磨，几致丧命。路程中不前进就要掉队，后果难以想象，李政道咬牙坚持前进。翻不尽的高山大川，攀不完的悬崖峭壁。有时走一天还过不了一座大山。进入贵州，"天无三日晴，地无三尺平"，山更高了，路更难了。可是希望就在前面。16岁的李政道经历了从未有过的艰难困苦，他几乎失去了希望，陷于绝境。但他以极大的毅力坚持着，终于渡过了难关。

　　经过两个月的艰苦跋涉，1943年8月底他终于到达了贵阳，在那里他破例以同等学历参加了全国大学统一考试，因成绩优异被浙江大学录取，成为电机系一年级的大学生。之所以选择电机系，是因为电机系的录取分数最高，入校后可以转任何系。开学前，他在湄潭遇见了束星北和王淦昌两位老师。在他们的启发和鼓励下，一周之后，一开学就转入了物理系。至此，他终和物理结下了姻缘，他在这一领域的天才初步为束星北和王淦昌所赏识，可以说，他以巨大的勇气并忍受了巨大的磨难实现了自己的愿望，圆了自己进大学学习物理学的梦想。

　　浙江大学在贵阳立足未稳，由于日军迫近独山，贵阳吃紧，学校已先行迁徙。李政道虽然考取浙江大学，带上了校徽，却连一堂课也没上就又要随校向贵阳以北数百公里的湄潭县永兴场转移。路程依旧是高山连绵，小路崎岖，十分艰苦。好在李政道在贵阳治好了疟疾等疾病，身体稍有恢复，使他能够随校迁移跋涉，没有垮下来。

浙江大学当时已是全国知名大学，它的渊源是建立于 1897 年的求是书院，是中国近代史上效法西方学制创办的最早几所大学之一。1927 年浙江大学成为国立第三中山大学。1928 年改称国立浙江大学。日本侵华战争爆发后，1937 年浙江大学全校在校长，著名科学家竺可桢带领下，从杭州西迁，艰苦跋涉，长途奔波数千公里，历时三年多，于 1943 年最后落脚贵州湄潭，而离湄潭约 15 公里的永兴场是大学一年级学生的驻地。当时浙江大学物理系有王淦昌、束星北等高水平的物理学教授，教学水平在国内名列前茅。李政道后来称王、束二位是使他真正步入物理世界的指路人。

王淦昌 1907 年 5 月 28 日生于江苏省常熟县枫塘湾。父亲是当地有名的中医。王淦昌小学毕业后，来上海浦东中学读书。他学习成绩优异，1924 年高中毕业被录取为清华大学首届本科生。在清华大学受到叶企孙、吴有训等物理大家的教诲，1930 年留学德国，1934 年获博士学位后回国。曾任山东大学、浙江大学教授，后到中国科学院近代物理所从事高能核物理研究。之后参加我国原子弹、氢弹研制，成为两弹元勋。

束星北 1907 年 10 月 1 日生于江苏省南通唐家闸掘港村。曾留学美欧，获英国爱丁堡大学和美国麻省理工学院理学硕士。1931 年回国，出于抗战激情曾一度投笔从戎，后历任浙江大学、暨南大学、交通大学、齐鲁大学、山东大学等校教授。束星北是中国老一辈的著名物理学家、海洋气象和海洋物理学家，为中国教育和科研做出了重要贡献。

李政道在湄潭浙江大学开始学习。他和束星北的侄子束慰曾同班，由他的介绍认识了束星北教授。李政道转为物理系，可是因为物理系学生很少，就和化工系一起上课。由于李政道常到束星北家去玩，束星北发现他是个数理天才，便给予格外的培养。束星北每两周从湄潭去永兴场做普通物理辅导，可是学生只有李政道一人，所以几乎每次他都和李政道在一年级所在的楚馆物理实验演示室讨论问题，情形相当热烈。李政道也常去湄潭，睡在湄潭双修寺的物理实验室里，束星北晚上常去那里，两人往往谈到深夜。王淦昌老师也给予李政道以特别的关注和教导。

天才初露的李政道，已被他生命中的第一位"伯乐"束星北所发现。

王淦昌经常徒步几十里到永兴场与同学们座谈，宣讲物理学的要义。王淦昌说，物理学是一门很美的科学。大至宇宙，小至基本粒子都是物理学的研究对象，要寻找其中的规律，非常有趣，也非常重要[①]。这对李政道立志从事物理学研究起了很大的作用。

正在李政道潜心于物理学的时候，1944年年底日本侵略军进犯黔南，贵阳危急，浙江大学的存在再一次受到威胁。学校里掀起了从军抗日的热潮。这时，李政道的母亲从上海移居重庆，李政道去看她。事出意外，在从重庆回贵州遵义的山路上，他乘坐的卡车于72弯处翻进了山谷。李政道是躺在车载的货物上，车翻后被压在货物下面身受重伤，多处骨折。当他醒来的时候，觉得能看到太阳，知道自己还活着。他想用手捂住一只眼，看看是不是真的活着。他用一只手去捂眼睛，可是脸肿得很高，根本无法够到，只好作罢。他只能就地等待救援，随后住进了浙大工学院的医院。这时，日本军队已经打了过来，李政道无处可逃，自觉走到了绝境就想参加青年军去打日本侵略军。王淦昌知道了以后，就打来电报，不让他参军。这时恰好有专车来接束星北的家属，李政道便乘束先生接家眷的车到达了重庆。束先生和王先生

---

① 范岱年《王淦昌》，见《中国现代科学家传记》第五集，科学出版社，1994。

一致建议李政道去昆明的西南联合大学读物理。后来，每当讲起这段历史，李政道对束星北教授的感激之情溢于言表。1972 年末他第一次回国访问，就给束星北写信说："先生当年在永兴、湄潭时的教导，历历在念，而我的物理基础都是在浙大一年所建，此后的成就，归源都是受先生之益。"当时，束星北还因"文化大革命"时给他加在身上的莫须有的"罪名"在青岛医学院劳动改造①。

正当李政道实际上已经失学的时候，母亲和四弟学道、五妹雅芸按照父亲的安排已从沦陷区的上海来到了重庆。他们当然十分关心李政道的学业，也同意李政道去昆明投学西南联大。

1937 年 7 月 7 日卢沟桥事变发生，抗日战争爆发，平津危机。南开大学、清华大学和北京大学奉命迁往长沙。8 月合并成立长沙临时大

当年西南联大校门。

---

① 以上有关材料，均见中基网—物理教育—束星北。

学，1938 年 4 月再迁往昆明，更名为西南联合大学。大学的物质条件很差，但名师荟萃，物理系就有来自清华大学的叶企孙、吴有训、周培源、赵忠尧、王竹溪、霍秉权；来自北京大学的饶毓太、吴大猷、朱物华、郑华炽、马仕俊；南开大学的张文裕、许贞阳等。这样强大的教师阵容，对李政道真是一个巨大的诱惑。他投学西南联大的决心已定，只是投师无门，十分焦急。后来多亏他的姑妈找到了一位名叫梁大鹏的朋友，他和当时在西南联大教书的吴大猷在美国的时候相识。梁大鹏并不是学物理的，只不过当吴大猷在 1931 年初到密歇根大学时和他有一面之交。吴大猷是接替梁大鹏的新房客，如此而已。对于李政道要赴昆明求师吴大猷，梁大鹏热心帮忙，于是给吴大猷写了一封信以资推荐。

吴大猷 1907 年生于广州，1925 年入南开大学，1929 年获南开大学理学士，1932、1934 年获美国密歇根大学硕士和博士学位。1934 年回国在北京大学任教。1938 年为西南联大物理系教授。吴大猷在物理学上有很高的成就，在识别人才上独具慧眼。据他的回忆，1945 年的春天，忽然有一个胖胖的十几岁的孩子来找他，手里拿着一封信，是一位署名梁大鹏的人写给他的。经回忆，才想起在美国和梁的一面之交。但那个时候，正值学期中间，不经考试不能入学。吴大猷便和教二年级的物理教授商量，让李政道随班旁听参加考试，如果合格，暑期可免读二年级的课程转入三年级。李政道对吴大猷这样的安排非常满意，极为兴奋。立即写信把这个好消息报告在重庆的母亲。

李政道一开始就表现出了他天才的学习能力。旁听二年级的课程，对他十分轻松。有时他也去听吴大猷讲授的量子力学课。他经常到吴大猷先生家里去，看到吴先生忙着，他就替吴先生干点家务活，打扫房间，劈柴挑水，样样都来，有时还替师母捶背按摩。当然，李政道的目的主要还是要从吴先生那里多学点东西。李政道喜欢解题，课堂的题目解起来不过瘾，他请求吴先生给他出更多更难的题目。吴先生出了很多题目，李政道很快就解完了。吴先生干脆拿出一本美国沙尔林编著的《物理学》，让李政道去解里面的众多题目，他以为这本书里的题目只有大学高年级的学生才可以解出，李政道一定会多花费气力。谁曾想到，李政道废寝忘食，没有多久就把题目解完，使吴大猷十分惊讶。另外，李政道临离开重庆的时候，束星北送给他一本金斯（Sir. James Jeans）写的《电磁学》名著。这是束星北当年在英国苏格兰爱丁堡大学（Edinburgh University）随达尔文教授（Darwin，是 R. C. 达尔文的孙子）做研究时用的。金斯的书里有很多剑桥大学会考的考题，很不简单。李政道在重庆养病等待去昆明的时候，就以这本书为伴，并手写了一册《金斯电磁学习题全解》。到联大之后，他托同学陆祖荫送给物理系的同仁们。吴大猷知道了，对李政道的能力更加赞赏。吴大猷问李政道他的数学、物理知识从哪里学来的。李政道说完全是自学得来。当吴大猷知道李政道小学、中学都未曾毕业，全靠同等学历升学，来西南联大也是如此，吴大猷深受感动，觉得李政道真是一个极天才，又极勤奋的青年，大有培养前途。

　　这样，李政道由于旁听成绩优秀，第二学期便成了二年级的正式学员了。

　　当时，王竹溪在讲授《热力学》和《统计力学》、周培源在讲授《广义相对论》和《流体力学》、叶企孙在讲授《电磁学》、张文裕和赵忠尧在讲授《原子核物理》。这些高水平的课程给李政道提供了丰富的学习内容。他如饥似渴地听课和自学，充实自己的基础知识。联大的生活条件异常艰苦，李政道顽强地忍受着。有人询问李政道那时是不是很穷，钱从哪里来。李政道说，那个时候，不是穷不穷的问题，而是身无分文，是赤贫。课余自学的环境更差，他和许多同学便到学校附近"泡"茶馆。茶馆里有汽灯，灯光很亮，提早占个位子，要一杯茶，就可以较长时间在那里读书。

李政道的天才，从儿时到小学、中学、大学逐步显露，而这只不过是他天才的初露。不到20岁的李政道已经经历了"天将降大任于斯人"的一系列的考验。孟子在《告子·下》里讲述："舜发于畎亩之中，傅说举于版筑之间，胶鬲举于鱼盐之中，管夷吾举于士，孙叔敖举于海，百里奚举于市"都"必先苦其心志，劳其筋骨，饿其体肤，空乏其身，行拂乱其所为，所以忍心动性，曾益其所不能。"这样的情形不正是李政道的经历么？那么，历史注定让他担当的大任又是什么，他要具有什么样的机遇，经过什么样的过程，才能将大任担在自己的肩上？天地冥冥之中难道真有"命运"这一说吗？

正当李政道在西南联大艰苦的环境里刻苦攻读物理的时候，1945年8月15日日本帝国主义正式宣布无条件投降，历时八年的抗日战争结束了。李政道本应随校迁往北平，而束星北也要介绍他去兵工局工作，（如果去了，后果难想！）但就在这个时候，蒋介石要制造原子弹的决定，却把他送去了美国。

在本书第一章里，我们曾说到，在选择李政道去美国的事情上，吴大猷的睿智目光。可是谁知道，吴夫人阮冠世也曾起了重要的作用。吴夫人通过平常的观察，也认准李政道是个奇才，极力支持吴大

李政道（右一）和西南联大的同学。

猷先生的决定。时任理学院院长的叶企孙也是慧眼识人，批准了吴大猷的推荐。有人在 1999 年访问吴大猷先生时，曾询问他何以有如此大的勇气和超强的判断力来选择一位大二年级的学生去美国深造。吴先生说，看一个人要看他的智慧、基础，看他的发展趋势和潜力。当时，他觉得李政道天赋好，有智慧，思想活跃，反应快，学习基础扎实，知识面广，虽然只是大学二年级，但实际水平超过了大学毕业生。李政道热爱物理，研究意识强烈，刻苦钻研，做习题好像发了疯，有科学家的敬业精神。后生可畏，前途无量。吴先生还谦虚幽默地说，不是他选择了李政道，而是李政道选择了他，是李政道从重庆跑到昆明来找他的。

李政道与恩师吴大猷。

第三章
在芝加哥大学：初识杨振宁

当吴大猷把要推荐他去美国学习的消息告诉李政道的时候，李政道因这个消息而受到极大震动。真的是他么？李政道才是一个二年级的大学生，没有文凭，到美国后怎么入学呢？去美国留学，他当然有这个愿望。他觉得，自己在物理和数学方面不会有太大的问题，只不过需要提高一下自己的英语水平。

按照军政部的要求，华罗庚选了孙本旺去学数学，到了美国又选了徐贤修；曾昭抡选了唐敖庆、王瑞骁去学化学。加上学物理的李政道和朱光亚，学生共有六名，从中国出发的只有五名。为了使他们对原子物理和核物理增加了解，吴大猷先生在联大还专门为他们五位开了一门量子力学课。本来三位老师应该一同前往，但吴大猷要先去英国参加学术会议，曾昭抡已经先去了美国，所以只有华罗庚、吴大猷的夫人阮冠世和他们一起出发。

1946年7月，他们八人齐集上海准备远航。他们乘坐的是美国

"将军号"轮船。该船主要是运兵，也有散客搭乘。后来，李政道和夫人秦惠䇹谈起，原来两年前秦惠䇹也是乘这条船去美国的。

轮船在大海上航行了三个星期。

刚上船的时候，李政道发现他们舱里的铺位都是上中下三层，太拥挤了。于是他建议把中间的铺位卸下来，这样就宽敞多了，船员没有注意到这一变化，没有干涉，当然也没有生人进来。自己动手改善环境，使整个航行变得更加舒适，李政道小有贡献。

在船上，李政道主要是阅读随身带着的物理书籍，有诺得·索末菲（Arnold Summerfield）的《原子光谱学》，有狄拉克（Paul Dirac）、海森堡（Werner Heisenberg）的量子力学等书。还作了大量的习题。李政道经常和朱光亚讨论物理问题。他自己也非常喜欢探讨问题。有一次他的一枚别针落到地上，他对别针落地现象产生了极大兴趣。于是就一个人研究起来。对别针的运动过程，落地后的姿态等都要有个答案。这些问题牵扯到概率问题，要用微积分来计算。李政道算得如痴如迷。

他们在船上的三个星期的时间里过得十分愉快、充实。

到达旧金山之后，有一次他们一起去吃自助餐。对这帮刚从中国来的人，自助餐可真是一件新鲜事。有那么多种食品摆在那里，任人取用，真有说不出来的畅快。他们每一个人都拿了几大盘食物，猛吃起来。服务小姐看到这种情形，就问："你们是从哪里来的？"回答是从中国来的。那位小姐若有所悟地说："噢，怪不得呢，那里刚刚发生过战争。"

他们几个人去理发。如在任何国家一样，理发的服务内容都有很多项，每一项都由顾客自己选择，都要付费。别的人只选了剪发一项，很快就剪完了。可是只有华罗庚坐在椅子上，总是下不来。一项完成后，理发师就问："要不要刮脸？"华罗庚就点一下头，表示同意。接下来，理发师又问："要不要洗头？"他同样点头。理发师又问："要不要吹风？"他还是点头。又问："要不要按摩？"同样是点头。等到所有项目都做完，华罗庚竟付出了30美元！那时不仅对中国留学生，就是对一般美国人来说，这也是一个天文数字。李政道他们在宿舍里等了很久，华罗庚才姗姗回来，惊呼失算。精明的数学家为此付出了惨重代价，成了他们之间的笑谈。其实他在去美国之前，已经在英国呆了6年，发生这样的事情，令人费解。

曾招抢去打电话，把钢币投进电话机后，由于听不懂电话里的英语说明，钢币总是又掉出来，如此反复多次，仍然打不通。于是大家想了一个办法，每一个人负责听一个英文单词，最后终于破译了电话里的英语录音："Tell your telephone number please."（请告诉您的电话号码）电话终于打通了。由此可见他们刚到美国时的英语程度。

到了美国，那里并没有专门接纳学习原子弹技术的学校。各专业的人都要自行联系学校，进行学习。所以来自中国的这七位人士，都要各寻出路，各奔前程。

对于李政道来说，问题最为复杂。在美国，要进研究生院通常必须有大学毕业时取得的学士学位证书。朱光亚有毕业证书，经吴大猷介绍去了密歇根大学物理系读博士学位。李政道只有大学二年级的学历，报考研究生就遇到了困难。

在来美国之前，吴大猷曾为李政道写过一封推荐信给密歇根大学高德斯米特（S. Goudsmit）教授。信里说："李在中国只念了两年大学，但他是一个非常聪明的孩子，思想敏捷，目光尖锐，工作勤恳。他的学业并不比大学毕业生逊色，我相信他如果得到适当的指导，一定会成为出色的物理学家。"高德斯米特相信吴大猷的介绍，但是，他无法改变学校的规定，表示爱莫能助。

李政道只好和朱光亚陪同阮冠世先到芝加哥大学。那时杨振宁在芝加哥大学当助教，他接到吴大猷先生的通知，给他们三位在大学国际公寓预定了房间。杨振宁说起来和李政道是西南联大的同学，但杨振宁比李政道高两个年级。在昆明联大，李政道并不记得见过杨振宁。有可能在吴大猷先生家相遇过，可是并没有任何交往。

芝加哥大学是美国著名私立大学之一，1890年由美国浸信会教友教育协会和石油大王洛克菲勒捐资创办。芝加哥大学位于芝加哥市南密歇根湖畔。它提出的"芝加哥计划"旨在防止学术课程和职业课程过分专门化，对其他大学的本科教育计划产生了巨大的影响。

芝加哥大学有75位校友获得了诺贝尔奖，是美国大学里最多的。2位校友获图灵奖（A.M. Turing Award）[①]，12位教授获国家科学奖章，现任教授里有60多位国家科学院、国家工程院和国家医学科学院院士。建成第一座可控原子反应堆的费米（E. Fermi）、首先进行光速测量的迈克耳孙（Albert Abraham Michelson）、第一次活体肝脏移植以及22位获得诺贝尔奖的经济学家等都是芝加哥大学的骄傲。

李政道初到异国他乡，语言不通，环境生疏。一开始就遇到好似不可克服的困难，使他顿生烦恼。夜晚，他在街道上漫步，看到高楼林立，人行匆匆，繁华无比，可是他如何得以克服这一困难，有谁能帮助他克服这一困难？李政道深深地懂得，克服像这样的困难，主要靠自己。李政道从小就具有刚毅的性格，成长中又饱经战乱和穷困的考验，现在虽然他只有大学本科二年级的学历，可他已经熟悉了经典物理学，对量子物理学也有所了解，对进研究生院很有信心。于是，他暗自下决心一定要靠自己的奋斗走出一条路来。

吴大猷从英国来到美国后，也多方为李政道联系学校。他听说芝

---

① 图灵是英国人，世界著名数学家。以他的名字命名的奖是美国计算机协会于1966年设立的，专门奖给在计算机技术方面有突出贡献的人。

加哥大学对学历要求不是那么严格，就建议他去芝加哥大学试试。李政道到了芝加哥大学后，就一个人到招生办公室去。芝加哥大学能够接受没有正式大学毕业文凭的学生，但是有一个要求，报名者必须熟读过校长胡庆斯（R. M. Hutchins）指定的几十本西方文化的古今名著，要理解贝多芬等人的古典音乐并且要通过考试。李政道不用说熟读，就连那些名著的书名和作者都没有听说过。他急中生智，对招生办公室的那位女负责人解释说："我来自中国，对东方文化的古典名著，像孔子、老子、孟子等的学说尚有些造诣，而这些东方名著与胡庆斯校长指定的名著的水平相当。"他并说，如果需要，可出题对他进行考试。那位女负责人觉得李政道的说法有道理，当然她也不可能出题考试，于是就同意李政道进研究生院做旁听生试读。

　　1946 年秋，说来有点神奇，李政道就这样成了芝加哥大学研究生院的旁听试读生。但是，从这里也可看出李政道在应对一些问题时特有的机智。

　　李政道一到芝加哥大学就发现，在第二次世界大战刚结束后不久，芝加哥大学物理系就聚集了一大批世界一流的物理学家。其中包括：钱德拉赛卡（S. Chandrasekhar），费米（E. Fermi），J. 迈耶（J. Mayer），M. 迈耶（M. Mayer），米利根（R. Mulliken），泰勒（E. Teller），尤利（H. Urey），扎克赖亚森（W. Zachariasen，系主任），稍后，还有温才（G. Wentzel）[①]。

　　研究生的队伍也是英才济济，有：阿格纽（H. Agrew），安德森（J. Anderson），张伯伦（O. Chamberlain），邱（G. Chew），伽温（R. Garwin），戈德伯格（M. Goldberger），劳德（J. Lord），奥利尔（J. Orear），罗森布鲁斯（M. Rosenbluth），赛洛夫（W. Selove），斯坦博格

---

① 其中，钱德拉斯卡、M.迈耶、尤利后来得了诺贝尔奖，泰勒后来被美国人公认为氢弹之父。

（J. Steinberger），斯顿海默（R. Sternheimer），替丘（H. Ticho），特莱曼（S. Treiman），威尔科克斯（H. Wilcox），沃尔芬斯坦（L. Wolfenstein）和杨振宁。

李政道以如此神奇的速度和方式入了芝加哥大学研究生院使吴大猷和许多人都大感惊讶。李政道心里虽然也感到庆幸和满意，但是他还有一个心愿，就是师从物理大家费米教授，做他的研究生，从事他从小热爱的物理学研究。

费米教授（Enrico Fermi）于 1901 年 9 月 29 日在意大利罗马出生。他毕业于比萨大学（University of Pisa），1922 年获物理学博士学位。1923 年受意大利政府资助去德国哥廷根在马克斯·玻恩（Max Born）手下工作；1924 年去荷兰莱顿（Leyden）为艾伦弗斯特（P. Ehrenfest）工作。同年回到罗马任佛罗伦萨大学（University of Florence）讲师，1926 年被聘任为罗马大学理论物理学教授，直到 1938 年。这一年他由于认证了由中子轰击而产生的新放射性元素，以及发现慢中子引起的核反应而获得诺贝尔奖。此时的法西斯种族歧视法律波及到他的夫人劳拉·卡朋（Laura Capon）和她的家人，费米被迫移民美国，任纽约哥伦比亚大学教授。二战期间，他在芝加哥、劳斯阿拉摩斯全力参加制造原子弹的曼哈顿计划，在芝加哥大学建造世界上第一座核反应堆，从事大规模核能的开发工

1948 年，李政道在芝加哥大学手持费米教授和他一起制造的巨大计算尺。

作。二战结束后，1946 年，他来到芝加哥大学新设立的核研究所，直到 1954 年 11 月 29 日过早的去世。费米被视为当时伟大的理论和实验物理学家，他高度的物理和数学天才、平易近人的风范，受到科学界的赞赏，成为年轻科研人员的崇拜对象，在这领域工作的科研人员无不以能成为费米的学生而自豪。李政道也不例外，他和杨振宁都向往着费米能成为自己的导师。

李政道入学后做的第一件事情就是阅读介绍芝加哥大学各系的说明书。他记得那上面说，芝加哥大学物理系器重"出类拔萃"的学生，系里并不鼓励学生去修课。当然也为那些需要指导的学生设立课程。他心里想这才是一个名牌大学应有的风格。在云南的西南联大则截然不同，在那里学生必须修课。尽管如此，他还是选了泰勒（Edward Teller）的量子力学。刚开始上课时，他担心这样做是不是会说明自己不"出类拔萃"了，但当他看到许多同学也在修这些课的时候，就放心了。

进了研究生院，李政道选了三门课，其中一门就是泰勒教的量子力学。不久有一次考试，其中一道题牵扯到分数微积分的问题。这个问题，李政道以前看书的时候曾经思考过，因此他对那个问题做出了一个很简明的证明。泰勒对李政道的证明十分欣

青年李政道。

赏。他问李政道是在哪里学的。李政道回答说是他以前看书时想过的。泰勒随后把李政道的答案告诉了费米。费米那时还不知道有个李政道，就让他参加他每周两个晚间的特别讲座。过了一个月，物理系的老师们对李政道的程度有了了解，系主任就向招生办提出要求把李政道从试读生改作正式生，学校方面也同意了。于是李政道就成了大学研究生院的正式研究生。

读博士时期的李政道。

1948 年春天，李政道通过了博士资格考试，费米教授正式接受李政道为自己的研究生，指导他攻读博士学位。李政道的理想终于实现了。

1947 年春，李政道被选为芝加哥大学全校的特别访问生（Visiting Fellow），并得到芝加哥大学设立的一项新的奖学金，称为"全校奖学金"（University Scholarship）。这项奖学金在全校一共只有两个名额。李政道被物理系推荐并被选中。一天，李政道在校园里遇到系主任扎查里孙（Zacharison）。他对李政道说，明天上午，你到我的办公室来一下。第二天上午，当李政道见到他的时候，他对李政道说，你被评上"全校奖学金"的得奖人。李政道听了便说，他已经有中国政府的奖学金了。扎查里孙说，这与中国的奖学金没有关系。当然，你可以拒绝，但这不仅仅是钱，这还是荣誉。李政道听后，便愉快地接受了那份在全芝加哥大学来说是极富荣誉的三年的奖学金，共4500美元。再加上中国政府给的每年5000美元共两年的奖学金，当时李政道是享受奖学金的学生中最富有的，很受人们羡慕。

李政道在芝加哥大学一个月之后，就去密歇根大学看望吴大猷和夫人。这时李政道已接到了芝加哥大学录取他为正式研究生的通知，吴先生知道后非常高兴。

在密歇根大学的时候，吴大猷带李政道去见他的老师乌伦拜克（George Uhlenbeck）。乌伦拜克出了两个问题要李政道解答。一个问题是，电子穿过饱和的液体时是否会产生气泡。电子过去后气泡会怎样？第二个问题是，粒子由能级 A 通过 β 衰变到另一核的能级 B，然后放出 γ 射线到能级 C，级联产生 β 和 γ，就是 $a \rightarrow b + \beta$，$b \rightarrow c + \gamma$，β 和 γ 之间有没有角关联？那时是下午四五点钟，李政道说他要想一想，明天给他回答。当天晚上，李政道开夜车思考这两个问题，第二天拿出了答案。对于第一个问题，他回答说，电子通过的时候可以瞬间在过饱和液体内产生气泡，当时液体施加在气泡壁的压力将马上把气泡压瘪而使之消失。对第二个问题，李政道只做了一个最简单的例子，算出了角关联。乌伦拜克很注意听李政道的回答，但当时并未置可否。

其实，乌伦拜克当时正在考虑关于电子穿过饱和液体的问题，他的一位研究生格莱塞（D.A. Glaser），正提出要用过饱和液体做介质，制作探测带电粒子的气泡室。后来格莱塞就是因为发明气泡室而得到了1960年度的诺贝尔奖。李政道的回答无疑给了乌伦拜克和他的研究生以启发。

第二个问题，虽然李政道给出了答案，但他那时正忙于天体物理的问题，没有深入去研究。吴大猷先生觉得这个问题很有意义，一定要李政道回芝加哥后把答案写出来。李政道尊重吴大猷先生的意见，回芝加哥后在他所住的国际公寓里算这个问题。杨振宁来了，看到李政道正在做计算，于是问李政道算什么，李政道对他说了。后来，杨振宁对这个问题做了详细的计算，成了他的毕业论文。

李政道、吴大猷及同仁们。

回到芝加哥，李政道便集中精力投入学习。

李政道现在是费米教授的正式研究生，开始了在费米教授指导下的研究生生涯。

第四章
师从中子物理学之父

　　费米被誉为"中子物理学之父"。由于费米在中子轰击特别是用热中子轰击物质方面做出的成绩，1938 年获得了诺贝尔物理学奖。同年移居美国。费米是物理学史上少有的理论和实验兼长的物理学大家。他涉足统计物理、原子物理、原子核物理、粒子物理、天体物理和技术物理等领域。1925 年与狄拉克各自独立地提出费米－狄拉克统计法，1928 年提出托马斯－费米原子模型。1934 年建立 β 衰变理论，奠定了弱相互作用的理论基础。

　　在实验物理方面，1934 年他用中子代替 α 粒子对周期表所列元素进行轰击，发现人工放射性，观察到中子慢化现象等并建立了理论，为重核裂变打下了基础。1936 年发现中子的选择吸收，奠定了中子物理学的基础。

　　1939 年，费米探索核裂变链式反应的可能性，并于 1942 年 12 月 2 日在芝加哥大学建成世界上第一座可控原子核链式裂变反应堆，产生

了可控的核裂变链式反应，开创了人类的原子能时代。费米也是原子
弹的制造者之一。

李政道除了听课自学外，还按时去参加费米教授晚间开的课。听
费米晚间开的课，必须得到费米教授的邀请。在这里，李政道第一次
领会到了费米高妙的教学方法。课堂上讨论的内容囊括物理学的所有
领域。费米有时从他的文件夹里随机抽出一张卡片，上面写着一个课
题和一个关键公
式，他便从那里讲
起。令人惊讶的是，
每个问题都是从零
开始，在一堂课的
时间里，给出这个
课题有关的深刻的
物理思想、公式和
数值估计。而且他
能从一个课题轻松
跨越到另一个课题，
这种本事真是令李
政道钦佩之至。

费米和李政道
关系非常密切，每
个星期，都拿出半
天时间单独和李政
道讨论物理。此外，
费米通常都和学生

费米，中子物理学之父。

们在柯梦思（Commons 芝加哥大学的餐厅）一起吃午饭，边吃饭边讨论物理问题。费米那时正对宇宙线的起源和原子核的合成感兴趣。他先指导李政道做核物理，后又转入天体物理。他经常让李政道就某一个课题考虑一下，并查阅有关文献，过一个星期给他做一次"讲演"。李政道按照费米的要求做了，这样不仅了解了课题，而且每次都会得到费米的鼓励，让他感觉很兴奋，受益匪浅。李政道从这里意识到，这是一个指导学生独立工作的绝妙方法。

　　费米还特别注重培养学生的自力更生精神，对问题要有独到见解。他的学生必须能够证明或推导所用的一切公式。有一次，费米问李政道太阳中心的温度。李政道回答说大概是一千万度绝对温度左右。费米问，这个数据是从哪里来的。李政道回答，是从文献上看到的。费米又问，你自己算过没有。李政道说没有。费米说这样不行，应该自己计算以后才能相信。关于太阳内部温度和亮度的分布，有关其辐射传递等有一组微分方程，它的解答的计算相当繁复。由于这不是李政道当时的研究课题，他就不想花太多时间去做繁复的验证，于是就引用了有名的文献上的结果。费米看了之后很不满意，他认为，一个人绝对不能接受自己没有独立验证过的别人的计算结果。为了做这项繁复的验证，费米甚至巧妙地设计并亲自动手制作了一个专用的算尺①来处理那套微分方程：

　　$dL/dr \propto T18$ 和 $dT/dr \propto L/T6.5$

　　（L 为亮度，T 为温度，r 是半径）。他花了整整两天时间，帮助李政道制作算尺。这个算尺长有六英尺七英寸，颇为壮观。算尺的一边是 18 logs，另一边是 6.5 logs。有了这个算尺，连积分都很好算。于是，李政道只用了一个多小时的时间很快就推算出太阳中心的温度，大约

————————————
① 见下页照片。

是一千万度。又花了一天时间，沿半径算出一百多个位置的数据。

　　费米的这种言传身教，使李政道终生难忘。之后，李政道每逢遇到困难的问题，都会去设想一下费米在类似的情况下会怎样做，而每次都会从中得到启示。

费米和李政道亲手做的，为计算主序星内部温度分布的
专用算尺，1948 年。上边是 18log，下边是 6.5log。

　　1949 年李政道和罗森布鲁斯（M. Rosenbluth）、杨振宁联名发表了论文《介子相互作用》【Interaction of Mesons with Nucleons and Light Particles T.D. Lee，M. Rosenbluth and C. N. Yang Physical Review，Vol. 75，No. 5，905，March 1，1949】。这是李政道的第一篇科学论文，是他在费米指导下做研究生时写的。这篇论文建立了两个重要观念：

　　第一个是，将 β 衰变推广到其他反应中，从而导致"弱作用"这一新领域的创立；

　　第二个是，可能存在一种新的中间场。它的量子应该与所有不同类型的粒子一样具有相同的相互作用强度（就像库伦相互作用的量子那样），但是只有非常短的寿命（这一点不像库伦相互作用的量子）。当时，也有其他物理学家独立地认识到上述第一点。可是，这是第一篇在科学文献里讨论可能有中间玻色子存在的论文。

关于这篇论文的来源和产生，还有更多的故事。

1948 年，费米实验室里的另一位研究生斯坦博格（J. Steinberger）正在做宇宙线中 μ 子的衰变实验，研究 $\mu \rightarrow e + \cdots$ 衰变的电子谱。李政道则与斯坦博格平行地做 μ 介子衰变和俘获的理论分析。斯坦博格的实验显示，μ 衰变和 β 衰变一样涉及了四个费米子。除了 β 衰变之外，是不是存在着其他的反应也可以用费米理论描述呢？斯坦伯格和李政道是费米的研究生，罗森布鲁斯和杨振宁是泰勒的研究生，斯坦博格在做宇宙线中的 μ 介子的衰变的实验，而罗森布鲁斯虽然不是费米的研究生，那时他在随泰勒教授做质子的理论研究，但却和李政道共在一个办公室。斯坦博格到李政道办公室讨论 μ 介子实验时，罗森布鲁斯自然在旁，渐渐对这项工作也发生了兴趣，愿意参加进来。

杨振宁也不是费米的研究生，那时，1947 年–1948 年，他大部分时间在位于别处的艾立逊高能实验室做实验，工作不很顺利。周末，他和李政道两个经常在一起聚会，提到李政道的这项工作，杨振宁也感兴趣，表示愿意参加进去，于是才有了以李政道为首

李政道、杨振宁和其他诺贝尔奖获得者在发奖仪式期间小聚

的三人的合作。李政道和罗森布鲁斯、杨振宁三人决定对这个问题做系统的探讨。

他们三位发现，如果 μ 衰变和 μ 俘获用一个类似 β 衰变的四费米子相互作用来描述，则它们所有的耦合常数大致相同。这其实就是弱作用普适性的开端。随后，他们推测，基本的弱作用和电磁作用是类似的相互作用，可以通过一个重玻色子的普适耦合来传递。后来，李政道给这个玻色子起了一个名称叫 W $\pm$（是英文 weak 的第一个字母）。他们把这个发现报告给费米，受到了他极大的鼓励。但是因为在如何从对称性的考虑推导出该普适耦合的中间玻色子存在困难，他们没有即时将这项结果发表。1948 年 12 月，费米收到蒂欧米诺（J.Tiomno）和惠勒（John Wheeler）关于同样问题的论文预印本，就立即把李政道叫到办公室，极力督促他立即把论文写出来发表，并写信给惠勒声明他们三人的论文是在惠勒之前就做出来了。因为罗森布鲁斯和杨振宁去美国东部旅游，论文就由李政道来写，为了赶时间，李政道连圣诞节都没过好。1949 年 1 月 7 日《物理评论》收到他们题目是《介子相互作用》的论文，3 月 1 日发表。李政道对费米办事的认真和果断，十分佩服。以李政道打头的这篇论文，受到费米很高的推崇，他在他的著作《基本粒子》中就有相当部分是讨论李政道他们这一工作的。

在完成了粒子物理方面的这项工作后，李政道仍回到当时兴趣所在的天体物理方面，在费米教授的指导下做自己的博士论文。他的博士论文是有关白矮星的。

在 30 和 40 年代，所有已知的"恒星"分为三类："主序星"（main sequence），白矮星（white dwarfs）和红巨星（red dwarfs）。当时恒星的演变理论认为像太阳一类的恒星都是从小而热的白矮星开始的，质量与太阳同级，但直径小了约百倍，所以密度大了百万倍（1 立方厘米的物质约 4 公斤），之后体积开始膨胀，演化为主序星，晚期体积更大，成为红巨星。在这样从小变大的演变观念的支配下，白矮星就应该是富氢的。李政道用新的星体结构稳定性考虑，证明白矮星的氢的含量不大于 1%。因此，白矮星只能是恒星演变的后期，而不是开始。李政道在这期间写的这篇论文，将白矮星的钱德拉斯卡极限（Chandrasekhar Limit）的上限质量从 5.75 倍太阳质量（5.75 ⊙）降到现在大家公认的 1.44 倍太阳质量（1.44 ⊙）。这一工作改变了当时对星体演变的基本概念。正确的演变是，太阳一类的恒星后期是白矮星，较重的，超过 1.44 ⊙ 的就成为超新星中子星，更重的可能成为黑洞。在这篇论文里，李政道还第一次正确地给出了非常致密物质的电导公式，这个公式后来在材料科学中被广泛应用。

　　关于这篇论文的产生，也有一个故事。李政道在《费米回忆录》里撰写的文章《芝加哥时期的回忆》里[1]，除了谈到本章上面提到的制作大计算尺的故事外，有关白矮星的论文也是在费米启发下写就的。通常，李政道和费米每周都举行一次两人的下午例会。在一次例会上李政道提到马尔夏克（R.E. Marshak）有关白矮星的工作。他的工作是在贝特（H. Bethe）的建议下完成的。他们的观念，白矮星应该是富氢的。马尔夏克发现，由于白矮星具有高电导率，它的内部温度肯定很低。对于由纯氢原子组成的白矮星，他得出了一个可以接受的解。从这个解可以推出，白矮星的临界质量是 5.75 乘以太阳质量，因此也符合当时关于主序星恒星演化的观念，即认为像太阳这样的恒星，其演化的开始就是白矮星。在他们两个讨论的过程中，费米显示了他那固有的敏捷洞察力。他提出了一个问题：马尔夏克有没有研究他的解是不是稳定的。李政道回答说没有。于是费米鼓励李政道去研究这个问

---

[1]　该文章收在 2004 年芝加哥大学为纪念费米逝世五十周年出版的《费米回忆录》第七章"费米学生的回忆"中。

题。结果，李政道证明马尔夏克的解是不稳定的，钱德拉斯卡极限不是 5.75 倍太阳质量，而是 1.44 倍太阳质量，证明白矮星是太阳一类恒星演化的晚期的终点，从根本上改变了人们的观念。

1950 年 6 月，李政道就以这一篇题为《白矮星的含氢量》作为博士论文，很顺利地通过了答辩，获得了博士学位。

1949 年年底，李政道在完成了他的博士论文后，费米便推荐他去芝加哥大学威斯康星约克斯天文观察站（Yerkes Observatory）任研究员。观察站的负责人钱德拉斯卡教授（S. Chandrasekhar）热情欢迎李政道。李政道在那里愉快地工作了八个月。钱德拉斯卡是白矮星理论的创建人，后来在 1983 年获得诺贝尔奖。当时，他对李政道的这一贡献非常重视。

1950 年 9 月，李政道去加州大学伯克利分校（University of California, Berkeley）物理系工作，担任物理系的助教，主要从事研究工作。

1951 年秋，李政道来到了普林斯顿高等研究院（Institute for Advanced Study）。

第五章
芝城爱情故事

　　1946 年秋，李政道 20 岁进入芝加哥大学的时候，给自己制订了一个十年奋斗的规划。他暗下决心，不在学术上取得大成就，不会过早地搞恋爱、结婚。可是，恋爱、结婚，十年为期，似乎太长了，所以在这一点上，他又给自己放宽了期限——25 岁以后可以开始考虑。

　　但是，20 岁左右的青年，在爱情上，都好似一座急待喷发的火山。它要喷发的时候，只靠内心的意志是难以抑制的。关键在于条件。当一个人闭门遐思，面对空空，往往信誓旦旦，认为自己的决心一定可持；可是只要条件合适，也就是说当一位意中人突然出现的时候，情形就会立刻改变，爱情的火焰一定能随时把堵在火山口的岩石消融。

　　李政道入学后不久，由于他有双份奖学金，经济上比较宽裕，便买了一辆二手小轿车。1947 年夏天，他和杨振宁、凌宁开着这辆二手车去西部旅行。除了在大峡谷遇险的故事以外，李政道还记得一个有趣的细节。在出发前，杨振宁提议他们三人按比例出钱，把那部车子买下来，等到回来的时候，再由李政道一人出钱把车子买下。李政道未做过多的思考，同意这样做。所以当他们从西部回来的时候，李政道就把杨振宁和凌宁出的那两份钱还给了他们。在江才健写的《杨振宁传》[①]照片说明词里，的确写的是"他们合买的车"。对于由杨振宁提议的这种做法，究竟意味着什么，后来李政道才琢磨过味来。

李政道买车当然很受同学们的欢迎。因此，李政道便经常要满足要好的同学们的请求充当他们的司机。其中，最有戏剧性的便是开车去看女学生。那时，去美国留学的中国女学生很少。男学生很难找女朋友。一旦听说有新的女学生来了，便要去看看。有一次，忽然得到情报说有一批女学生刚从中国来到芝加哥，正在一个饭馆里吃饭。于是几个人便央求李政道开车去看。李政道心里既然已定下暂不谈恋爱的决心，便抱着"事不关己"的超然态度，热心地驱车前往。那是晚饭时间，饭馆内灯火明亮，外面光线则显得有些幽暗，正适合在外面观察。于是，李政道驾车围着饭馆转圈。一圈下来，大家都说没看清楚。再一圈，还不清楚。又一圈，仍意犹未尽。不知转了多少圈，才算罢了。后来，李政道也没弄清楚，他这个"月下老人"给谁牵成了那条红线。

事情轮到自己了。1948年圣诞节前夕，李政道的朋友黄宛请他帮忙到火车站接他的朋友凌宁的妹妹。黄宛是从中国来美国学医的，他的朋友凌宁的妹妹叫南希·凌，是从堪萨斯州哈维埃尔（Xavier）来芝加哥度假的。李政道欣然从命。

李政道和凌宁到了火车站，发现，除了凌宁的妹妹外，一同到达的还有一位中国女学生。这位不速之客，生得身材苗条，端庄秀丽，十分妩媚漂亮。李政道见了，心里不觉一动。人们通常说的那种"一见钟

---

①《杨振宁传》，江才健著，台湾天下远见出版股份有限公司暨远哲科学教育基金会共同出版，2002年版第120页。

情"、"心有灵犀一点通"、"触电"等现象，都在李政道身上发生了。

那位女生姓秦，芳名惠䇹，是南希的同学。她是陪南希到芝加哥来度圣诞节的。秦惠䇹蓦然见到李政道，是否也有了"触电"的感觉，从以后她对李政道的追求的反应来看，恐怕也是毫无疑问的。其实，李政道应该知道有那么一位秦惠䇹，因为他的父亲在抗战时期曾和惠䇹的姐夫胡幼复合办过飞马油漆厂，相当成功。

但是，在那短暂的见面时刻，"一见钟情"的，并不止是李政道和秦惠䇹二人。不知是什么力量，南希·凌姑娘的心里也生了"一见钟情"的神秘感觉。南希·凌的确对来接她的这位中国小伙子李政道产生了好感。

李政道接完人回到了自己居住的芝加哥大学国际学生公寓。该休息了，可是无法入睡。他觉得今晚他的精神有点异样。细考究去，发现是那位女生秦惠䇹的身影总在自己脑海里、眼幕前盘桓，拂拭不去，欲罢不能。李政道对这种感觉很陌生，但又很新鲜。他暗自想：这难道就是爱的启蒙吗？

李政道抑制不住这种特别的感觉，就跑到黄宛的宿舍。他向黄宛描述了自己当时的心态，想询问一下比他大几岁的黄宛，这种状况意味着什么。黄宛对这种情况并不陌生，而且他已经掌握了一点情况，于是对李政道说，这次南希来芝加哥度圣诞节，目的之一就是找个男朋友。他进一步说，南希对李政道的印象不错，有意和他交朋友呢。这使李政道大出意外，因为他对南希并没有什么心动之感。当李政道对黄宛说明，他的意中人是秦惠䇹而不是南希，黄宛当即改变话头，劝李政道说，男女婚恋，自有缘分，情有所钟，心有所系，千里姻缘一线牵，时机不可错过。既然你有此念，就不要受自己所定的年龄限制，而应该勇敢地去实现自己的追求。一席话讲得李政道茅塞顿开，在李政道的脑海里，自设的防线顿时瓦解，25 岁开始恋爱，30 岁以后结婚的自我限制不攻自破了。

黄宛又极力鼓动凌宁跟大家一起外出游玩。凌宁接受了黄宛的鼓动，首先他请大家看了一场上下两集的电影《一千只眼睛和米多卡》，然后又买了《彭赞斯海盗船》的歌剧票以及观看冰上表演的票。他还常常请他们在一个阿拉伯餐馆吃晚饭，在名叫"蓝子鸡"、"帽顶"的独出心裁的西餐馆吃饭。还请李政道去用圣诞晚餐。李政道记得，在圣诞晚餐上，他第一次尝试了没有烤熟的火腿肉，在看电影的时候，吃了过多的爆玉米花，使他深受肠胃之苦。

李政道有一个特点，就是遇到紧急的情况，他往往能很快应变，回答一个疑难问题，处理一个棘手事件，他都能迅速做出反应，给出答案，拿出办法。

李政道一反他在找女朋友上的"超然态度"，也忙碌起来了。他积极地参加凌宁组织的各项活动，对两位姑娘表现得十分殷勤，这使凌宁很受感动。凌宁的感动也许有他的原因，他的妹妹来芝加哥的目的之一就是找男朋友。但殊不知他的妹妹南希和秦惠䇹已经受到了触动。她们都很欣赏李政道的殷勤，都觉得自己很幸福。但共同的问题是：为什么李政道会对她们如此热情？李政道究竟是对谁情有独钟？这个问题，只有李政道心里清楚。

两位姑娘很快结束了在芝加哥的度假，回哈维埃尔去了。

爱情的种子已经种下。在每个人的心里都有一颗。但是，它们如何萌芽成长，情形却大不一样。

秦惠䇹在上海读的是教会学校。在读高三时，她听说天主教堂的牧师在物色人选赴美国留学，她便去找这位牧师要求去美国留学。她的要求居然得到了牧师的首肯。1947 年 7 月，秦惠䇹搭乘轮船赴美国留学，进入堪萨斯州利文沃斯哈维埃尔圣玛丽学院（Xavier Saint Mary College, Leavenworth, Kansas），攻读家政专业。这次去芝加哥度假，她虽然深为李政道的热情所触动，而且在内心里也有某种异样的感情浮现，但她仍深藏不露，表面上表现的很平静。她在等待着事情的发展。

南希姑娘从芝加哥回哈维埃尔之后，心里对李政道的印象，很快就变成了奔放的激情。

李政道在巧遇秦惠䇹之后，觉得无论从哪一方面想，秦惠䇹都完全合乎自己的理想：一位东方式的姑娘，美丽、含蓄、热情、持重。他决定向她"进攻"。这时，李政道又去征求黄宛的意见。结果，由于看透了李政道的心思，黄宛的建议更坚定了：不要犹豫，立刻行动。于是，1948年初，李政道给秦惠䇹写了第一封求爱的信。

秦惠䇹的内心既然已经受到触动，当她接到李政道的信的时候，也有了自己的打算。他对李政道有好感，但是究竟了解不深，婚姻大事要慎之又慎，不能轻率从事。她决定与李政道保持联系，但不急于肯定恋爱关系。慎重考虑过后，给李政道回了一封信。这已经是一个月以后的事了。

在芝加哥，李政道等待秦惠䇹的回信已如"热锅上的蚂蚁"，像得了相思病，身体消瘦，精神不振。这甚至引起了他的导师费米的注意，便悄悄地问杨振宁："李政道最近瘦了许多，注意力也不集中，是不是经济上遇到了什么困难？"

其实，这个时候，李政道已经接到秦惠䇹的回信，信里虽然没有做出什么许诺，可是信里却邀请李政道在五月去参加圣玛丽学院举办的盛大舞会。这本身就是一个信号，李政道为此兴奋不已。他立刻着手实施两项计划：一是减肥；一是学习跳舞。按说，李政道那时并不很肥胖，可是却有"小胖子"的绰号，他觉得这对于争取秦惠䇹的爱情不利。减肥的确有了结果，这就是为什么费米都看出来李政道消瘦了的原因。

至于跳舞，这对李政道说来比减肥困难更大。他的家庭虽然富裕，但他成长的环境哪里允许他学会跳舞？李政道认为他必须学会跳舞。一向办事认真的他，参加了亚瑟·默里·丹斯舞蹈训练班，认真地学起了跳舞。训练班的六门课程他都参加，很快掌握了跳舞的基本技法，足以对付秦惠䇹邀请他参加的舞会。

1948 年夏天，李政道邀请凌宁和他妹妹南希，当然还有秦惠䇹去美国西部旅行。一切准备工作都由李政道负责。李政道有汽车，然后他又购置了野营用的帐篷、吊床、毯子还带上了充足的食品。旅行非常完满，李政道和秦惠䇹加深了相互之间的了解，感情升温，事实上开始了他们之间的热恋。

在 1948 年这一年里，李政道和秦惠䇹之间的感情逐渐升华，他们之间的交往已经充满了罗曼蒂克的味道。

但是，就在李政道和秦惠䇹热恋的时刻，1949 年年初却传来了南希自杀的消息。据李政道分析，南希的自杀可能与他有关。自从南希在芝加哥遇到李政道之后，心里充满了对李政道的爱慕之情，但是却没有得到李政道的回应。在 1948 年夏季，她接受李政道的邀请，和哥哥凌宁、秦惠䇹一起去美国西部旅游，那时她对李政道还抱有热切的希望。可是，旅游结束后，她终究明了她恐怕是一位多余的痴情者。之前，南希曾经嫁过人，不久就离婚了。这次感到无望后，决心离开这个令人烦恼的世界。但是她的目的没有达到，她被紧急送进了维其塔（Wichita）医院，被抢救过来。后来她嫁给了维其塔的一位中国饭店的老板。南希后来成了加州大学圣巴巴拉分校（UCSB）的动物学教授。

　　1949 年 11 月，秦惠箬得了阑尾炎，住进了医院。李政道得知这个消息后立即到维其塔（哈维埃尔）去，在医院里精心伺候。一个月下来，秦惠箬身体康复，他们之间的关系也发生了根本性的改变。李政道向秦惠箬求爱，秦惠箬也答应了李政道的请求。

　　但在这中间还有一个小插曲。秦惠箬在答应李政道的求爱之前，曾写信去征求自己父母的意见。秦惠箬的父亲对李政道的家庭情况做了了解，认为李政道的父亲是商人、洋买办，不同意这门亲事。秦惠箬没有听从父亲的指示，她说："我是和他的儿子结婚，不是同他父亲结婚。"但是，她并没有立刻将自己的决定报告父母。

　　1949 年 12 月，李政道完成了博士论文的答辩和博士学位的外文考试，到 1950 年 6 月才拿到了博士学位的证书。

　　1950 年 1 月，费米介绍李政道去威斯康星州约克斯天文观察站任研究员，在钱德拉斯卡手下工作。这样，李政道就离开了芝加哥。也就在这个比较动荡的时候，南希自杀的事情发生了。南希虽然没有死去，却抱怨秦惠箬"偷"走了本该属于她的李政道。秦惠箬受到很大的压力。她改信了天主教，并诚恳地忏悔自己的"罪"。李政道安排了一次特别的旅行来安抚秦惠箬。在这次旅行途中，他们最后确定了结婚的具体日期，并把决定报告给了秦惠箬的父亲。

　　1950 年 6 月秦惠箬从圣玛丽学院毕业。李政道和秦惠箬决定结婚。他们的婚礼在芝加哥市政府

1949 年，李政道与秦惠箬在克拉阿多。

大厦举行。然后，他们去威斯康星州的山谷里度蜜月。

在约克斯天文台工作虽只有八个月的时间，李政道却做出了重要的结果。他的一篇论文将白矮星的钱德拉斯卡上限质量极限，从 5.75 倍太阳质量降到后来公认的 1.44 倍。钱德拉斯卡非常推崇这一工作。但是，钱德拉斯卡学术权威作风十分严重，很难听进不同意见。李政道的学术思想非常活跃，经常提出新的见解和问题，这使钱德拉斯卡不能容忍。所以，他经常与李政道发生争执，使得李政道无所适从。李政道觉得这不是他理想的工作的地方。半年之后，李政道离开了约克斯天文观察站去伯克利加州大学工作，担任物理系的助教，做研究工作。秦惠䇹则去那里读硕士学位。

但是，他们在那里却遇到了令人愤怒的对待。当时正值朝鲜战争爆发，加州地方反华气焰嚣张，焚烧唐人街华人店铺、迫害华人事件接连发生。加州政府甚至制定了歧视华人的法律条例。李政道夫妇开始住在都朗（Durant）旅馆里，但是，当他们尝试去租房的时候，却遇到了明显的歧视。没有人愿意出租房子给他们，因为他们是华人。地方法律还规定，不是在美国出生的华人，不能够在美国拥有

1950 年 6 月 3 日，李政道与秦惠䇹结婚时在芝加哥市政大楼前。

不动产。这意味着，他们也不能买房。后来，他们只好住进了加州大学已婚学生宿舍，那是一种很小的公寓式的住宅。秦惠䇹对李政道说，如果他们要组织家庭，要生儿育女，她可不愿意让他们的下一代生活在西海岸这样歧视华人的地方。

1951年春季，加州大学要给李政道一个讲师的位置，但是要经过忠诚宣誓，从十个人中间选择一个。学校认为，像这样的工作职位，再没有别的单位会给他。但是，李政道认为这是一种政治歧视，拒绝了这个职位。

另外，为了让李政道充分发挥他的才能，秦惠䇹决定放弃自己攻读硕士学位的计划。这样李政道就可以选择最适合他的工作环境。就这样，李政道接受了费米的推荐，去普林斯顿高等研究院工作。

李政道、秦惠䇹伉俪正式结婚照。

1951年9月，李政道和秦惠䇹来到了著名学府普林斯顿高等研究院（the Institute for Advanced Study of Princeton），暂时住进了学院的公寓。

猜猜，这是不是李政道的镜像？

第六章
从普林斯顿到哥伦比亚：与杨振宁的合作与疏离

1951 年秋，李政道和秦惠䇹从加州来到了位于美国东部的普林斯顿高等研究院。

普林斯顿是位于美国新泽西州莫色（Mercer）郡的一个小城，它是世界上著名的学术之城。这里有蜚声世界的普林斯顿大学和普林斯顿高等研究院，是全世界学子向往的学习圣地和科学家趋之若鹜的科学研究天堂。

普林斯顿建立于 17 世纪末。那时，来自欧洲的旅居者都要经过新泽西州狭窄的"腰部"，从北向南迁徙，这个地方也就是莫色郡普林斯顿地区。普林斯顿（Prince –Town）这个名字最早出现不会早于 1724 年。在这之前，当地居民都称那个地方为"石溪"（Stony Brook）。

普林斯顿是著名的普林斯顿大学的所在地。普林斯顿大学成立于 1746 年，是美国"常青藤盟校"（Ivy League）的成员之一。普林斯顿大学开始的名称是新泽西学院，地点在纽沃克（Newark）。1756 年，新泽西学院从纽沃克迁到普林斯顿，1896 年改名为普林斯顿大学。普林斯顿大学发展到现在仍然是一所规模较小的大学。包括研究生在内共有学生六千余名。但是，普林斯顿大学重质量不重数量。在全美国的评比中，每次它都名列前茅。物理系也是常居前几位，历届诺贝尔物理奖得主中有八位曾任该校教授，爱因斯坦也曾在该校从事过研究工作。社会人文科学方面，也是业绩辉煌，硕果累累。除去产生过许多著名学者外，有八十多位美国参议员以及克利夫兰（Grover Cleveland，1893-1897）、威尔逊（Woodrow Wilson，1913-1921）总统都是普林斯顿大学的毕业生。

普林斯顿还有另外一所世界著名的研究机构，那就是普林斯顿高等研究院。它是由私人赞助于 1930 年成立的。

这所研究院不是平常意义上的研究机构。它设置简单，甚至不正规。它只设有几个学部，各部只设有极少数永久教授（Permanent Faculty）和不断更新的访问成员（Visiting Members），都是来自世界各地的研究机构和大学，在那里从事数月到数年的研究工作。各学部自行管理自己的事务，有充分的自主权。每个人都能自由地处理自己的时间，展现自己的能力。访问成员享有与教授一样的自由，可以自由地、独立地进行研究也可以与不

1956 年，李政道。

"我给诺奖得主写封信"
万元有奖读书健康行活动

李教授，我想对您说＿＿＿＿＿＿＿＿＿＿＿＿＿＿
＿＿＿＿＿＿＿＿＿＿＿＿＿＿＿＿＿＿＿＿＿＿
＿＿＿＿＿＿＿＿＿＿＿＿＿＿＿＿＿＿＿＿＿＿
＿＿＿＿＿＿＿＿＿＿＿＿＿＿＿＿＿＿＿＿＿＿
＿＿＿＿＿＿＿＿＿＿＿＿＿＿＿＿＿＿＿＿＿＿

读李政道传　戴阅兵手表　穿延寿布鞋
喝"晋"翅果油　走人间正道

你想与季羡林之子季承"亲密接触"吗？
你想与科学大家李政道"飞鸿传书"吗？
在轻松阅读之余写下您的片言只语，
在掩卷沉思之时发来您的长篇大论，
在余音绕梁之际传出您的真知灼见，
就有望获得意外惊喜和万元大奖！

品牌支持：  世纪金豹
CENTURY GOLD LEOPARD

活动热线：010-67089704
　　　　　15110270876

出版方特发起给李政道教授写信活动，特等奖获得者除有望获得李政道先生的亲笔回信外，还将重奖价值1万元的中国植物化石绿色健康品——山西翅果油尊荣品套装和限量版的国庆大阅兵定制手表。

特等奖：1名，
　　奖品：传主李政道亲笔回信+国庆大阅兵定制手表+山西翅果油豪华大礼包+季承限量版签名本
　　　　（价值10000元）

一等奖：3名，
　　奖品：作者季承亲笔回信+山西翅果油精装大礼包+延寿养生布鞋家族套装（价值6666元）

二等奖：10名，
　　奖品：山西翅果油典藏大礼包+延寿养生布鞋全家福套装+季承限量版签名本（价值3333元）

三等奖：30名，
　　奖品：延寿养生布鞋学生套装（价值888元）

参与方式

参与者请将您的大作发送到以下信箱sjjbbooks@126.com，主题写明"给李政道写信"；
或将信件邮寄到北京世纪金豹图书有限公司
（地址：北京市崇文区天坛东里48号鸿运花园小区综合楼101室，邮编：100061：电话：010-67092668）
同时可登陆活动官网www.shijijinbao.cn
及博客http://blog.sina.com.cn/nobellizhengdao、http://blog.sina.com.cn/bjjicheng留言，
或加入李政道粉丝QQ群：1317687594，留下您的详细联系方式，就有机会获得以上大奖。

活动鸣谢：

山西琪尔康翅果生物制品有限公司
协成行钟表有限公司
武汉延飞商贸行
向所有致力于中国科技经济建设的杰出华人致敬！

阅兵手表

贵人当送翅果油、养生莫过翅果油
山西乡宁翅果油是天然养生极品、比虫草更珍稀、仅供全球1万人享用
做时间艺术第一供应商
协成钟表行不懈地追求、创新全美的产品

延寿布鞋　追求生命的厚度
防火　防油　防灰　集最新研究成果于一身的延寿休闲鞋
让您感受科技带来的便利

翅果油

活动支持：  世纪金豹 CENTURY GOLD LEOPARD

活动热线：010-67089704、15110270876 传真：010-67111078

同的教授一起研究。这所研究院的建立真正地实现了自由学术研究的梦想，因而也成为世界学者的向往之地。

普林斯顿高等研究院自 1933 年正式建院，到现在已经大约有十几位诺贝尔奖获得者曾担任过研究院的教授或成员，其中许多人也是沃尔夫或麦克阿瑟奖（Wolf or MacArthur Prizes）或菲尔兹奖章（Fields Medal）的获得者[1]。1936 年开始执行。多数教授是美国国家科学院或美国艺术和科学院的院士。

研究院没有正式的课程、学位项目、课程设置、实验室以及实验装置。研究院的目标就是不断地去探索最基本的知识领域，不期望能获得即时的回报或重大的应用，但是它的研究成果却具有长期性的影响。它的研究工作以及运行的费用全靠私人的赞助、私人基金和政府机构的支持。它给予来研究院做研究的科学家的报酬是很优厚的。

另外，普林斯顿高等研究院位于普林斯顿的西南部，

1953 年 9 月，李政道夫妇带着儿子中清搬到纽约住。
照片摄于李家附近的阿姆斯特丹大道和 119 街。

① 沃尔夫奖是由发明家、外交官和慈善家理卡德·沃尔夫（Ricardo Wolf, 1887–1981）及夫人弗兰希斯卡·苏比兰娜（Francisca Subirana, 1900–1981）设立的。

那里的天然地理环境富有田园诗般的魅力，使人们仿佛置身于世外桃源。静谧、和谐，人和自然融为一体，是做研究工作极为理想的地方。在第二次世界大战的前夕，为了躲避纳粹法西斯的暴行，已经来到美国的爱因斯坦，经过三年的考虑，终于答应成为普林斯顿高等研究院数学部的第二名成员。从此，很多当时有名的科学家便纷纷来到了那里。为了吸引较为年轻的科学家，后来的计算机之父，1933 年刚满 30岁的冯·诺依曼（Von Neumann）被邀请做了当时最年轻的教授。这样普林斯顿高等研究院很快就成了人才汇集、众望所归的世界科研圣地了。

在李政道到普林斯顿之前两年，1949 年秋天，杨振宁就来到了普林斯顿做访问成员。在这两年间，他们之间保持着比较紧密的联系。杨振宁知道李政道在加州的情况，知道他在加州过得并不愉快。于是他们两个商量，是不是李政道也来普林斯顿，像他们在芝加哥时那样来往密切，也可以在一起搞研究。李政道虽然不愁没有去处，但普林斯顿高等研究院当然是一个非常令人向往的地方。于是杨振宁去找了院长奥本海默（Julius Robert Oppenheimer），请他给李政道发出邀请信，邀请李政道去那里做两年的访问成员。

李政道和秦惠䇹夫妇到了普林斯顿，和杨振宁一家比邻而居。李政道和杨振宁又重温芝加哥时的友谊。这时杨振宁已经结婚，而且大儿子刚刚出生。他们两个合作进行研究，两家人也来往密切。这个时候，杨振宁正在进行两维伊辛模型的磁化计算研究，他希望和李政道一起在这个领域里继续做些工作。李政道在芝加哥大学时，曾听过J·迈耶夫妇（J. and M. Mayer）的统计力学，对他的凝聚理论钻研较透，所以同意和杨振宁合作一块研究伊辛模型理论。这是他们合作的真正开始。

他们对伊辛模型的研究，很快取得了成果。他们将伊辛模型研究的结果扩展到气－液相的转变这个问题，证明了几个非常重要的定理。

统计力学的最基本问题之一是相变问题。1937年迈耶（J. E. Mayer, J. Chem. Phys. 5，67（1937））在这个问题上作出了重要的进展。他的理论是从气相的热力学函数推出的。这个热力学函数通过维里展开在无限体积的极限下定义。在推导过程中，实际已经隐含了一个假定，即，相变对应于这些热力学函数的奇点，而液相可以通过它们的解析延拓获得。可是不久堪恩和乌仑贝克（B. Kahn 和 G. Uhlenbeck. Physics, 5，399（1938））与玻恩和弗赤（M. Born 和 K. Fuchs. Proc. Roy. Soc.（London），A166，391（1938））[①] 玻恩（Max Born）是1954年诺贝尔物理奖获得者，奖励他在量子力学基本研究中的贡献，特别是他对波函数的几率解释的贡献。他们在文章中指出，假使迈耶的相变理论是对的话，那么在该理论中液相的等温线在超过凝聚点后仍然是平坦的。这不能给出液相的正确的状态方程。

可是假使所有的液体（或固体）的 状态方程不是气相的解析延拓，那液体、固体和气体有什么关系呢？这个问题的出现使得整个吉布斯（Gibbs）奠定的统计力学发生了一个极基本的危机。

李政道在芝加哥大学做研究生的第二学期（1947年），就选了迈耶夫妇合教的统计力学课程。迈耶的夫人玛·迈耶（Maria Goeppert Mayer）是当时世界上数一数二的女理论物理学家。她在1963年因发现原子核的壳层结构荣获诺贝尔物理奖。他们夫妇平易近人，轮流执教，使李政道得益非浅。尤其是，他们对迈耶的相变理论之成功和失败的深入分析，给李政道留下了很深刻的印象。

1951年的普林斯顿高等研究院集聚了物理学界许多重量级人物。除了著名的奥本海默（J. Robert Oppenheimer），爱因斯坦（Albert

---

　　[①] 乌伦贝克（George Eugene Uhlenbeck）与高的斯米特（Samuel A. Goudsmit）在1925年发现电子有1/2自旋。

Einstein）和冯·诺伊曼（John Von Neumann）等以外，克拉默（H. A. Kramers），佩耶而（R. Peierls），迪玻尔（J. de Boer），卡可（M. Kac）也在那儿工作。年轻的物理学家有李政道、杨振宁，还有盖尔曼（M. Gell-Mann），劳（F. Low），南布（Y. Nambu），瓦得（J. C. Ward），木下（T. Kinoshita），和佩斯（A. Pais）等等。真可谓人才济济。从 1947 年开始，场论重整化发现，至 1951 年大部分计算已几乎完成，因此，当时新的低温如液氦实验又使相变现象有了新的生命。

1951 年秋，他们写了两篇统计力学论文，首次给出了不同热力学函数的严格定义。在此基础上他们发现不同的热力学函数在有相变的情况下是不可解析延拓的。李政道和杨振宁的这个发现推翻了统计力学领域里由迈耶（J. Mayer）、玻恩（M. Born）和乌伦贝克（G. E. Uhlenbeck）等建立的相变基本观念，标志着相变问题严格处理的新开端。同时，他们还证明了李–杨单园定理，这在纯数学里也是一个很有趣和杰出的定理。相变是统计物理学中最基本的问题，他们的发现揭开了统计力学研究的新的一页。李政道和杨振宁这两篇论文，现在已经成为统计力学的经典文献。

1937 年，爱因斯坦在普林斯顿。

两位年轻的中国学者在统计力学上很快做出了成绩，他们的论文引起了伟大物理学家爱因斯坦（Albert Einstein）的重视。1952 年的一天，爱因斯坦派他的助手布鲁瑞·考夫曼（Bruria Kaufman）去找李政道和杨振宁，说爱因斯坦教授想邀请他们去谈谈。他们听了之后非常高兴，因为能够得到世界级物理大师的邀请，真是一个千载难逢的机会。于是满口答应。

他们随考夫曼来到爱因斯坦的办公室。爱因斯坦热情地接待这两位年轻的中国物理学家。爱因斯坦说："你们那两篇统计力学的论文我看过了，给我留下了深刻的印象。"爱因斯坦问了几个物理问题，如巨正则系统（grand canonical ensemble）的基础。然后又转向格气（lattice gas）的物理意义以及配分函数之根本分布等细节。他问得很多，很细。

这是爱因斯坦家中的工作室。
就是在这里他和李政道、杨振宁讨论了他们的工作。

谈话时间很长。对爱因斯坦提的问题他们都分别做了回答。爱因斯坦很开心，最后，从座椅上站起来，同李政道握手，恳切地对他说："祝你未来在物理上成功。"

李政道对能得到机会和爱因斯坦讨论物理问题当然非常兴奋。遗憾的是，他本想把爱因斯坦写的《相对性的意义》一书带去，请爱因斯坦签名留念，可是因为去得太匆忙，没有带上，错过了这个极好的机会。

杨振宁对这次和爱因斯坦的会见，几乎回忆不出什么，据说他对爱因斯坦的口音很不适应，而且爱因斯坦说话声音较低。更有意思的是，杨振宁竟连李政道是否和他一起去见了爱因斯坦，也记不起来了。只是后来，他才确认李政道的确是和他一起去的。

李政道和杨振宁这两位年轻的中国学者在普林斯顿的合作及其卓

越成果，受到了物理学界的高度赞扬。他们个人和两个家庭之间的亲密关系，也传为佳话。高等研究院院长奥本海默很欣赏这两位青年的才华，对他们的合作倍加称赞，说李政道和杨振宁坐在普林斯顿高等研究院草地上讨论问题是一道令人赏心悦目的景致。

1952 年和 1953 年的暑期，李政道应约翰·巴丁（John Bardeen）教授之邀，去伊利诺伊大学工作。约翰·巴丁告诉李政道，他在 1940 年下半年完成了半导体的工作后（因此他在 1956 年获得了他的第一次诺贝尔物理奖），想将研究方向转变到超导研究领域。可是，当时巴丁的工作单位是贝尔实验室。贝尔公司的行政负责人不同意他转变研究方向，一定要巴丁继续在半导体领域工作，因为研究半导体的经济效益高。巴丁不愿意这样做，就离开了贝尔实验室，加入伊利诺伊大学。在伊利诺伊大学，他建立了一个世界第一流的凝聚态物理理论组。鉴于那时候的实验已经发现了超导体内部的同位素效应，巴丁相信超导和电子与格点间的作用场有关。可是在 50 年代初，凝聚态物理学家还不太了解场论。

和巴丁讨论后，李政道选取了在极化晶体（像 NaCl）中的电子和格点场相互作用作为研究课题，试看粒子物理发展出来的场论技术能否用于凝聚态物理。虽然极化晶体与超导无关，但是从场论的角度看，这是一个具有强相互作用的好模式。计算结果可与电子迁移等一类实验直接相比。1952 和 1953 年两暑期中，李政道和他的合作者写了三篇关于极化子的论文。其中用了朝永振一郎（Shin-Ichiro Tomonaga，1965 年诺贝尔物理奖获得者）在场论中的中间耦合方法，比较完整地解了极化子问题。尤其是第三篇，可以在强耦合极限和弱耦合极限都得到严格的解。第二篇文章的内容，后来则直接影响了 1956 年 BCS 超导理论的发现。

故事是这样的：

施里弗（J. R. Schrieffer）在他的著作《超导理论》（Theory of Supe-rconductivity，W. A. Benjamin，Inc. Pub.，1964）第二章中说："在利用变分法后算 Hred 基态能量和波函数的尝试中，作者试图利用朝永振一郎的中间耦合近似方法，这个方法在解介子和核子耦合问题和极化子问题时已经为人熟知。在这些问题中，我们假定波色子（介子或声子）连续地发射到（分别是质子或电子的）同一个轨道态中。轨道态 φ 和 N/2 波色子态的权重 A_N 通过取系统能量极小确定。李政道，洛和派因斯（Lee，Low and Pines）通过假定与权重 A_N 等价的参数表达形式简化了极化子过程。经过正则变换，从公式中消除电子的坐标之后，它们的波函数变为：

$$|\Psi_0> \quad \propto \quad \prod_k e^{g_k(a_k^+ + a_{-k})}|0> \qquad (2-22)$$

这里 a^+ 是声子的产生算符。函数 gk 实际上就是电子周围声子的轨道波函数的傅立叶变换。

将这些物理上的想法应用到超导理论上的过程是有些复杂的，它分几个方面。首先，"配对子（pairon）"算符并不真正满足波色子统计，其次，在我们的系统中，电子数 N_0 是个确定的数，而不是在数值 N_0 附近的具有有限宽度的一个概率分布 $|A_N|^2$。作者试图通过下列公式表达 H_{red} 的基态：

$$|\Psi_0> \quad \propto \quad \prod_k e^{g_k b_k^+}|0> \quad = \quad \prod_k (1 + g_k b_k^+)|0> \qquad (2-23)$$

这里，在进行指数展开时，我们用到了这个事实：$b_k^{+2} = 0$。可以很容易看出归一化积分为：

$$< \Psi_0 | \Psi_0 > = \prod_k (1 + |g_k|^2) \qquad (2-24)$$

　　施里弗这段叙述的背后也还有一段有趣的故事。据李政道回忆，1953 年暑期完后，巴丁对李先生这几篇极化子的文章非常感兴趣，很希望李政道能介绍一位年轻粒子物理和场论的专家去伊利诺伊大学，帮助研究超导问题。那时候在哥伦比亚大学有一位天赋很高的研究生库珀（Leon Cooper）。他的博士论文是 μ 介子原子（μmesic atom），他的导师和合作者是李政道的二位好友，哥伦比亚的色波（R. Serber）教授和汉雷（E. Henley）博士。在李政道的推荐与鼓励下，库珀在得到了哥大博士学位之后，先去普林斯顿高等研究院一年，之后就加入到巴丁的凝聚态理论组。

　　据施里弗告诉李政道，库珀去了伊利诺伊大学后，给了三个演讲，分析如何可用场论方法解超导问题。施里弗那时候是巴丁的博士研究生。库珀的第三个演讲宣称场论不能解超导。之后，他就写了一篇库珀对（cooper pair）的文章（L. N. Cooper, Phys. Rev. 104, 1189（1956））。可是，库珀对仅仅是一个重要的观念。如何产生库珀对？产生后又如何应用？这些都是棘手的问题。

　　1957 年新年刚开始，吴健雄和她的合作者完成了钴 60 的实验，证明 β 衰变宇称不守恒。几天后，伽温（R. Garwin）和莱德曼（L. Lederman）完成了 π-μ-e 实验，也得到了宇称不守恒的结果。1957 年元月中旬，在新泽西州的霍波肯（Hoboken）城的斯体温（Stevens）学院召开了一个国际性的凝聚态物理和统计力学大会。主持者是乌伦贝克（George Eugene Uhlenbeck），他与高的斯米特（S. A. Goudsmit）一起，在 20 年代，首先假设电子有自旋。巴丁派他的博士生施里弗参加了这次会议。会议的主讲者之一就是李政道。据施里弗回忆，听李政道讲演的听众甚多，但大多数是粒子物理学家。李政道演讲的题目是关于极化子和波色硬球问题。一讲完，大家提出大批问题，但是所有的问题和李政道的演讲毫无关系，都是关于宇称不守恒的！只有施里弗对这次演讲印象深刻。会后，施里弗因为还是学生，学校只允许他报销火车票，他只能坐火车返校。火车很慢，在火车上，他一直琢磨着李政道写在黑板上的极化子波函数的公式（即上面的（2 - 22））。火车慢慢地行驶着，在车厢不停地晃动中，他突然灵机一动，只要将声子的对算符 $a_k^+ + a_{-k}$ 改成电子对的对算符 $b_k^+ + b_{-k}$（即上面的公式（2 - 23）），再考虑到费米统计 $b_k^{+2} = 0$，就得到公式（2 - 24），一切问题随即迎刃而解。那就是后来的 BCS 波函数！幸而火车很慢，等到火车抵达美国中部伊利诺伊州的阿版纳（Urbana）城，施里弗已经从波函数推出了能隙方程。他到了学校以后，马上就找到了巴丁和库珀，向他们报告他的发现。巴丁深刻地了解当时的所有超导现象。一星期后，他们三位就完成了举世闻名的 BCS 理论！（1972 年诺贝尔物理奖，这也是巴丁第二次得诺贝尔物理学奖）。

李政道在普林斯顿工作，既有成就又很愉快。本来，更加光明的前景正在等待着他。

但是，正当李政道个人以及李政道和杨振宁紧密合作出了成果的时候，不幸的事情却发生了。由头是由于他们合写的两片论文的署名次序问题。这两篇论文是：

《状态方程和相变的统计理论》

（Statistical Theory of Equations of State and Phase Transitions）

Ⅰ.凝聚理论（Ⅰ. Theory of Condensation）署名是：杨振宁和李政道

Ⅱ.格气和伊辛模型（Lattice Gas and Ising Model）署名是：李政道

和杨振宁

在第一篇论文写完以后，按惯例合作者的署名应按合作者姓氏第一个英文字母的顺序来排列，应该是"李政道和杨振宁"。但是，杨振宁提出，如果李政道不介意的话，他希望把他的名字放在前面，因为他比李政道大四岁。李政道面对这一要求很吃惊，很窘迫。但最后还是勉强同意了。

在第二篇论文署名时，李政道觉得杨振宁的要求不合理，不能再那样署名，于是说服杨振宁按国际惯例改了过来。

这样就造成了同一篇论文，却有两种署名次序的奇怪现象。

一个署名问题给李政道和杨振宁的合作带来了分裂。在这种情况下，李政道决定不能再和杨振宁合作写论文了。之后，虽然李政道在普林斯顿又工作了一年半的时间，但是他们没有合作撰写论文，因而也没有再发生署名的问题。李政道独自进行研究，独立发表论文，提出水力学中二维空间没有湍流。在固体物理学方面，则与劳（F.Low）和潘斯（D. Pines）合作对固体物理的极化子做出了基本性的理论分析。

李政道在普林斯顿高等研究院的研究工作很有成效，他的才能初露，在美国物理学界崭露头角。他对研究院的工作环境和待遇也很满意。他和惠箬小家庭的生活美满和谐。他们非常留恋普林斯顿这个地方。李政道和杨振宁虽然没有合作进行研究，但表面上还维持着正常的关系。两家人也保持着比较密切的来往。

但是，论文署名的事情使李政道心里一直很不愉快。那时，他并不知道杨振宁的夫人杜致礼也参与其间。据杨振宁的回忆，上述两篇论文的署名次序，杨振宁本来是想把李政道的名字放在前面，理由是因为李政道毕业之后科学事业一直不顺利，要帮助他，可是杜致礼根据"女人的第六感"出来阻止，说李政道这个人不值得他这样的信任[①]。于是第一篇论文杨振宁就坚持要把自己的名字放在了前面，虽然按贡献和姓氏的英语字母顺序都应该把李政道放在前面。据李政道说，第一篇论文里有两个定理，主要是他证明的，贡献以他为主。就姓氏说，L在Y之前也是不争的事情。李政道同意把杨振宁的名字放在前面，显然是很勉为其难的。也许当时出于情面，李政道并没有据理力争，心里的惊讶并未被杨振宁觉察。可是从李政道要求改变第二篇论文署名次序的情况来看，李政道对这一问题的介意，杨振宁应该是知道的。

由于排名事件，不管表面如何，实际上在李和杨之间，包括在他们的家庭之间，产生了不合。李政道觉得是他离开普林斯顿的时候了。

当时，李政道在美国物理学界已颇有名气，有几个大学相继向李政道发出了邀请。宾夕法尼亚州和爱荷华州大学聘请他为副教授，哥伦比亚和密歇根州大学聘请他为助理教授。李政道放弃了宾夕法尼亚州和爱荷华州大学较高职位的聘请，选择了哥伦比亚大学较低职位的聘请。李政道的理由是，哥伦比亚大学学术和管理水平较高，有助于自己的发展。

对于职位的高低，他并不在意，因为他有十足的信心很快就能够拿到更高的职位。事实上，就在他进入哥伦比亚大学两年后，他就被升为副教授；三年后，他29岁的时候，成为哥伦比亚大学有史以来最年轻的教授。

哥伦比亚大学是按照英国乔治国王皇家宪章，作为国王学院创建于1754年的。它是纽约州最古老的高级学府，在美国最古老的学府中它排位第五。

哥伦比亚大学物理系是蜚声世界的物理学系之一。哥伦比亚大学

---

① 见江才健著《杨振宁传》，第207页。

的研究生部正式成立于 1892 年，物理学研究生可追溯到设立于 1864 年的矿业学校（School of Mines）。1899 年 5 月，美国物理学会在哥伦比亚大学成立。1904 年，恩内斯特·开普敦·阿达姆斯基金（Earnest Kempton Adams Fund）设立，从此便有条件邀请世界著名物理学家来哥伦比亚大学。

在整个 20 世纪里，共有 28 名诺贝尔奖获得者与哥伦比亚大学物理系有关。其中 13 位是因他们的理论工作获奖，15 位是因他们的实验发现获奖；其中，10 位是哥伦比亚大学物理系的博士，10 位是在普平实验大楼[①]完成的研究工作。只要看一下下面哥伦比亚大学毕业生和曾经承教的教师中诺贝尔奖获得者的名单，读者就会明了哥伦比亚大学物理系的成就是如何之大：

1902 年　劳伦斯（H.A. Lorentz）

1913 年　威恩（W. Wien）

1919 年　普朗克（M. Planck）

1923 年　密里根（R.A. Millikan）

1938 年　费米（E. Fermi）

1944 年　拉比（I.I. Rabi）※

1949 年　汤川（H. Yukawa）

1955 年　拉姆，库希（W.E. Lamb, P. Kusch）※

1957 年　李政道（T.D. Lee）※

1963 年　M·迈耶（M. Goeppert Mayer）

1964 年　汤文思（C.H. Townes）※

1965 年　薛温格（J. Schwinger）

1967 年　贝特（H.A. Bethe）

1969 年　盖尔曼（M. Gell-Mann）

1972 年　库伯（L. Cooper）

1975 年　A. 玻尔，J. 莱沃特（A. Bohr and J. Rainwater）※

---

① 现物理系大楼。

1976 年　丁肇中（S.C.C. Ting）

1978 年　潘扎斯（A.A. Penzias）

1979 年　温伯格（S. Weinbeger）

1980 年　费希（V.L. Fitch）

1981 年　朝露（A.L. Schawlow）

1984 年　卢比亚（C. Rubbia）

1988 年　莱德曼、史瓦兹和斯坦博格

　　　　　（L.M. Lederman，M. Schwartz，J. Steinberger）※

1989 年　拉姆瑟（N. Ramsey）

※ 带 ※ 者，其工作是在哥伦比亚大学物理系完成的。

如果把这个名单的物理意义写出来，他的内容就是：

在 20 世纪开始的时候，劳伦斯的工作导致爱因斯坦相对论的诞生；普朗克的黑体辐射公式导致量子概念的产生，产生了量子力学。所有现代科学技术的发展，如核能、原子物理、分子束、激光、x 射线技术、半导体、超导体、超级计算机等，都是因为有了相对论和量子力学才成为可能。对人类，对理解大自然，所有这一切都是不可或缺的。而哥伦比亚大学物理系在这些重大的发展中的许多方面是起了重要的作用的。

李政道来到哥伦比亚大学物理系，如鱼得水，很快就显示出他的物理才华，令人刮目相看。1953 年，李政道推出了被物理学界称为"李模型"的研究成果。

第二次世界大战之后，理论物理的一个重要进展是通过费曼（R. Feyman 1965 年诺贝尔奖获得者）和史温格（J. Schwinger）的努力，加上戴孙（F. Dyson）和威克（G.C. Wick）的系统分析，在量子电动力学中找到了重整化的方式。但是，微扰展开的可靠性问题仍然存在着许多没有解答的问题。微扰展开可能会发散。所以，要寻求一种既能重整化，又是可解的模型。

李政道提出的模型就是场论中少有的可解的模型。在该模型下，重整化可以严格地推导出来，由此可以验证，在微扰论中，重整化不一定正确。"李模型"是一个非常简单的模型，证明了重整化结果落在了量子场论原来的框架之外。李政道的这项研究成果，对后来物理学中的场论和重整化研究产生了巨大的作用和影响。李政道的这篇论文在1954年9月1日发表，同年，12月14日，量子力学的创立者之一的泡利（W. Pauli）（1954年诺贝尔奖获得者）给李政道写了一封信，其中说道：

亲爱的李：

我认真地研究你的文章已经有一段时间了。从按天计时到按周计时，从按周计时到按月计时，我的李模型文档不断增厚。这证明了你的模型的重要。以我观察问题的方式来看，重要性主要来源于第1331页的脚注4。而对我来说，文章的其他部分，起码在一级近似下，与这个小脚注相比，可以忽略不计。

你永远的

泡利

（As always Yours W. pauli）

1971年6月，量子力学的创建者海森堡（W. Heisenberg）（1932年诺贝尔奖金获得者）在庆祝他70大寿的盛会上，又强调了"李模型"的重要性。

由于李政道的出色的工作，1954年他就成为哥大的副教授，1956年又升聘为正教授。从此李政道就在这所有名的大学里勤奋耕耘，在创造了他物理生涯中的光辉业绩——为哥伦比亚大学增添了一名诺贝尔奖得主的同时，在物理学许多个领域里久领风骚。1958年李政道获普林斯顿大学名誉科学博士，1959年被选为美国艺术和科学院院士（Member，American Academy of Arts and Sciences），1960–1963年任普林斯顿高等研究院教授并兼任哥伦比亚大学教授，1963年任哥伦比亚大学物理讲座教授，1964年被选为美国国家科学院院士（Member，National Academy of Sciences），1964–1984年任哥伦比亚大学费米物理学讲座教授，1984年起任哥伦比亚大学全校级教授（University Professor）。

李政道离开普林斯顿高等研究院，本来就是想和杨振宁拉开一点距离。他内心里定了一个原则，除非是自己已经在做的研究，杨振宁知道后主动提出参加，经他考虑也觉得可行，其余的他就不再和杨振宁合作了，因为此前的排名问题使他很不愉快。所以，从1953年到1955年他们没有合作过。杨振宁在这一期间先是到西雅图访问，后来又去日本，他虽然已经觉察到李政道的有意疏远，也明了李政道为什么不愿和他合作，可是，他们仍保持着一般的交往和联系。他们之间的关系并没有彻底破裂。

对于他离开普林斯顿以及他与杨振宁的合作在实际上已经终止这一事实，李政道感到不无遗憾。但是，一件偶然的事情，却使他又和杨振宁恢复了合作。正如中国俗语所说，这真是阴差阳错。殊不知，这一次的再合作，后果却远远超出了他们的想象。

1953年，杨振宁曾去布鲁克黑文国家实验室（Brookhaven National Laboratory）工作了一年。该实验室位于长岛东部，距离纽约比较近。在那里，杨振宁和米尔斯（R.L. Mills）合作发表了一篇论文《同位旋守恒和同位旋规范不变性》。在这篇论文里他们提出了后来成为十分重要因而十分有名的杨–米尔斯规范场方程。但是，当时李政道对这篇论文的出发点是否正确有严重的怀疑。虽然，李政道和杨振宁在那时并没有有规律的互访约定（杨振宁记得他们每周有互访的约定），可是他们之间并没有中断联系。有一次，杨振宁到哥伦比亚大学来看李政道，李政道就把他有关对这篇论文的看法告诉了杨振宁。李政道认为，假如整体的同位旋是守恒的话，质子和中子的质量必须相等。可是事实上中子比质子重，中子能衰变成质子加电子和中微子（这就是我们很熟习的 β 衰变）。因此我们知道整体的同位旋是不守恒的。因为整体是所有局部之和，所以局部的同位旋也一定不守恒，因而同位旋的规范一定可变。同位旋既然不守恒，所以同位旋规范也是绝对能变的。经过激烈的讨论，杨振宁同意了李政道的意见，共同署名，发表了一篇论文：《重粒子守恒和普适规范转换》，署名是：李政道和杨振宁，《物理评论》，98，1501（1955）【Conservation of Heavy Particles and Generalized Gauge Transformations，T.D. Lee and C.N. Yang，Phys. Rev. 98,1501（1955）】。这篇论文是否定杨振宁和米尔斯上述论文的。杨振宁自己否定自己的论文，是很有意思的一件事。大家知道，杨－米尔斯的论文在 50 和 60 年代并没有显示出它的重要性，但 20 年后经过推广，用在夸克间的色动力学作用上是完全准确的，并且成为基本粒子物理理论中带根本性的经典理论。杨振宁在物理学领域里的威望也因此而大为升高。

反过来说，李杨的上述论文本身也没有错误，因为杨－米尔斯 1954 年的论文虽然出发点是不对的，因为同位旋并不守恒，这个规范场方程不能用在同位旋上，这是肯定无疑的。但是后来的结果，却实出意外。这里，还有一个令人感到意外的故事，很少为人所知，就是李政道在推广杨－米尔斯规范场方程上，竟然也有重要贡献。大家知道，在 1973 年，戴维·格罗斯（David J. Gross），戴维·普利策（H. David Politzer）和弗兰克·维尔泽克（Frank Wilczek）将盖尔曼（1969

年诺贝尔物理学奖获得者）和劳的文章（M. Gell-Mann and F. E. Low,
Phys. Rev. 95, 1302（1954））求解耦合常数的方法用到量子色动力学（也
包括 Yang-Mills 方程），可以解释夸克禁闭。也因此，这三位共同获得
2004 年的诺贝尔物理奖。但有趣的是，盖尔曼和劳的重整函数关系式
的解，事实上是 1953 年由李政道做出的。在盖尔曼和劳的论文里，有
一组相当复杂的重整函数关系。他们已经花费了很长时间，却无法解
出来。那时，1953 年夏天，他们二人和李政道都在伊利诺伊大学工作，
而且办公室互为邻居。一天午饭后，他们来到李政道的办公室，说他

们有一套函数关系，
已经花费了很长时间，
没能解出来，希望李
政道给以帮助。李政
道说，很不凑巧，他
很快就要离开办公室
回家，因为下午家里
有聚会，为他一岁的
孩子中清过生日，他
要去取蛋糕。不过，

1953 年夏天，李中清和他的周岁生日蛋糕。

这并不意味着拒绝。李政道请他们把公式写在黑板上，听候结果。盖
尔曼和劳走后，已经是下午二点。二点半一定要去取蛋糕。李政道赶
紧看了一下黑板上的那些方程式。因为解函数关系没有系统的方法，
只能靠试验。李政道于是就试着去解。结果，在不到 20 分钟的时间里，
李政道就把那些方程解了出来！李政道立刻就去盖尔曼和劳的办公室，
在他们的黑板上把解写了下来。就是李政道的这组解，20 年后引导到
夸克紧闭的解，显示了杨－米尔斯方程的重要性。

1981年，法朗西斯·劳（Francis Eugene Low）在庆祝他自己60寿辰的聚会上，曾经详细叙述过这个故事，当时，他是麻省理工学院的教务长（provost）。

更令人想不到的是，就是这件事使李政道和杨振宁又开始了合作，并创造了他们合作进行物理研究的一个高潮，其中他们共获诺贝尔奖的工作就产生在这个时期，这是他们物理生涯中富有浪漫和神奇色彩的一个时期。李政道在他的文章《破缺的宇称》中有如下的描述：

从1956年到1962年，杨和我共同写了32篇论文，范围从粒子物理到统计力学。我们很幸运能生在物理学的这一特殊时代。尽管冷战时期政治上是紧张的，但是物理学的国际合作也许是处在高峰时期，由马尔夏克（R.E. Marshak）发起的著名的罗彻斯特会议和有许多国家联合努力而成立的欧洲核子中心就是证明。杨和我的合作符合并反映了那时的精神。合作紧密而富有成果，有竞争也有协调。我们在一起工作，发挥出我们每个人的最大能力。合作的成果大大多于每个人单独工作可能取得的成果。

第七章
获诺贝尔奖：宇称不守恒的发现

宇称不守恒的发现被誉为 20 世纪物理学中的革命。掀起这场革命的正是李政道和杨振宁。这也是李政道离开普林斯顿来到哥伦比亚大学，重新与杨振宁合作后做出的一项重大的、具有历史意义的成果。不幸的是，这也是导致以后李杨失和的关键。

宇称这一概念，在物理学中是与对称概念紧密相连的。

对称这一概念是很古老的。最初人们常见到的对称，多半是指物体左右的相同，也就是左右对称，如人的脸部等。后来，随着人们认识的深入，对称概念也有了很大的发展，且在不同领域，对称的概念各有所不同。在理论物理学中，对称是指对运动方程或描述物质系统状态的函数作某种数学变换后，该方程或函数保持不变的特性。在自然辩证法中，对称是指事物、现象、过程和规律在一定变换条件下的不变性。对称普遍存在于自然界中，有多种形式，例如形象对称、结构对称、功能对称、时间对称以及概念对称等等。

　　对称之所以成为定律，是因为人们看到了对称现象的广泛存在，既广泛符合人们的生活经验，又有它的普遍适合性。最简单的，可以举空间的各向同性和均匀性为例。复杂一点的是运动定律在匀速运动的坐标转换中的不变性。后者是牛顿力学的基石之一。

　　上世纪物理学家研究对称定律得出的重要结果之一，是对称定律与守恒定律有关。一般说，一个对称定律或一个相应的不变性原理，产生一个守恒定律。例如，空间位移下物理定律不变性的结果是动量守恒；空间旋转下不变性的结果是角动量守恒等。守恒定律早已为人们充分了解，但是它们和对称定律之间的密切关系，是到 20 世纪初才为人们清楚地认识到的。

　　狭义相对论和广义相对论的出现，使对称定律的重要性有了扩展。在经典力学里，从逻辑上说，对称定律仅仅是动力学的推论，动力学定律仅仅偶然地有一些对称性。在近代物理学里，对称定律和动力学之间则有了更完整而且相互依存的关系。在相对论里，对称定律的范畴大大地丰富了，包括了许多日常经验看来决不是显而易见的不变性，它们通过实验验证，观念上既简单又美妙。

　　到了量子力学发展起来以后，对称观念被大量使用，描述物理系统状态的量子常数就是表示这个系统的对称性的量。对称原理在量子力学里所起的作用非常巨大。

　　在对称原理中，左右对称原理是人类古老的观念之一。在经典物理中，左右对称原理已被应用，但不是很重要。其中一个原因是因为左右对称是一种分立对称，不是旋转对称，后者是连续的。在经典力学里，连续对称一定导致守恒定律，分立对称则不是那样。随着量子力学的兴起，分立对称和连续对称的差别消失了，所以，左右对称也导致了一种守恒定律，即宇称守恒定律。

宇称是一个物理量，用来表征微观粒子运动的特性。由于微观粒子的运动（能级跃迁）有偶数和奇数之分，所以能级的这种奇偶特性就被叫做能级的宇称。微观粒子（或其体系）的运动状态是由波函数来描述的。当空间坐标反演的时候，如果波函数保持不变，则该粒子的运动状态具有偶宇称（或说它的宇称是正的），用宇称量子数 1 表示；如波函数改变，则该粒子的运动状态具有奇宇称（或说它的宇称是负的），用宇称量子数 −1 表示。微观粒子在跃迁运动过程中，初态的宇称总是等于终态的宇称这一事实就叫做宇称守恒。

这个定律的发现可以追溯到 1924 年拉波蒂（O. Laporte），他发现复杂原子的能级可以分为偶能级和奇能级两类。原子在这些能级之间跃迁，如果只发射或吸收一个光子，能级总是由偶变奇，或由奇变偶，初态的宇称总是等于终态的宇称（光子和终态能级的宇称的乘积），也就是，在跃迁过程中宇称守恒。

1927 年，维格纳（E.P. Wigner）证明，拉波蒂的经验规则是原子中电磁力的反映不变性，也就是左右对称性的后果之一。这一思想非常重要，很快就被物理学所采纳推广。所谓物理学，也就是有关四大相互作用力的科学。这四大相互作用力就是：核相互作用力（即强相互作用力）、电磁相互作用力、弱作用力和万有引力。由于左右对称性在物理学中，也就是在这四大相互作用力中，当时还没有发现有违反的事实，因而宇称守恒被人们想当然地认为对这四大相互作用力是普遍正确的，于是原子宇称以及核宇称就都变成了常用观念，但是介子的宇称则刚刚开始受到人们的注意。宇称概念的广泛应用和宇称守恒定律的成功，被物理学家看成是对左右对称性规律的验证。左右对称性规律，在那时被认为是不证自明的规律，没有人怀疑过它在上述四种作用力中的正确性和普适性，因而宇称守恒定律当然也应该在上述四种作用力中是正确的。

可是，从 50 年代起，一个被叫做"$\theta-\tau$ 之谜"的问题越来越引起物理学家的重视。θ 和 τ 作为新发现的介子是从宇宙射线里观察到的。它们的衰变是通过弱作用力实现的，衰变的方式不同，但却具有完全一样的寿命和质量。θ 衰变为两个 π 介子，τ 衰变为三个 π 介子。即：

$$\theta \text{（通过弱作用力）} \longrightarrow \pi + \pi$$

$$\tau \text{（通过弱作用力）} \longrightarrow \pi + \pi + \pi。$$

因为偶数个 π 介子的总宇称是正的，奇数个 π 介子的总宇称是负的，所以 θ 的宇称是正的，τ 的宇称是负的。就是说，在宇称守恒的框架下，它们不可能是同一个粒子。奇怪的是到 1954、1955 年，精密的实验测量，发现在实验的精确度内 θ 和 τ 这两个具有不同宇称的粒子，它们的寿命和质量居然完全一样。另外，θ 和 τ 以不同的角度和不同的能量从回旋加速器产生出来的时候，实验测得的它们产生的数目也总是相同的——有多少个 τ，就有多少个 θ。那么，θ 和 τ 究竟是不是同一个粒子呢？如果是同一个粒子，那么为什么会有不同的衰变模式？如果不是同一个粒子，为什么寿命和质量又完全相同？这个问题使物理学家们绞尽了脑汁也未能有合理的解释，成了一个难解之谜。

李政道和杨振宁对这个问题也很感兴趣，加入了寻求答案的物理学家的行列。开始的时候，他们两个并没有合作。

李政道从 1955 年下半年至 1956 年下半年，写了几篇论文，在当时大家公认的宇称守恒的框架下，想出了一个能同时解释上述问题的解。这个解需要对当时的 θ 和 τ 实验情况有充分的了解。这些实验正是李政道的同事，哥伦比亚大学奥利尔（J. Orear）的研究工作。李政道和奥利尔仔细地分析上述问题，觉得有一种可能的解释。它们写了一篇论文，提出一种办法可以解释上述问题，关键是在实验中能否测量

到在反应 $\tau \rightarrow \theta + 2\gamma$ 中能量为几个百万电子伏特的低能量 γ 射线。

1955 年秋，阿瓦雷斯（Luis.W. Alvarez）[①] 在伯克利实验室建造了一台很大的 72 英寸的气泡室，可以测量几百万电子伏特的光子。经过集中的测量，1956 年春，阿瓦雷斯宣布没有测量到上述 γ 射线。到这个时候，李政道已经充分地意识到，要解 "θ-τ 之谜"，必须走出宇称不守恒这一传统的古老堡垒。

这篇论文忠实地记录了李政道为攻克 "θ-τ 之谜" 所做出的不懈努力。正是凭着这样的执着，凭着对物理的敏锐直觉和与实验物理学家的密切合作，李政道才最终取得了成功。1956 年 4 月，李政道与斯坦博格（J. Steinberger）在讨论他们的实验时，忽生灵感，产生了宇称不守恒的思想突破，最终解决了这一旷世之谜，说明他后来的成功决不是偶然的。此是后话。

1956 年 4 月 3 - 7 日，美国粒子物理学界例行的罗彻斯特会议照惯例在纽约州的罗彻斯特大学（Rochester University）召开。李政道和杨振宁都应邀参加。会议讨论的一个重要问题，就是 "θ-τ 之谜"。

在这次会议上，所有的物理学家都公认，一切已了解的物理（也就是上述四大相互作用力）都是左右对称的，宇称守恒的。这不需要再讨论了。要讨论的问题是：在 θ、τ 衰变过程中，也就是在弱作用力衰变的粒子的情况下，宇称是否可能不守恒；在当时一切已了解的物理之外，θ、τ 是否可作为一个特殊例外，是孤立的一点。

当时已经有人提出用 θ、τ 衰变宇称可能不守恒的假设去解释上述问题。例如，有一位年轻的物理学家布洛克（Martin Block）就提出了这种看法。他当时和费曼（Richard P. Feynman）住在同一个房间，他虽然有这种看法，却没有勇气在会议上提出。于是，他把自己的想法

---

① 1968 年诺贝尔将获得者。

告诉了费曼，请他向会议转达。后来费曼照办了。李政道和杨振宁也曾有过这种想法，但经过考虑后，没有得出什么结论。

李政道的分析是，假使 θ、τ 是同一个粒子，在它的弱作用力衰变过程中，宇称并不守恒，结果就是这同一个粒子（即 θ-τ）既可以按宇称为正的 θ 模式衰变，也可以按宇称为负的 τ 模式衰变。这个结果就与已经知道的"θ-τ 之谜"的现象完全一样，也就是说，虽然提出了 θ-τ 衰变宇称可能不守恒，可是这种假设不产生任何物理结果，与其他物理无关。提出前与提出后，"θ-τ 之谜"仍然是孤立的一点，这种假设没有产生任何新的结论，不能解决"θ-τ 之谜"。所以，单单提出宇称不守恒，是不能解决问题的[①]。

在罗彻斯特会议上，有几位物理学家报告了他们为解决"θ-τ 之谜"所做的努力，但都没有结论。李政道和杨振宁也做过努力去解决这一问题，也没有成功。因为这些努力都限制在传统的物理方法以内。直到会议要结束的时候，"θ-τ 之谜"的乌云仍未被驱散，会议主持人奥本海默（J. Robert Oppenheimer）说："事情很清楚，τ 介子要么具有内部的要么具有外部的复杂性。"[②]

在回普林斯顿的火车上，杨振宁和派斯（A. Pais）愿意每人出一美元和惠勒（J. Wheeler）打赌，认为 θ-τ 不是同一个粒子，当然后来证明它们是同一个粒子，惠勒因而赢了他们两个两块美元。

"θ-τ 之谜"正像杨振宁所说是一间封闭的黑屋子，物理学家们在这间漆黑的屋子里摸索，想找到出去的门，他们知道在某一个地方一定有一个门，但是多少年、多少人在不懈地努力，至今仍没有找到。他们用传统的方法毫无效果。这个问题的解决需要新的思想，需要有

① 《李政道答记者问》，《宇称不守恒之争论解谜》季承、柳怀祖、滕丽编，甘肃科技出版社，2004，第 5 页。
② Proc. Sixth Ann. Rochester Conf.1956. Ⅷ 27~28

勇气又要有智慧和天才。这是一个考验人又给人以机会的问题。解决它的时机已经到来，条件已经成熟，它等待着新的天才的出现。

李政道也回到了他任教的哥伦比亚大学。一两天后，大约是4月8日或9日，李政道在哥伦比亚大学的同事斯坦博格（J. Steinberger）专程到李政道的办公室访问，讨教问题。那时他正在做不稳定的重粒子的产生和衰变的实验。他的问题是如何测定这类重粒子的自旋，这与"$\theta-\tau$之谜"无关，和宇称不守恒也无关。在讨论的过程中，李政道忽生灵感，突然明白了，要解决"$\theta-\tau$之谜"，必须先离开$\theta-\tau$系统，必须假定$\theta-\tau$以外的粒子也可能发生宇称不守恒的新现象。他发现，用斯坦博格实验中重粒子的产生和衰变的几个动量，便能很简单地去组织一个新的赝标量。用这些$\theta-\tau$以外的赝标量，就可以试验$\theta-\tau$以外的系统宇称是否不守恒。用这些新的赝标量就可以系统地去研究宇称是否不守恒那个大问题。很显然，过去的任何实验都没有测量过这些赝标量。这样做，"$\theta-\tau$之谜"就不再是一个孤立的点，他可以和斯坦博格正在进行的实验中的重粒子连起来，也可能和其他一切物理整体地连起来。所以，要解开"$\theta-\tau$之谜"，就要去测量弱作用中$\theta-\tau$以外的赝标量。李政道猜想，宇称不守恒很可能是在弱作用力下的一个普遍性的基础科学原理。

明明确确，李政道的这一想法就是解决"$\theta-\tau$之谜"的思想突破，就是从那间封闭的黑屋子里走出去的门！

李政道抓住了这一个思想，立刻把他的想法告诉了斯坦博格，请他回去告诉他的实验组的同仁们，建议他们按照李政道的思想重新分析他们的实验数据。斯坦博格听后很兴奋，说实验数据都是现成的，已经记录在他们的实验记录本里，但是不知道如何去分析。

斯坦博格回去后，按李政道的建议分析了他们的实验数据，结果果然有宇称不守恒的迹象。他告诉李政道，重粒子 Λ^0 的衰变，从衰变角 $\phi = 0$ 到 π 有 7 个事例，从 $\phi = \pi$ 到 2π 却有 15 个事例，多了约一倍。重粒子 Σ^- 的衰变，从 $\phi = 0$ 到 π 有 13 个事例，从 $\phi = \pi$ 到 2π 只有 3 个事例，少了约四倍。它们的衰变都是弱作用力下的衰变。即使如此，因为这些数据的数量不充足，不能做出宇称不守恒的结论。他们把实验的结果写成论文，发表在 1956 年 9 月份的《物理评论》上[①]。论文里有一部分就是讨论李政道的突破性的想法和他们的分析，并且他们在论文里表示了对李政道"非常有帮助的讨论"的感谢。他们所说的就是李政道提出来的宇称不守恒的突破性的思想。后来，他们又用了一年多的时间在布鲁克黑文实验室的加速器上产生了十倍以上的事例，证明了李政道关于宇称不守恒的突破性思想。但是，那时候李政道关于宇称不守恒的突破性思想，已经为吴健雄、安布勒（E. Ambler）等人的著名实验所证实，他们的实验只能作为一种补充的证明了。这不能不说是一种遗憾。

斯坦博格实验的初步结果，使李政道极为兴奋。他感到他的宇称不守恒的突破性的思想是正确的、可行的。宇称不守恒的问题不再停留在"θ-τ 之谜"孤立的一点上，θ-τ 以外的不稳定重粒子 Λ^0 和 Σ^- 也都已经包括进来了！

于是，李政道准备写一篇论文，对 θ-τ、Λ^0 和 Σ^- 这一类以及所有称为"奇异粒子"（Strange Particles）的弱作用衰变领域进行理论分析。李政道和斯坦博格约定，他的理论分析的论文要和他们的实验文章同时发表。李政道很清楚，弱作用衰变，除去奇异粒子外，还有更大的领域，那就是 β 衰变。这一领域已经有五十多年的研究历史了，其中包括中子、π 介子、μ 子等更多的粒子。他准备在写完奇异粒子宇称不

---

① R. Budde, M. Chretien, J. Leitner, N.P. Samios, M. Schwartz, J. Steinberger. Properties of Heavy Unstable Particles Produced by 1.3 Bevπ— Mesons. Phys. Rev.,1956,103（6）:1827~1836, 见附录。

守恒的论文后，立刻对它们进行分析。

就在这个时候，1956 年 5 月初，斯坦博格到哥伦比亚大学李政道办公室来说，他在布鲁克黑文实验室做报告的时候，讲到了他们的实验结果和按李政道提出的宇称不守恒的思想进行的分析，杨振宁在听众中强烈地加以反对。当时，李政道和杨振宁没有合作进行研究，也不常见面。李政道感到要立刻提醒杨振宁，于是就打电话给杨振宁，希望他能来纽约讨论，在讨论以前，千万不要再发表反对意见。

在李政道打电话的第二天，大约是 4 月底或 5 月初的一天的上午，杨振宁开车从长岛来纽约哥伦比亚大学看李政道，在李政道的办公室里进行了讨论。不久，杨振宁要移动他停在街上的汽车，他们就走到街上，把车停好后，由于饭馆都还没开门，他们就近就在 125 街和百老汇大街路口上的白玫瑰咖啡厅边喝咖啡边讨论。李政道把最近的工作以及宇称不守恒的突破性的想法，斯坦博格按照他的建议所分析的实验结果，统统告诉了杨振宁。

杨振宁激烈地反对李政道所说的一切。他也说到，他前两天刚听了斯坦博格的报告，斯坦博格测量的是"二面角"，对这方面他曾经研究过，绝对不会出任何宇称不守恒的新结果。这时，和白玫瑰咖啡馆仅隔几个门的天津饭馆开门了，他们就去到那里边吃饭边继续讨论。李政道是天津饭馆的老顾客，就向服务员借了笔和纸。李政道写下方程式，画了示意图，重新向杨振宁解释。李政道指出，斯坦博格分析里用的角度 ϕ，不是杨振宁想象的二面角，而是李政道思想突破所指的新赝标量。二面角是标量，只能从 0 到 π，当然是守恒的。这新的 ϕ 角度是赝标量，可以从 0 到 π，然后也可以从 π 到 2π。当 ϕ 在 0 到 π 的区域时，ϕ 和二面角一样，可是在 π 到 2π 的区域就完全不一样。用了这样的新赝标量 ϕ，通过 Λ^0 和 Σ^- 的衰变过程，如果这两个 ϕ 区域的事例数不同，那就是明确的宇称不守恒的证明。据此就可以去测量 $\theta-\tau$ 以外的粒子是否也是宇称不守恒的。这是以前的人没有想到过的。这就是李政道关于宇称不守恒的思想的突破。

经过反复的讨论，杨振宁逐渐被李政道说服。午饭后，他们回到李政道的办公室，杨振宁已经完全被说服。他看见李政道办公桌上放着李政道正在写的关于 $\theta-\tau$、Λ^0、Σ^- 和其他奇异粒子的衰变中，宇称可能不守恒的论文。于是李政道告诉杨振宁，他的这篇论文要和斯坦博格的实验论文同时发表。李政道还说，接下来他准备将宇称不守恒的思想推广到 β 衰变领域。

杨振宁听过之后，也很兴奋，表示愿意与李政道合作。这时，他提出了一个很重要的建议，就是劝李政道不要急忙发表上述那篇论文。他说，这是一个非常热门的突破，应该用最快的速度，将整个弱作用领域一下子都占领下来。这样更加完整，有更大的意义。

李政道听后，觉得十分有道理。李政道知道杨振宁具有高度批评性的眼光，是一位优秀的物理学家，也是他的好朋友。有杨振宁的参加，无疑会使整个事情做的更好，成果更加丰硕。于是李政道同意了杨振宁与他合作。

β 衰变是一个有长久研究历史的领域。那时已经有了大量的可供利用的数据。由于宇称守恒一直是一个在所有分析中都不言而喻的假设，宇称概念被广泛地应用，因此需要非常慎重地去检验所有已有的实验事实，看看宇称不守恒是不是能推广到 β 衰变领域。

当时世界上 β 衰变领域最具权威的专家之一是吴健雄。她和李政道的办公室同在哥仑比亚大学普平实验大楼里。李政道在第八层，吴健雄在第十三层。于是，李政道去十三楼看望吴健雄，把他关于要在 β 衰变领域里检验宇称守恒定律的想法告诉了她。吴健雄对此非常感兴趣，把齐格班（K. Siegbahn）编辑的 β 衰变的权威著作[①]借给李政道看。

李政道和杨振宁开始了友好的竞赛。他们很快读完了齐格班的书，在大约两个星期的时间里完成了全部的 β 衰变分析。这需要进行大量的计算。他们两个在计算能力上不相上下，计算进行得非常紧张，他们两个都做出了贡献。最后，当他们的计算进行到书的结尾的时候，也就是用这一新的相互作用重新推导了全部老公式的时候，事情就很清楚了：没有任何证据，可以证明在 β 衰变中宇称是守恒的！他们合在一起校对计算手稿，发现原来他们是多么愚蠢，一定存在着一个很简单的理由，说明为什么那些复杂的干涉相 $C_i^* C_i'$ 相互抵消。他们停下来思考，很快他们就意识到，没有证据的原因是十分简单的：即从来没有人曾经尝试过在看起来是左右对称的条件下去观察一个物理上的赝标量！

理论分析已经突破，他们把研究范围拓广到其他过程，如 $\pi—\mu$ 衰变等。一个月后他们完成了对这些过程的分析，写出了论文。这篇论文是由李政道执笔，在他原来关于奇异粒子衰变宇称不守恒论文的基础上，扩展而成。由李政道的秘书艾伦·川姆（Irene Tramm）打字。李政道给这篇论文定的题目是《弱相互作用中的宇称守恒质疑》。杨振宁在布鲁克黑文实验室，收到论文后，认为论文写得很好，只提议在题目上加上问号，改为《在弱作用中，宇称是否守恒？》以引起人们的注意。但是，《物理评论》编辑部不同意加问号，于是仍旧使用了李政道定的那个题目。李政道和杨振宁在那篇论文里，为了破解"$\theta-\tau$ 之谜"，给出了实验测量离散对称 C（电荷共轭）、P（宇称）和 T（时间反演）的严格条件，指出已有的弱作用的实验并未验证过这些对称性。在论文里，除了理论分析之外还提出了若干个检验弱相互作用宇称是否守

[①] Siegbahn ed. Beta–and Gamma–ray Spectroscopy. Amsterdam: North–Holland Publishing Co.,1955

恒的实验途径。这就是轰动一时后来获得 1957 年诺贝尔奖的那篇论文[①]。

　　这篇论文于 1956 年 10 月 1 日，在《物理评论》104 期上发表。当时并没有立刻引起人们的注意。原因是，出于传统观念的束缚，人们很难相信弱作用衰变中宇称会不守恒。提出存在中微子的大物理学家泡利（Wolfgan Pauli）就曾和他的大弟子，时任西欧核子中心主任的韦斯可夫（V.F. Weisskopf）打赌，说愿意出一大笔钱，弱作用衰变一定是守恒的。上帝不是一个左撇子。后来担任斯坦福直线加速器中心副主任的坠尔（S. Drell）在 1956 年夏天，与 1952 年因发现核磁共振现象而获诺贝尔奖的布洛克（Felix Bloch）谈起弱作用中宇称不守恒问题时，布洛克说，如果实验证明了这个说法，他愿意把他的帽子吃掉。还有许多人在打各种各样的赌，但都不相信宇称会不守恒。

　　对于李政道来说，发表论文是一回事，可是更重要的是要想办法取得实验的支持。论文交到编辑部之后，杨振宁就外出旅行去了，李政道很难找到他。李政道焦急地寻找合适的实验学家。可是又有谁能来做这样的实验呢？李政道马上想到了吴健雄。于是，他立刻到吴健雄的办公室访问她[②]。

　　据吴健雄回忆，那是 1956 年早春的一天，李政道来到了她位于普品实验大楼第十三层的办公室。他向她解释了"$\theta-\tau$ 之谜"的物理意义，并说如果这个谜的解是宇称不守恒的话，那么这种宇称的破坏在极化核的 β 衰变的空间分布中也应该观察到。因此，必须去测量赝标量 $\langle \sigma \cdot p \rangle$。p 是电子的动量，$\sigma$ 是核的自旋。李政道表示，如果吴健雄愿意做这个实验的话，他将感到非常高兴。

　　李政道走后，吴健雄对这件事从头到尾仔细地想了一遍。她觉得，

---

① 见附录。

② 见 T.D. Lee. Broken Parity. T.D. Lee Selected Papers, volume 3. Boston:Birkhauser Inc., 1986.　T.D. Lee. Reminiscences. R. Novick ed. Thirty Years Since Parity Nonconservation. Boston: Birkhauser Inc., 1988.153~165

对于从事 β 衰变实验物理的学者来说，这真是一个好机会。她不能放弃这个机会。可是，那年春天，她和她的丈夫袁家骝打算要到日内瓦参加一个会议，然后再到远东去。她和袁家骝都是 1936 年离开中国的，已经 20 年了。他们已经定好了伊丽莎白王后号的船票。这次旅行对吴健雄具有特殊意义。可是她思量再三，还是决定放弃已经计划好的旅行，说服袁家骝一个人出发。而且，机不可失，她必须立刻动手去做这项实验，必须赶在别人之前完成。

她于是抓紧时间与李政道讨论如何在 β 衰变中探测宇称不守恒的实验问题。李政道和杨振宁在他们的论文里建议："一个相对简单的可能的实验是，测量极化原子核的 β 衰变中出射的电子的角分布。设 θ 为母核取向与电子动量的夹角，θ 和 $180^0—\theta$ 分布的不对称性就构成 β 衰变中宇称不守恒的肯定证据。"[1] 据此，他们两个详细研讨了观测 β 衰变中自旋－动量关联的不对称性的最佳方案，确定要设法去测量极化核放射性衰变时的宇称守恒情况。吴健雄建议使用 $^{60}Co\beta$ 源，在极低的温度（约 0.003k）下使它极化，但是这样就需要一套低温核极化设备。当时，只有华盛顿国家标准局有那样的低温设备。安布勒（E. Ambler）博士是这一方面的负责人。于是，吴健雄于 5 月底春季学期结束后，开始认真地准备起来。她给华盛顿标准局不知打了多少电话，磋商合作。安布勒博士在开始的时候，对这一实验的重要意义可能不很明了，对于实验的紧迫性也不了解。吴健雄已经心急如焚，可安布勒却仍再三推脱。直到 7 月 4 日在电话里，安布勒博士终于接受了吴健雄的建议，表示愿意合作。9 月中旬，吴健雄这边的准备工作基本结束，她终于可以前往华盛顿访问标准局了。在那里，她见到了电话里已经多次交谈过的安布勒博士。安布勒博士给吴健雄的印象比她在电

① T.D. Lee, C.N. Yang. Phys. Rew.,1956,104:254

话里得到的要好的多，言语温和，精明能干，富有效率。吴健雄心情稍有放松。安布勒博士提议他的三位助手赫德逊（R.P. Hudson）博士、海沃德（R.W. Hayward）和霍普斯（D.D. Hoppes）做为合作者参加这一实验。他们终于走到一起开始来做这项具有历史意义的实验了。

　　吴健雄和安布勒等人开始了艰苦的工作。吴健雄因为还要在哥伦比亚大学教书，所以不能全时呆在华盛顿，只好在纽约和华盛顿之间往来奔波，使她感到非常疲劳。他们克服了 β 射线源极化、晶体的生长等一系列困难，终于在 1956 年年底和 1957 年 1 月初观察到真正的不对称性。

　　吴健雄对所取得的结果感到万分鼓舞，但出于慎重，她在进行反复检验的同时，有意延缓发表实验结果。有一天晚上，吴健雄从华盛顿乘火车回到纽约哥伦比亚大学上课。她课后在李政道的办公室遇见了李政道和杨振宁。李政道急切地想知道实验进行的情形。吴健雄告诉他们，从初步的结果看，的确存在着一个大的不对称效应，而且可以重复。但是她强调，这不过是初步的结果，需要再进行实验检验。1957 年 1 月 2 日，吴健雄又回到华盛顿做实验检验，直到 9 日清晨，她才确定实验结果准确无误。在国家标准局实验室里，他们聚在一起，打开赫德逊博士早已准备好的香槟酒，庆祝这一伟大的事件。他们的实验终于把长久被人们认为不容质疑的宇称守恒定律推翻了！

　　与吴健雄的实验差不多同时，李政道和杨振宁在他们的论文里建议的另一个实验，$\pi\text{--}\mu\text{--}e$ 级联衰变，也已经由伽温（R.L.Garwin）、莱德曼（L.Lederman）和温瑞奇（Marcel Weinrich）完成，同样证明了宇称的不守恒[①]。莱德曼做这个实验还有个小故事。在李政道知道了吴健雄的初步实验结果以后，他向他的哥伦比亚大学同事莱德曼建议，在加

---

① R.L.Garwin,L.Lederman,MarcelWeinrich.Phys.Rev.,1957,105:1415~1416

速器上做实验去证实宇称不守恒。开始，莱德曼借口正在做 $\pi-\mu-e$ 的实验，不愿意去做；也担心宇称破坏的效应在 π 衰变和 μ 衰变中可能不大。后来，李政道努力地对他强调，从吴健雄的实验结果看，在 π 衰变和 μ 衰变中宇称不守恒的效应一定很大。在李政道的劝说和吴健雄实验结果的鼓舞下，莱德曼参加了 1 月 4 日哥伦比亚大学物理系例行的星期五午餐会，会上李政道透露了吴健雄的实验结果，之后莱德曼对这件事才重视起来，立刻着手做实验。他和哥伦比亚大学的伽温商量，想出了在哥伦比亚大学的加速器上做实验的方案。很快，三天之后，早晨 6 点钟，莱德曼就给李政道打电话宣布："宇称已经死了！"

另外，弗雷德曼（J.L.Friedman）和泰勒格第（V.L.Telegdi）用乳胶技术也完成了 $\pi-\mu-e$ 级联衰变实验，证明在这些衰变中宇称是不守恒的[①]。

到此，三个实验都证明了弱作用中宇称的不守恒。有趣的是，这三篇论文同时发表在《物理评论》第 105 卷里。吴健雄等和伽温等的论文，发表在 1957 年 2 月 15 日的那一期，泰勒格第等的论文发表在 1957 年 3 月 1 日那一期。头两篇论文编辑部收到的日期是 1957 年 1 月

1957 年 1 月 15 日宣布宇称不守恒，
李政道与吴健雄在记者招待会上。

① Friedman,Telegdi.Phys.Rev.,1957,105:1681

15 日，第三篇论文收到的日期是 1 月 17 日。泰勒格第对编辑部延迟发表他的论文非常不满，对编辑部的解释不能接受，甚至一怒退出了美国物理学会①。

吴健雄于 1 月 9 日晚从华盛顿赶回纽约，由于天降大雪，只好乘末班火车。她就在火车站给李政道打了个电话，报告了实验的结果，不守恒的迹象很明显，足以说明宇称不守恒。李政道对于他们的实验结果感到非常兴奋，为吴健雄那种奉献精神深深感动。第二天，吴健雄不顾疲劳向李政道和杨振宁报告他们的实验结果。接着，11 日又向物理系的师生做了报告。事情已经很清楚，宇称守恒定律被推翻了！1 月 15 日，星期二，哥伦比亚大学物理系举行了师生员工会议和记者招待会。吴健雄、李政道、莱德曼、伽温等人都出席了这次记者招待会。系主任拉比（I.I.Rabi）从麻省理工学院赶回来主持会议，宣布了这个重大消息。这个消息一经宣布，就像一阵飓风在物理学界的海洋里掀起了巨浪。第二天，《纽约时报》在头版刊出新闻，报道了这件科学界的大事，标题是《宣称物理学上的一个基本观念被实验推翻》，用长文详细报道了事情的过程和伟大意义。17 日又在头版刊出了编辑部文章《表面与真实》……全世界的物理学界为之震动。剑桥大学著名教授费许（O.R. Frisch）说："冷僻的名词'宇称不守恒'如同新的福音一样传遍了全世界。"

杨振宁当时在普林斯顿，他没有出席这次记者招待会，后来他在谈到这件事情的时候写道："……我的确认为，用记者招待会的方式来宣布一项科学研究的成果是令人生厌的。虽然他们一再敦促，我却没有出席。"② 美国国家标准局对于把这项实验说成"哥伦比亚大学的实

① 见 Allan Franklin. The discovery and Nondiscovery of Parity Nonconservation. Stud. Hist. Phli. Sci.,1979,10（3）:201~257

②《杨振宁文集》，华东师范大学出版社，1984。第 69 页。

验"也不很满意。

美国物理学会（American Physical Society）的年会按惯例在每年 1 月底召开。由于学会的日程要事先确定，所以在已定的日程上不可能将"宇称不守恒"的内容列上去。但是，关于宇称不守恒的消息已经传开，新的实验结果陆续发表，参加会议的人们急切了解事情的详情。于是会议在最后一天，即 2 月 2 日，在纽约大饭店专门举行了一次会议，报告宇称不守恒的发现。出席会议的人数创造了又一项纪录，注册人数达到了 3110 人！以前最高纪录是 3206 人，那是 1956 年美国物理学协会（American Institute of Physics）、和美国物理学会及其基层学会联合召开会议时创下的。

来听报告的人数也创下了记录，因为大家知道，在这次会议上要报告宇称不守恒。会议预计下午 2 时开始，可是一点多钟，报告厅里已经挤满了人，除非你能把自己挂在吊灯上，是没有容身之地的。李政道来了，但很难进去，直到有人认出了他，才让开了路。会上，李政道、杨振宁、莱德曼、泰勒格第和吴健雄等都发了言。会上的报告令人信服，弱作用中宇称守恒的定律从此正式宣告被推翻了。

接下来就像李政道所说，这个领域里产生了"雪崩"效应，大批的理论和实验工作开展起来，全世界物理学界有关的学者，像是着了魔似的在这一领域工作起来。

李政道自己也是一样。他和杨振宁把统计力学的研究放下，集中精力去探索事情下一步会是如何发展。整整一年他们没有在统计力学方面做工作。更有甚者，在一次冬季在霍波肯斯蒂文学院（Stevens College in Hoboken）召开的统计力学会议上，韦斯可夫问李政道一个公式，那是李政道和杨振宁推导出来的，可是李政道竟然一点印象都没有了。他的注意力完全集中到弱相互作用上来了，以至于统计力学的一切想法全都消失了。

由于弱作用中宇称（P）不守恒的发现，另一个长期被人们认为是公理的原理即在弱作用中"电荷共轭不变性（C）"也被推翻了。

"电荷共轭不变性"是关于粒子变为反粒子时的数学运算。根据这一理论，一个粒子应该有与其质量相同但电荷相反的粒子存在，如电子和正电子。而当电子变成正电子的时候，它的一切物理定律是不变的。这一观念是在 20 年代，由著名科学家狄拉克（Paul Dirac）提出来的。1932 年美国科学家安德森（Carl D. Anderson）找到了正电子。电荷共轭不变性仍被人们坚信不移。直到 1957 年，物理学家还相信，例如，一个由反物质构成的星系，其所有的物理特性（如光的发射）与正物质构成的星系完全一样。如果这两个星系相撞就互相湮灭成辐射。然而，当物质和反物质分开时，在星系之外观察的人，分辨不出这两个星系哪个是哪个。但是，新的实验证明这是不正确的。事实上，弱作用是可以区分粒子和反粒子的。

在以上两个定律被推翻以后，李政道和杨振宁想到，是不是弱作用完全不能显示一点对称性呢？芝加哥大学理论物理学家欧米（Reinhard Oehme）给杨振宁来信说，在一定的限制下，要求电荷共轭（C）和时间反演（T）对称，就意味着宇称（P）必须守恒。在他的启发下，李政道很快就意识到，在任何相对论局域场中，CPT 的乘积总是守恒的。对于李政道来说，发现 CPT 定理是非常重要的。这时，他忽然想起了，1954 年泡利来哥伦比亚大学，在普平实验室做报告，讲的就是 CPT 定理。当时的人们都深信，C、P、T 分别都是守恒的，而对 CPT 联合对称，并不感兴趣。现在，有了 CPT 定理，关于宇称不守恒的工作可以扩展到 C,CP 和 T 有可能不守恒上去。李政道和杨振宁发现，长寿命的 $\theta^0 2$ 的存在实际上与 C 或者 CP 守恒无关，而且没有任何证据能去假设这些对称性在弱相互作用中是守恒的。这样，李政道和杨振宁与欧米便共同发表论文[①] 指出了 CP 和 T 不守恒的可能性，并提出了几种去探测这种破坏的实验方法。李政道他们的看法是，一个系统分别在做了 P 变换或 C 变换后，到那时为止的实验数据似乎都表明这一系统是守恒的。也就是说，虽然 C 和 P 在强作用中，单独的分别是守恒的，但在弱作用中，C 和 P 单独的是不守恒的，但 C 和 P 的乘积却是守恒的。但是，直到当时还没有什么肯定的实验证据。

在被称为"宇称之年"的 1956 年，出现的另一个成果，是中微子理论的澄清和简化。泡利提出有中微子存在，是为了拯救弱相互作用过程中能量守恒的理论。1929 年，德国出生的数学家和物理学家韦尔教授（H. Weyl）指出，已经存在有一个极为简单和漂亮的数学理论可以用在中微子上，叫做二分量理论，但就是要放弃宇称守恒。多少年来，他的理论没有被人承认。直到李政道和杨振宁推翻了弱作用中宇称守恒之后，这一理论才被李政道、杨振宁、俄国学者朗道（L.Landau）和巴基斯坦学者萨拉姆（A.Salam）复活，但他们都是独立做的工作。根据中微子二分量理论，中微子的质量必须为零，这也由吴健雄的实验所证实。可惜的是，韦尔没能够等到这一天。

1957 年 10 月，瑞典皇家科学院宣布，把当年的物理奖授予李政道和杨振宁。李政道当时正在普林斯顿。当时担任普林斯顿高等研究院院长的奥本海默得知这个消息后，立刻在研究院里宣布，并在当晚举行了庆祝宴会。他在宴会前做了简短的讲话，除了对李政道和杨振宁表示祝贺外，还特别强调了吴健雄在这一发现中的重要作用。

但是，吴健雄没有和李政道、杨振宁一起获得诺贝尔奖，很多人对此表示不理解和不满。李政道和杨振宁也觉得吴健雄应该得奖。李

---

① T.D. Lee,R.Oehme,C.N.Yang:Phys.Rev.,1957,106:304

政道和杨振宁此后还为推荐吴健雄做过几次努力，但都没有成功。这一遗憾始终无法挽回。

1957 年秋到 1958 年春，李政道向哥伦比亚大学请假，去普林斯顿高等研究院工作。这样，他可以不教书，专心致力于因发现宇称不守恒而产生的新的物理研究。在普林斯顿，在李政道得知获得诺贝尔奖之前，1957 年 10 月 24 日，他去布鲁克黑文国家实验室讲演。他的夫人从普林斯顿给他打电话，说有瑞典记者要拜访他的全家。第二天，李政道回到普林斯顿，26 日接待了那位瑞典记者。当时，有关李政道可能要获得诺贝尔奖的猜测已经广为传播，瑞典记者的采访更使这一猜测升温。当时哥伦比亚大学物理系的拉比（I. I. Rabi）和库什（P. Kusch）就对李政道说，他获奖的可能性大于 95%，即使今年不得，明年，1958 年，也一定会得。但是他们同时告诉了李政道一个故事，那是回旋加速器的发明人劳伦斯（E. Lawrence）1938 年 10 月等待获奖消息的事。那年，在诺贝尔物理奖正式宣布的那天，劳伦斯请了柏克利实验室的许多朋友，准备了好几箱香槟酒，在家里举行大规模的庆祝聚会。收音机的音量开的很大，就等待好消息的传来。可是收音机里传来的却是费米获奖的消息。顿时全体聚会的人们陷入了十分尴尬的境界，悄悄地散去，劳伦斯更是难堪无比。不过，过了一年，劳伦斯还是得到了诺贝尔奖，那几箱酒还是派上了用场。

李政道听了这个故事，他虽然热情地接待了瑞典记者，但却没有准备庆祝聚会。1957 年 10 月 31 日，星期四，是美国的万圣节前夕（Halloween），上午 10 点钟刚过，李政道在办公室，夫人来电话说，收音机里刚刚广播，瑞典皇家科学院已正式宣布李政道和杨振宁获得 1957 年度诺贝尔物理奖。虽然李政道个人没有准备庆祝会，可是普林斯顿高等研究院，在当天就举行了一个盛大的万圣节前夕聚会以示祝

李政道一家，1957 年 10 月 26 日。瑞典记者摄。

李、杨两家人合影。1957 年 10 月 31 日，
《纽约先驱论坛报》记者摄于普林斯顿高等研究院。

贺，李政道全家都应邀参加。这是李政道全家历史上最难忘记的一次万圣节前夕聚会。

两位中国年轻的物理学家获得诺贝尔奖，使全世界为之震动。他们获奖的速度之快也令人惊讶，在吴健雄发表证实宇称不守恒的实验的当年，他们就获诺贝尔奖，这在历史上是少有的。据统计，20 世纪共颁发了 94 次诺贝尔物理奖，获奖者为 161 位物理学家，其中 1 年后就获奖的只有三次，第一次就是李政道和杨振宁；第二次是 1984 年的卡罗·鲁比亚（Carlo Rubbia）和西蒙·凡德米尔（Simon van der Meer）因发现弱作用的 W 和 Z 粒子；第三次是卡尔·亚历山大·穆勒（Karl Alexander Muller）和 约翰尼斯·乔治·贝德诺尔茨（Johannes Georg Bednorz）因发现高温超导现象。当然也有等待多年甚至几十年的。

李政道和杨振宁那时手中所持的护照是中国护照，国籍是中国，所以他们两位又是具有中国国籍的获奖者，这打破了中国人没有获诺贝尔奖的历史，足以使炎黄子孙感到骄傲。在他们两位的祖国首都北京，中国科学院物理所得知这一消息后，立刻向中央政府报告。很快，中国著名科学家吴有训、周培源和钱三强代表中国物理学会发去了贺电，向他们表示祝贺。中国政府还决定派他们的老师张文裕先生前往斯德哥尔摩参加他们的受奖典礼。杨振宁的父亲杨武之也获准前往与自己的儿子见面。

李政道得知自己获奖后，立刻给自己的恩师吴大猷先生写了一封信：

大猷师尊鉴：

　　刻接电讯，知杨振宁和我合得 1957 年物理学之诺贝尔奖金。

　　接讯后的感觉很多，而亦分歧，一方面当然觉得这是一种光荣；可是一方面深深感觉自己之学识有限，希望将来能继续努力。

　　现在的成就，大部分由于在昆明时您的教导，而假使在 46 年没有能来美的机会，那更根本不可能有这几年的工作，此点我深深感觉，特此致意。

祝好！

生：政道上

10 月 31 日

在那段时间，李政道忙于应付来自四面八方的邀请，要他去做报告，真是疲于奔命。杨振宁和吴健雄也是一样。

11 月，李政道要为去斯德哥尔摩领奖做准备。他和杨振宁都要写发言稿和讲演稿。在那时，在诺贝尔奖委员会通知以及所有各个媒体的报道中，他们两个的姓名次序都是与他们得奖论文上的署名先后一样，李政道在先，杨振宁在后。没有想到，当他们到了斯德哥尔摩，就在受奖典礼之前，杨振宁忽然向李政道提出，在授奖的时候他希望能按年龄顺序在李政道之前受奖，也就是说由他第一个接奖，而他夫人杜致礼则想在出席晚宴的时候让国王作陪，也就是说，在进入晚宴会场时她要走在最前面，杨振宁次之排在第二名，由皇后作陪。李政道对此感到大为惊讶，不同意这么做。但是，杨振宁又去求秦惠䇹。秦惠䇹对李政

1957 年 12 月，李政道夫妇俩前往斯德哥尔摩领奖，刚走下飞机。

道说，假如为这件事闹出笑话，让外国人看不起，太丢脸。这样李政道才勉强地同意了杨振宁的要求。于是，李政道向诺贝尔奖委员会提出了改变领奖次序等的请求。委员会尊重李政道的请求，做出了改变。细心的读者可以从电影纪录片中看到，当年的确是杨振宁第一个走出来领奖的，而晚宴上是杜致礼挽着瑞典国王的手臂第一个出现，杨振宁挽着王后的手臂跟随在国王之后。秦惠䇹则是挽着首相的手臂，李政道只好由国王的孙女陪伴，影片里几乎看不到李政道和秦惠䇹。

李政道接受杨振宁夫妇的请求改变出场的先后顺序是要承受长期后果的，因为一旦这样做了改变，就成为诺贝尔奖委员会的正式记录，今后无论在什么场合，这样的顺序都将依照授奖典礼上的顺序，不会再改变回去。可是，在庆祝诺贝尔奖100周年的时候，瑞典皇家科学院发表的名单上，却恢复了李政道在杨振宁之前的次序。这是后话。

12月10日，李政道接受诺贝尔奖的瞬间。

12月10日是诺贝尔逝世的周年纪念日，也是每年举行授奖仪式的日子。李政道和杨振宁两对夫妇于8日乘同一架飞机到达斯德哥尔摩。

有一个有趣的情节。当李政道走下飞机的时候，来迎接他的官员走上前去问李政道："你的父亲在哪里？"那位官员看到的是一个年轻的孩子，以为是李政道的儿子。秦惠䇹赶忙说："这就是李政道。"那位官员为自己判断失误颇为尴尬。

10日下午4点半，诺贝尔奖授奖仪式在斯德哥尔摩音乐厅大礼堂举行。大厅里响起《斯德哥尔摩狂欢曲》，音乐声中，瑞典国王、王后、议长、首相等贵宾鱼贯而入，杨振宁和李政道身着黑色礼服走在领奖人的最前面，然后他们坐在主席台右侧领奖台上的第一排。后排依次是化学、生物学和医学的获奖人。获奖者座位前摆满了鲜花，整个大厅也是花团锦簇，庄严肃穆。他们的夫人杜致礼和秦惠䇹则坐在贵宾席的第一排。

优美的音乐之后，瑞典国王宣布授奖仪式开始。接着，本年诺贝尔奖金委员会主席埃克博格（B. Ekberg）发表讲话，物理学奖评委会主席克莱因教授（O.B. Klein）宣布李政道和杨振宁获1957年度诺贝尔物理学奖，介绍了他们两位的贡献。杨振宁和李政道分别从瑞典国王古

在瑞典，李政道和夫人出席授奖仪式。

斯塔夫·阿道尔夫手中接过奖章和证书。全场掌声雷动。

晚上，6时30分，诺贝尔基金会按惯例在被称作"兰厅"的市政厅举行盛大的宴会和舞会。宴会开始后，李政道和杨振宁和其他获奖者分别向大会致词。但是讲话的顺序与领奖的顺序刚好相反。所以李政道是倒数第二个讲话。

李政道先用中文讲了几句风趣的话：

关于现代物理学基本观念的修正，使我和杨振宁博士在哥伦比亚大学附近的"中国餐馆"里用膳前经常讨论而获得的结论，今天终于能公之于世并得到各位的承认。

下面接着用英文致词：

一个科学上的成就是许多在同一或相关领域中的研究者积累的结

李政道和杨振宁（左一）在发奖仪式上。

果。没有过去的经验，没有现在的激励，就不会产生我们今天的观念和知识；没有将来的实验，我们今天的观念和知识也不能进化。虽然这许多因素构成了任何进步的整体，人们往往只记得最后光辉的收获而忘记了其中辛勤的耕耘。在今天隆重的典礼上，我格外感受到，有了许多伟大的物理学家，他们为人类对自然的了解做出了很大的贡献，但还没有像我们今天这样被授予如此的荣誉。

诺贝尔授奖仪式的晚宴是盛大的。大约要有一千几百人参加。包括瑞典皇室成员、内阁成员、各国大使以及瑞典中央银行的高级管理人士等。作为世界最有名的宴会之一，它的排场奢华，厨艺精良，礼仪讲究，非同一般。为宴会服务的大厨就有几十人，总的服务人数可达三四百人。宴会的食谱在事前是严格保密的。但一般也只有开胃菜、正餐和甜点三道。筵席上不会出现猪肉和鹿肉。前者是考虑到宗教的

哥伦比亚大学校长向李政道祝贺。

因素，后者则因为国王第二天还会以鹿肉招待获奖者。当然酒水也是特别挑选和准备的。按惯例，吃开胃菜的时候有香槟酒，吃正餐的时候有法国白兰地或君度酒，每个就餐者的面前都会有四个水晶杯。使用的刀叉和盘子也是特制的。

在 1957 年诺贝尔奖授奖晚宴上，有许多瑞典大学生参加。宴会到了高潮，同学们要听获奖者的讲话，特别要听李政道讲话。他们之所以点李政道的名，是因为李政道很年轻，同学们想听一听年轻的诺贝尔奖获得者的声音。于是，获奖者们推举李政道代为发言。李政道事先并没有准备，他灵机一动，便走到麦克风前讲了起来。他讲的是中国神话《西游记》里的一个故事，但场合恰当，富有哲理。他说：

我想给你们讲一个小故事，是取自中国的小说《西游记》。讲的是一只猴子。这只猴子与其他猴子不同，是从石头里生出来的，因此他非常非常聪明。他自己碰巧对此也很清楚，于是整个故事就这样开始了。他雄心勃勃，自命不凡。开始他想当猴王。这一点他很容易就做到了。但是很快他就厌倦当猴子，甚至连猴王也不愿意当了。现在他想当人了。经过年复一年学人的习性，他穿的像人，说话像人，甚至，连他的外表都和人一样了。但是，他仍然不满足。现在他想学着当神仙了。他到了神山，经过了几百年又几百年的刻苦修炼，他学会了做神仙。事实上，他学到了很大的魔法。譬如，他能一跳就走十万八千里。于是他要跳到天堂上去，而他只半跳就到了天堂。他要在那里当神仙。玉皇大帝开始不答应，但是这只猴子坚持不退让，玉皇大帝只好让步，封他当一位神仙，封号是"齐天大圣"。然而，这只猴子仍不满意。这一次他不光想当神仙，还要当玉皇大帝。玉皇大帝没有办法，只好与猴子打仗，真的打了。可是这只猴子把整个天兵都打败了。玉皇大帝的最后一着，只好向如来佛求救。如来佛来了。他告诉这只猴子，要想当玉皇大帝，就要有一定的资格。如来佛张开他的手，对猴子说："假如你要当玉皇大帝，你就要能跳进我的手掌，然后再跳出去。"猴子看着如来佛，他有大约 30 米高，心想，"我一跳能走十万八千里，这样很容易就当上玉皇大帝了。"于是他就跳进了如来佛的手掌，然后跳了一大跳，想跳出手掌。为了保险，他跳了又跳。在跳了百万又百万年之后，这猴子觉得有点累了。最后他跳到一个地方，有五根巨大的粉红色的柱子。他想这可能就是宇宙的边界了，柱子说明宇宙大小有限。他感到非常高兴，就在中间那根柱子上涂写"齐天大圣到此一游"。他非常轻松，非常愉快，开始往回跳。跳了很长时间，他回到了开始跳的地方，于是他自豪地要求当玉皇大帝。这时如来佛用他的另一只手把这猴子提起来冲着那只张开的手掌，指给他看，在他的中指的根部，有猴子写的几个非常细小的字"齐天大圣到此一游"。此后，在中国就有一个说法："纵有千头六臂，也跳不出如来佛的手心。"

然后，李政道总结说：

我们研究知识，可能会做出很大的进展。但是我们要记住，即使到了如来佛手指根部，我们离绝对真理还是非常远的。

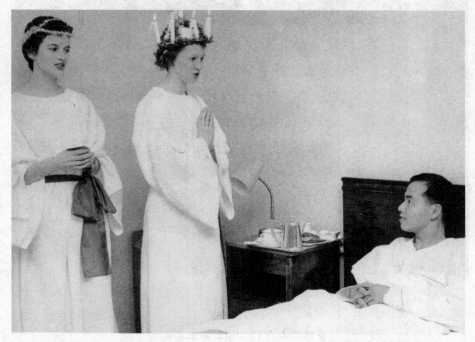

瑞典的冬天漫长而黑暗。12月31日是当地的圣·卢切节，为了传达光明和美好，年轻的姑娘们头戴嵌有蜡烛的花冠来到房间唱歌并服侍早餐。

　　李政道的即兴发言使与会的人们，特别是年轻的大学生们感到非常兴奋，他们以热烈的掌声表示赞赏。

　　晚宴之后是舞会。李政道和杨振宁夫妇和与会的贵宾们一同翩翩起舞。舞会按惯例于夜里 11 时结束。

　　第二天，李政道和杨振宁分别做了诺贝尔奖获奖讲演。李政道讲演的题目是《弱相互作用与宇称不守恒》①。他讲了基本粒子的几个相互作用，讲了许多弱作用中的宇称不守恒现象。李政道用他富有哲理的话结束讲演：

　　"科学的进步总是我们的宇宙观和我们对自然界的观测之间相互密切影响的结果。前者只能从后者中推演出来，而后者也被前者极大地制约着。这样，在我们对自然的探索中，我们的概念和我们的观测

在晚宴上与 DESIREE 公主交谈。

① 在讲演中他介绍了"弱相互作用与宇称不守恒"提出来一年之后，物理学的新发展。

之间相互影响，有时会在早已熟悉的现象中引导出完全没有预料到的情况，就如现在的情况那样。这些隐蔽的性质往往只是通过根本改变我们有关支配自然现象的原理的基本概念后才发现的。虽然这是尽人皆知的，不过能够在很短时间内在一个单独的例子中看到这两种因素——概念和观测的相互影响和促进是一个非常丰富和值得记取的经验……"

在李政道和杨振宁获得诺贝尔奖之后，全世界对中国科学家的尊敬度骤然增大，海内外华人表现出高度的兴奋和骄傲。李政道和杨振宁被邀请四处作报告，忙得不亦乐乎。1956 年，布鲁克黑文实验室邀请李政道于 1957 年元月作 6 次讲演，详细分析 P，C，T，CP 等不守恒的意义。1957 年 3 月，李政道应哈佛大学的邀请，为劳伯（Loeb）讲座就同样的主题作了 4 个讲演。同年春，在一年一度的国际性的罗彻斯特会议上，李政道被邀请作 P，C 等不守恒的影响的报告。同年夏天，国际瑞合沃斯（Rehovoth）会，国际帕多瓦·威尼斯（Padua-Venice）会以及美国圣路易斯（St. Louis）会都邀请李政道作报告。量子力学的创建人海森堡（W. Heisenberg）（1933 年诺贝尔奖获得者）在帕多瓦·威尼斯会上听了李政道的报告后说，今后的物理是华人的世界，因为中国人天生的智慧和文化传统，不是西方人能比的。海森堡的这一说法，一时传为美谈。

在李政道和杨振宁的祖国——中国大陆和台湾，在泰国、新加坡以及美洲等，凡是有中文报纸发行的地方，那几天他们得奖的消息连篇累牍，充满报章杂志，形成了一股报道的高潮。他们纷纷赞扬中国儿女的聪明智慧，赞扬中国传统文化思想的优秀，深为中华民族能有这么两位优秀的儿子而感到骄傲。

第八章
"宇称"的破坏：与杨振宁分手

李政道和杨振宁从 1948 年开始合作，1952 年合作中断，1955 年又恢复合作。1957 年他们获得诺贝尔奖以后，合作继续下去，直到 1962 年分手。在这总计长达 14 年的时间里，李政道和杨振宁合作，在众多的物理学领域里勤奋耕耘，各显其能，创造了物理学研究上的奇迹。他们的合作，以其亲密无间、富有成果而著称。两位年轻的中国物理学子，在国际学坛上享有盛誉，成为人们羡慕和夸赞的对象。另外，他们两个家庭之间的融洽亲密也传为佳话。

在这一时期，李政道和杨振宁二人在物理学界是领风骚的人物。

李政道曾经总结过，从 1948 年到 1956 年他和杨振宁合作了六篇论文，约占他发表论文数量的三分之一弱。

1956 年他们合作发表了获得诺贝尔奖的《弱作用中宇称不守恒质疑》的著名论文。

1956 年下半年到 1962 年的六年中，他们合作发表了 26 篇论文，占李政道同期论文数量的二分之一强。这二十多篇论文可以分作三个领域：

第一个领域的开始是宇称不守恒，而宇称不守恒的突破思想是由李政道独立做出的；接下来是关于对称与不对称的各种现象的分析，是在宇称不守恒的发现后新开拓的物理领域里的研究工作。

第二个领域是李政道和杨振宁在统计力学和多体问题领域的合作，是他和杨振宁1952年统计力学领域合作的扩展，在他们第一篇统计力学论文中的两个定理，主要是李政道证明的。

第三个领域是高能中微子物理和从高能中微子领域推进至中间玻色子的分析研究，是李政道肇始并引航进行的，与杨振宁无关。

杨振宁在上述三个方面当然有他的贡献，但都不能说是根本性的。杨振宁的长处在数学物理方面。就在和李政道暂时分手的1954年，他和米尔斯（R.L. Mills）写出了后来成为非常著名的论文《同位旋守恒和同位旋规范不变性》（Conservation of Isotopic Spin and Isotopic Gauge Invariance *The Physical Review 96, 191*（1954）*C. N. Yang and Mills*）。

杨振宁长于数学物理，李政道长于物理观念，是一目了然的。

为此李政道曾说过："无疑的，杨振宁是第一流的数学物理学家。可是我和他合作的文章都是以物理为中心和重点的，因为这和我科学工作的特性和风格比较相合。"①

有人说，假如李政道和杨振宁在1952年不分手，1954年的"杨－米尔斯规范场"就可能变成"杨－李规范场"或"李－杨规范场"。这种假设是没有意义的。其实，据考察，柯来恩教授（O. Klein）早在1938年就已经写下了这样的公式。但是没有受到重视，原因是它太超前了。即便李杨合作，或许会有其他成就，但大多不会是什么规范场。

---

① 见《宇称不守恒发现之争论解谜》季承、柳怀组、滕丽编，甘肃科技出版社，2004.36~41页。

至于假设他们能继续合作因而会获得第二次诺贝尔奖,这只不过是人们的一种设想,一种良好愿望。

但是,有一种后果,不但是可能的,而且是肯定的。那就是他们的成果一定比现在的要多、要好。

李政道的物理生涯一开始,他就和物理大师费米等人一起站在了第一线,或者说是站在了大师们的肩上起步,或者说他是由大师们引导着前进,或者说是和大师们携手并进。

1948年李政道通过基础科考试,成为费米教授的研究生,1949年就与罗森布鲁斯(M. Rosenbluth)、杨振宁完成了论文《介子与核子和轻粒子的相互作用》[①] 这篇论文对 β 衰变, μ 介子衰变及俘获进行了整体性分析,发现这些过程都具有相同的强度,并预言这类相互作用可以由重的中间粒子来传递。之后,李政道成功地预言了这中间玻色子的存在,确定了这中间玻色子质量的上下限并取名为 W(weak)粒子。

这篇论文主要是李政道做的,它的产生背景是由于费米教授两篇极重要的论文:

《负介子在物质中的衰变》(1947)

〔The Decay of Negative Mesotron in Matter(1947)〕

《负介子在物质中的俘获》

〔The Capture of Negative Mesotron in Matter(1947)〕

这两篇论文证明了当时知道的宇宙射线介子,即现在的 μ 子,当时叫 μ 介子,没有强作用。(希腊字母 μ 即英语的 m,是指 mesotron)。当时费米教授的另一位研究生是斯坦博格(J. Steinberger),他是做实验的,做的是测量 μ 介子衰变成电子的能量谱。同时,他又和李政道一起做 μ 介子衰变和俘获的理论分析。罗森布鲁斯不是费米的研究生,

① Interaction of Mesons with Nucleons and Light Particles The Physical Review, Vol.75, No.5, 905, March 1,1949. T. D. Lee, M. Rosenbluth , and C. N. Yang.

他是跟着泰勒教授（E. Teller）做质子理论研究的，但和李政道共用一间办公室。斯坦博格常来李政道办公室讨论他的实验，罗森布鲁斯也参与其间，对他们的工作产生了兴趣，从而加入了进来。而杨振宁当时是在艾立逊（Samuel Allison）实验室的加速器上做实验工作。他周末常和李政道一起吃晚饭，对李政道做的理论工作有所了解。杨振宁当时在加速器上的工作不很成功，于是也表示愿意和李政道、罗森布鲁斯一起搞理论分析，便也参加了进来。所以上边的那篇论文就成了他们三个人合作的产品。费米教授对李政道等的这篇论文很推崇，在他所著《基本粒子》一书里用了相当的篇幅进行讨论。

李政道 1949 年通过博士会考并在位于威斯康星州的芝加哥大学耶克斯天文台（Yerkes Observatory of Chicago University）完成了他的博士论文《白矮星的含氢量》（《Hydrogen Content and Energy-Productive Mechanism of White Dwarfs》）。当时的恒星演变理论认为，恒星都是从小而热的白矮星开始的，这意味着白矮星的主要成分就是氢。但李政道的论文却指出白矮星的含氢量不大于 1%。这样，白矮星只能是恒星演变的后期，而不是开始。他的工作改变了当时对星体演变的基本观念。1950 年 1-8 月李政道去耶克斯天文台工作。天文台的主任是钱德拉斯卡（S. Chandrasekhar）教授（1983 年获诺贝尔奖）。他个性非常

青年时代的李政道和同事。

固执，李政道和他相处不很和睦。但是，李政道通过计算，把白矮星钱德拉斯卡极限值（Chandrasekhar Limit）的上限从5.6倍太阳质量降到1.4倍太阳质量，却受到了钱德拉斯卡的高度推崇。李政道很快离开了天文台，可是几十年后，1986年，钱德拉斯卡教授夫妇还专程去纽约参加李政道的六十寿辰的庆祝会并做了主持人。他主持庆祝会的时候，把二战后的40年代的芝加哥的气氛比喻作"伟大的解冻"（Great thaw），这是肯尼斯·克拉克（Kenneth Clark）在他所著《我个人的文明观》（《Civilization, A Personal View》）一书中所描述的，大约发生在公元前1100年时地球变暖的现象。钱德拉斯卡对李政道充满了友好的回忆[①]。钱德拉斯卡说，李政道和杨振宁是他的最好的学生，他们三人是最成功的师生，因为他们都获得了诺贝尔奖。他的夫人也说，这真是一个美丽的故事。可是，李政道和杨振宁并不是钱德拉斯卡教授的正式学生，只不过是旁听生而已。据李政道的回忆，在芝加哥大学时，钱德拉斯卡教授每周总是自己开车从约克斯天文观察站来芝加哥大学讲课。有一天下大雪，钱德拉斯卡教授仍然开车来大学讲课，可是只有李政道和杨振宁两个来旁听，钱德拉斯卡教授的正式学生因为下雪没有来上课。从这里看来，钱德拉斯卡教授的说法也没有什么不对，李政道他们也一直把钱德拉斯卡教授当作自己的老师，他们的确是最成功的师生。

　　1950年9月到1951年8月，李政道在伯克利加州大学工作了一年之后，来到了普林斯顿高等研究院。在那里他和杨振宁汇合，开始了新的研究工作。除了和杨振宁合作在统计物理学方面做出了重要工作外，李政道还和劳（F. Low）、潘斯（D. Pines）合作，对固体物理的极化子（polaron）构造做出了基本性的理论分析。

---

　　① R. Novick ed. Thirty Years Since Parity Nonconservation. Boston: Birkhauser Inc., 1988. 133

1953 年，李政道来到了哥伦比亚大学物理系，担任物理助理教授、1954 年成为副教授、1956 年成为教授。

在 1955 年李政道和杨振宁重新合作之前，1954 年李政道在哥伦比亚大学发表了他的第一篇论文《重整化场论中的一些特别的事例》【《Some Special Examples in Renormalizable Field Theory》*Phy. Rev., 95, 1329（1954）*】。李政道提出了"李模型"，这是场论中少有的可解模型。在该模型下，重整化可以严格推导出来，由此可以验证，在微扰论中，重整化不一定正确。这篇论文对以后的场论和重整化研究有很大的作用和影响。

1957-1958 年，李政道又回到普林斯顿高等研究院工作了一年。他的全家也随同前往。在这一年里，李政道和杨振宁合作，发表了论文《宇称不守恒和中微子的二分量理论》【《Parity Nonconservation and a Two–Component Theory of the Neutrino》（with C.N. Yang）. *Phy. Rev.,105,1671（1957）*】。提出了二分量中微子的理论，对宇称不守恒理论做出了定量的预言。

另一篇论文是《重核子衰变中宇称不守恒可能的探测》【《Possible Detection of Parity Nonconservation in Hyperon Decay》（with J. Steinberger, G. Feinberg, P.K. Kabir and C.N. Yang）. *Phy. Rev., 106, 1367.* 】。对 T 和 CP 不守恒问题，特别是对中性介子做了系统的研究，提出了如何可以用实验证明。

1957-1960 年，李政道和杨振宁合作，进行量子统计力学的研究，建立了统计物理中多体问题的通用框架；与黄克孙合作进行玻色硬球系统统计的研究。他们发现有相互作用的玻色系统可以导致超流现象，从而对氦 II 的奇特性质有了进一步了解。

1957 年，李政道被聘任为哈佛大学劳伯讲座（Loeb Lecturer,

Harvard University）教授[1] 并荣获爱因斯坦世界科学奖（Albert Einstein World Award in Science）[2]。同时又被推选为中国台湾"中央研究院"院士。

1958 年，李政道和杨振宁合作研究了硬球玻色气体的分子运动论，对研究氦 II 的超流性质做出了贡献，发表的几篇论文是：

1．The Low Temperature Properties of a Bose System of Hard Spheres (with C.N. Yang) *Proc. of Midwest Conference on Theoretical Physics,* St. Louis, March 14 – 15, P. 149.

2．Low Temperature Behavior of a Dilute Bose System of Hard Spheres. I. Equilibrium Properties（with C.N. Yang）*Phys. Rev.*, 112,1419.（1958）

3．Low Temperature Behavior of a Dilute Bose System of Hard Spheres. II. Non-Equilibrium Properties(with C.N. Yang). *Phys. Rev.,* 113, 1406.(1959)

4．Possible Determination of the Helicity of Elementary Excitation in Liquid He II（with C.N. Yang）. *Phys. Rev. Letters* 2, 284.（1959）

1958 年，李政道获得了普林斯顿大学的名誉科学博士（Hon. Sc. D., Princeton University）头衔。

李政道是最早强调高能中微子实验的重要性的领头人物。1959 年，李政道对高能中微子的作用的分析，开创了高能中微子的研究领域，他以自己的研究确定了此后二十几年该领域的实验和理论工作的方向。在高能物理研究领域，高能中微子、高能质子和高能电子有平行的重要性。1982 年，莱德曼（L. Lederman）、史瓦兹（M. Schwartz）和斯坦博格（J. Steinberger）用高能中微子实验发现和证明了第二代中微子，也就是 μ 中微子的存在（该项工作获得了 1988 年诺贝尔奖）。李政道是高能中微子理论研究领域的开创者和领袖。对此，中微子实验的重

---

① Morris Loeb（1863—1913），著名的犹太裔化学家，1953 年，由哈佛大学物理系根据劳伯的遗赠建立讲座，设立短期和长期两种讲座。

② 由墨西哥世界文化委员会（World Cultural Council）建立的奖金。

要领头人物史瓦兹有极为清楚的叙述[1]。

他们发表的论文是：

《可能的高能中微子实验的理论探讨》【Theoretical Discussion on Possible High Energy Neutrino Experiments（with C.N. yang）. *Phy. Rev. Letters* 4,307.（1960）】

1959 年，李政道被选为美国艺术和科学院院士（Member, American Academy of Arts and Sciences）。

1960 年李政道又回到了普林斯顿高等研究院任教授，同时他并没有脱离哥伦比亚大学，还兼任着那里的教授。在普林斯顿他一直呆到 1963 年。

在这期间，李政道和杨振宁继续强调中微子实验的重要性。李政道发表了论文：

《高能中微子实验》【High Energy Neutrino Experiments CERN 61 – 31: *Particle physics*—CERN Seminars 1961, p.65.】在这篇论文里，李政道给出了 W 粒子质量的上下限，分别为 300 和 30 GeV。

李政道和杨振宁合作发表了论文：

《不产生中间玻色子的高能中微子反应》【High Energy Neutrino Reactions Without Production of Intermediate Bosons（with C.N. Yang）. *Phy. Rev.* 126, 2239.（1962）】

论文计算了 W 粒子在高能中微子束实验中的产生截面。这些计算是 60 年代寻找 W 粒子的依据。这一时期受李政道影响而做的一些实验，至今仍是弱相互作用的主要信息源。

1962 年，李政道和杨振宁合作发表了论文：

---

[1] M. Schwartz. Birth of the High Energy Neutrino Experiments. B. Maglic ed. Adventures in Experimental Physics, volume α. Princeton: World Science Communications, 1972. 82

《与电磁场相互作用的带电矢量介子理论》【A Theory of Charged Vector Mesons Interacting with Electromagnetic Field（with C.N. Yang）. *Phy. Rev.*128, 885.（1962）】

这篇论文特别重要，因为它研究了带电矢量介子电磁相互作用的不可重整化，指出，必须慎重考虑在自旋为1的中间玻色子相互作用中的规范不变性问题。

1962年，李政道被选为美国哲学学会会员（Member of American Philosophical Society）。

从以上的叙述看来，李政道和杨振宁在1957年后，他们两人合作在对称和不对称、统计力学和多体物理、高能中微子物理等方面做出了重要的贡献，是国际物理学界领风骚的人物。但是，在上述合作中间，特别是在弱作用中对称性破坏、高能中微子物理方面，李政道是合作中的先行者和主导者。

1962年5月12日出版的美国《纽约客》（New Yorker）杂志上刊登了伯恩斯坦（Jeremy Bernstein）写的一篇文章《宇称问题侧记》（Profiles–A Question of Parity. Jeremy Bernstein. New Yorker, 1962,38:49）。这篇文章主要内容是记述李政道和杨振宁合作

1957年12月10日，李政道在发表获奖感言。

发现宇称不守恒的故事①。文章对李政道和杨振宁都做了介绍，特别对他们的科学合作洋溢着赞美之词。在谈到宇称不守恒的发现时，伯恩斯坦并没有特意指出它的突破性的思想是由他们两个中间谁第一个提出来的。他只是说，在一个时候，"他们忽然有一想法"。

令人万万想不到的，就是这样一篇很平常的散记文章，却激起了科学史上的一个大争论，使两位天才的中国物理学家从此终止了合作。读者一定对这一篇文章感到好奇，可以参见有关著作。

1962年李政道已经回到普林斯顿高等研究院，他和杨振宁比邻而居，办公室也是隔壁。4月份的时候，李政道收到了伯恩斯坦文章的校样。他没有作什么大的修改。可是杨振宁却提出了许多意见。他说，文章里有"某些令人痛苦的地方"，要和李政道讨论。杨振宁提出，文章中的某些地方，他希望他的名字要写在李政道的前面，譬如标题上的；诺贝尔奖金宣布时的，以及接受奖金时的。另外，他的夫人杜致礼的名字也要放在秦惠箬的前面，因为杜致礼比秦惠箬年长一岁。第二天，杨振宁到李政道家里提出，凡是文章里提到"李和杨写了……"的地方都要加一个注，说明这是由于字母排列次序的习惯。对杨振宁的这些要求，李政道觉得太无聊。当天晚上，杨振宁又给李政道打电话，说那些注或许可以不加了，但在文章里都要写成"杨和李写了……。"面对杨振宁在这件事情上的反复无常，李政道很不解。

4月18日，杨振宁又到李政道的办公室去谈，说他让姓氏的排列次序弄得越来越烦恼，而这个问题已经影响到所有他们合作的工作，也就是说他们合作的论文的署名，按字母次序排，即"李和杨"，使他不高兴；如果写成"杨和李"，又会让人们觉得杨振宁好笑，而乱排姓氏次序也会使人看了觉得奇怪。李政道见此情形，只好建议他们今后

---

① 见《宇称不守恒之争论解谜》，季承、柳怀祖、滕丽编，甘肃科学技术出版社，2004，第105页。

不再合作。随即杨振宁变得十分激动，开始哭起来，说他是非常愿意继续与李政道合作的。但李政道感到无可奈何，和杨振宁长谈了一段时间，最后他们都同意暂时停止合作，等过一段时间再说。

6月，李政道和杨振宁都在布鲁克黑文实验室访问而且同用一间办公室。莱德曼、史瓦兹和斯坦博格关于两代中微子的实验结果已准备好要发表，杨振宁知道以后变得极度焦躁不安，他又对他们论文里的致谢辞中的李杨姓氏的排名次序担心起来。出乎李政道的意料之外，杨振宁在这个时候给他写了好几封信，表达了不满甚至还有些敌意。李政道对所有这些事情感到非常遗憾，并意识到他和杨振宁的友谊不会再继续了。

江才健所著《杨振宁传》里提到，杨振宁的第一封信，是在杨振宁听了谣言，说李、杨不和是由于杨振宁小气、斤斤计较等以后大怒而写的。信的开头用中文写了"政道"两个字，信后署名是"非常真诚的振宁"，内容是用英文写的。

杨振宁在开头写道：

你在没有知会我，更没有和我商量的情况下，跑去找了斯坦博格并坚持要斯坦博格把他们的论文中杨、李两人的名字的顺序不依过去习惯转变过来。

接着又写道：

毫无疑问的，在一个薄纱的天真甚至或者是宽宏大量的面貌之下，你的所作所为，是一种不诚实、很愚蠢而且又居心叵测地伤害我的行为。我的这些言辞很强烈，但是还没有强烈到足以形容你的行为。你真的认为你的行为会让我高兴？你真的认为你的行为可以增加我的名声？你真的认为你的行为是对你自己有好处？你真的认为你所做的就是我四月在普林斯顿和你谈话我所想要的？我曾经责怪你考虑不够周到。你真地认为你这一次是一个深思熟虑的行为？

……

在我们四月份的谈话以后，对我来说自然是十分的痛苦，我们对于彼此的想法都更加的敏感。我曾经想，如果那是有一点不自然和勉力而为的，但至少可以使我们更加的考虑到彼此。

但是我大错特错！只要看看你上礼拜三所做的事。在斯坦博格报告以后，伯恩斯坦问了一个没有深度的问题。他显然感受到你对我的怨恨，而蓄意的让我们彼此对立。他特别在他的问题中向你表示敬意，而你做了什么？你不能够拒绝附和于他的诱惑，在结尾的时候并没有考虑到要问我有没有什么要说的？这一个忽略是很不寻常的，因为你以前在任何重要的场合中都没有这样做过。

政道，你是怎样的一个人可以如此来对待我，用你自己的话来说，我曾经彻头彻尾的影响了你的物理、你的事业，并且事实上还有你的一生？你怎么会这么笨，冒着丧失我们彼此之间的忠诚和相互信赖，只为了取悦于伯恩斯坦对你的拉拢。

接下来，杨振宁又写道，李政道的这些不恰当的行为，也许源自他过去不愉快的一些成长经验。说在伯恩斯坦的文章中有一些不实在的叙述，对李政道有不真实的揄扬，但是李政道却不愿意诚实的面对事实，杨振宁说他为李政道感到耻辱。

政道，这一封信必然会造成你强烈的痛苦，但是为什么我要写？

在周末我平静下来以后，我衡量着不同的做法。如果我不说出来，我不敢确定你会不会有意识或者是无意识的再次伤害我。但是如果我说出来，我们都不可能保持平静。

……

我同时也决定写这封信来让你知道，我永远是直话直说的。无论是有意识的、还是潜意识的，我从来不会用阴谋的方式去伤害我的敌人，更不要说是我的朋友。

我再一次看了这封信，内心深感哀伤。如果我和我自己家庭的羁绊很强，那么我和你的羁绊也是同样的强。昨天晚上惠籍过来要我过去和你谈一谈，我深深的受到感动。而四月份，在你的办公室，我说到我们之间共有的经验和感觉，是我们和我们的太太之间都没有之时，我泫然泣下。在内心里，我是一个很感性的人。所有的伤痕可以治愈，而且很容易可以赢得我的情感。但是我如果不告诉你这些的话，我就不能和你坦诚以对，至少在目前的这个时候，如果不这样做，我很难相信你可以重新得到我完全的信任和尊敬。

据江才健称，在他所写的《杨振宁传》里的这封信是由杨振宁提供的。当时，李政道和杨振宁在布鲁克黑文实验室共用一间办公室。李政道不在办公室的时候，杨振宁把他的这封信放在了李政道的桌子上。后来，李政道回到办公室，看见了这封信。李政道还询问了信里"perfidious"这个词的意思（背信弃义）。杨振宁这时觉得十分懊悔，就把信要过来撕掉扔在字纸篓里了。后来，李政道还是把那封信从字纸篓里拿出来，看过之后情绪受到很大的冲击。

就这样，李政道和杨振宁分手了。

当年 11 月，李政道向奥本海默递交了辞职书，决心离开普林斯顿高等研究院。虽然他对那里十分留恋，但还是怀着"深重的哀伤之感"提出了自己的请求。奥本海默接到李政道的辞职书后感到非常遗憾，他尖锐地说，李政道应该不要再做高能物理，而杨振宁应该去看看精神医生。

全世界物理学界，特别是中国物理学界，当然还有有关的人士们，对于李政道和杨振宁的分手都极为关注，反应强烈。

事过多年，李政道和杨振宁对于他们两人的合作、友谊和分手

都做过记述。由于他们的记述不同而且已晓之于众，便形成了所谓的
"李杨之争"。

杨振宁写于 1982 年、于 1983 年出版的他的《文集》（Selected Papers
1945 – 1980 With Commentary）里，在《初识李政道》一文里写道：

……（1946 年）我发现，他才华出众，刻苦用功。我们相处得颇
投机，很快就成了好朋友。我长他几岁，又先他几年当研究生，便尽
力帮助他。后来，费米做了他的学位论文导师，但他总是转而向我寻
求指导。因此，在芝加哥的岁月里，事实上我倒成了他的物理老师。

关于 μ 衰变和 μ 俘获的论文……1949 年正月（我）回到芝加哥后，
费米劝我把研究结果写成短文发表……通过这些研究，人们逐步认识
到自然界存在四种基本的相互作用（即四种力，译注），并且还认识
到，在弱作用中存在某种普适性。

在《合作研究统计理论》一文里，杨振宁写道：

1951 年秋，李政道来到高等学术研究所（本书译为"高等研究
院"），我们恢复了彼此之间的合作……

应用格气模型（我们已掌握有关它的许多准确的知识），李政道和
我对这种情形下迈耶理论的应用问题作了考察。并研究了无限大体积
下巨配分函数计算中的极限过程……

……1951 年秋为了使自己熟悉格气问题，李政道和我计算了格点为
2、3、4、5 等几种小型格气情形下的配分函数。令我们惊异的是，对粒
子间的相互吸引作用来说，配分函数的根（它们是逸度的多项式）全都
在一个单位圆上。我们被这个现象强烈地吸引住，很快就推测到，对具
有吸引作用的任意大小的点阵来说，这个结论普遍成立。这个结论后来
被称为单位圆定理，它在〔52c〕被用作讨论热力学的主要工具。

杨振宁和李政道还合作研究了四元数，但没有太大的结果。

在《和李政道合作——电核共轭》一文之后记里，杨振宁写道：

1953 年，李政道到了哥伦比亚大学。为了继续合作，我们订立了相互访问的制度。我每周抽一天时间去哥伦比亚，他则每周抽一天到普林斯顿或布鲁克黑文来。这种例行互访保持了六年，而这段时间我们的兴趣有时在基本粒子理论方面，有时则在统计力学方面。这是一种非常富有成果的合作，比我同其他人的合作更深入广泛。这些年里，我们彼此相互了解得如此之深，以至看来甚至能知道对方在想些什么。但是，在气质、感受和趣味等诸方面，我们又很不相同，这些差异对我们的合作有所裨益。

在写于 1982 年的《获诺贝尔奖的论文产生经过：宇称守恒问题》一文之后记一文里，杨振宁记述了他和李政道合作发现弱作用中宇称不守恒的经过。

普林斯顿高等学术研究所的春季学期于 4 月初结束，我和家人于 1956 年 4 月 17 日到布鲁克黑文去度暑假。李政道和我继续保持每周两次的互访……

4 月底或 5 月初的一天，我驱车前往哥伦比亚做每周例行的拜访。我把李政道从他的办公室接出来，上了车。我们很难找到泊车的空位。后来，我把车泊在百老汇大街和 125 街的转角处。那是午饭时分，但附近的饭馆尚未开门营业。于是我们就到左近的"白玫瑰"咖啡馆，在那里继续讨论。稍后，我们在"上海餐馆"（据我回忆，是这间餐馆，但李政道说他记得是"天津餐馆"）吃午饭。我们的讨论集中在 θ-τ 之谜上面。在一个节骨眼上，我想到了，应该把产生过程的对称性同衰变过程分离开来。于是，如果人们假设宇称只在强作用中守恒，在弱作用中则不然，那么 θ 和 τ 是同一个粒子且自旋、宇称为 0-（这一点是由强作用推断出的）的结论就不会遇到困难……李政道先是反对这种观点。我力图说服他……后来他同意了我的意见……

在杨振宁的这篇文章里，还叙述了其他一些细节，诸如，关于赝标量、论文的写作，其中包括排名次等问题。从他的文章的叙述来看，很明确，弱作用不守恒的发现之功完全属于他自己。更进一步，杨振宁在文章后面加的注里，又把事情的要害和盘托出，他写道：

到目前为止，我对与李政道合作的经过在公开场合一直严格地保持缄默。例如，除了直系亲属和两个最亲密的朋友之外，我从未同其他人谈过上述论文 [56h] 的事。以上事情的经过是根据我 1956 年及 1962 年 4 月 18 日的日记①．写成的。要不是在 1979 年的某一天，我偶然看到 Zichichi 编辑的一本名为《Elementary Processes at High Energy, Proceedings of the 1970 Majorana School》（Academic Press, 1971） 的书，我还不会说出这些事呢。书中有李政道的一篇题为《弱相互作用的历史》的文章，该文谈了他自己关于 论文 [49a][56h] 的故事。这篇文章含蓄地暗示了许多事情，诸如我们两人之间关系的性质、宇称不守恒、β 衰变如何与 θ-τ 之谜搭上，等等。关键的想法及解决问题的策略是如何产生及发展起来的？ [56h] 这篇论文是怎样写成的？李政道对此一概回避，顾左右而言他。我知道，有朝一日我必须把真相公之于世……

这是杨振宁用书面的形式，将他和李政道分歧的要害公之于世的记录。

在《和李政道的最后的合作—荷电矢量介子》（1962）一文的后记里，杨振宁讲述了他们合作的最后一篇论文的情况，他说论文 [62i] 是李政道同他合作的最后一篇论文。接下来，杨振宁对和李政道的合作做了总结性的描述：

我们的交往始于 1946 年。这种交往曾经是亲密的，它基于相互尊

---

① 笔者注：此处"日记"的英文原文是"notes"。notes 并没有"日记"的意思。

重、相互信任和相互关心。接着，迎来 1957 年，以及我们的成功。不
幸的是，蒸蒸日上的声望逐渐在我们的关系中打进了原先没有的一些
新楔子。虽然，我们富有成果的合作还继续保持了 5 年，但是，关系
却慢慢紧张起来。1962 年 4 月 18 日，我俩在李政道办公室里做了一次
长谈，回顾了 1946 年以来发生过的事情：我们早年的关系；1950 年代
初；导致写出宇称论文的 1956 年的那些事件，以及随后的发展。我们
发现，除了一些细节之外，我们对所有关键事件都保持着相同的记忆。
正如家庭冲突中的和解那样，这是一次感情获得宣泄的经历，我们都
感到一种解脱般的畅快。然而，这种和解并没有得以保持下来。几个
月后，我们就永远地分手了。

　　在我同李政道做朋友的 16 年间，我对他就像一位兄长。在粒子物
理和统计力学领域里，我在 1950 年代初就已经成了名。我们的合作关
系中，我是资深的一方。敏锐地警觉到不应该挡住他的道，我便有意
识地往后靠，尽量在事业上扶持他，同时，在公开场合对我们合作关
系的实质严格地保持缄默。外人看来，我们的合作是密切而出色的；
这种合作对物理学的贡献良多。人们对此感到艳羡。李政道自己也有
断言，这种合作对他的事业和成长具有决定性的影响。

　　总之，这是我一生中值得回味的一个篇章。是的，其中也有烦恼。
然而，世间万事万物中，与人际关系有关而有意义的事情，又有几件
是完全没有创痛的呢！

　　李政道在写于 1972 年的《弱相互作用的历史》①一文里，介绍了
弱相互作用研究的历史。在《过渡阶段》一节里，当讲到如何解决 $\theta-\tau$
之谜的时候他写道：

　　……当阿尔瓦雷兹（Alvarez）小组在他们的泡室里没有找到这种 5
MeV 的 γ 时，我终于清楚了，那时在 1956 年初，要解决 $\theta-\tau$ 之谜必须
依赖于更深层次的东西；或许宇称是不守恒的，而 θ 和 τ 实际上是同一
个粒子。对于这一简单的想法，直觉的反应是'那么怎么样呢'。除非

---

　　① 见《宇称不守恒之争论解谜》季承、柳怀祖、滕丽编. 甘肃科学技术出版社。2004

能够将宇称守恒的可靠性研究同样扩展到其他过程，人们永远不会清楚，在 θ-τ 衰变中宇称是守恒还是破缺的。因此，就有必要去研究如何能够在其他弱反应中观察到可能的宇称不守恒效应。

……随后我从吴健雄那里借到一本由齐格班（K. Siegbahn）编的有关 β 衰变的权威著作，和杨振宁一起系统地计算了所有可能的宇称破缺的效应……在我们把齐格班的书通读一遍之后，重新用新的相互作用推导了所有的那些老的公式我们就十分清楚了，在那个时候，甚至连一个能证明在 β 衰变中宇称是守恒的实验证据都没有。这说明我们是多么愚蠢！

文章里面到底传达出什么信息，读者可以自行判断。但杨振宁觉得这就是李政道公开他们分歧的证据。

写于 1986 年《破缺的宇称》[①]一文，是李政道专门为了记述他和杨振宁的合作和分手而写的一篇文章，也是回应杨振宁上述 1982 年的文章的。在第一节《序》里，李政道用写故事的手法，对他两个的合分做了描述：

一个阴暗有雾的日子，有两个小孩在沙滩上玩耍，其中一个说："喂，你看到那闪烁的光了吗？"另一个回答说："看到了，让我们走近一点看。"两个孩子十分好奇，他们肩并肩向着光跑去。有的时候一个在前面，有的时候另一个在前面。像竞赛一样，他们竭尽全力，跑得越来越快。他们的努力和速度使他们两个非常激动，忘掉了一切。

第一个到达门口的孩子说："找到了！"他把门打开。另一个冲了进去。他被里面异常的美丽弄得眼花缭乱，大声地说："多么奇妙！多么灿烂！"

结果，他们发现了黄色帝国的宝库。他们的这项功绩使他们获得了重奖，深受人们的羡慕。他们名扬四海。多少年过去，他们老了，变得爱好争吵。记忆模糊，生活单调。其中一个决定要用金子镌刻自

---

① 见《宇称不守恒之争论解谜》，季承、柳怀组、滕丽编，甘肃科学技术出版社。2004。

己的墓志铭："这里长眠着的是那个首先发现宝藏的人。"另一个随后说道："可是，是我打开的门。"

我第一次与杨振宁在物理学方面的合作是在 1948 年的秋天。其次是于 1951 年－1952 年。然后是 1955 年－1962 年。最近，一位朋友给我看一本书，是杨振宁注释的 1945 年－1980 年他的论文选。书中列举的有关我们合作的情况使我大吃一惊。

我很不情愿地重新去追述和回忆那已经破裂的友谊，为此我感到伤心。

谈到他们早期的合作，李政道说：

1946 年秋季我十九岁时进入芝加哥大学研究生院。杨振宁比我大几岁……杨极端聪明，在数学物理上特别有天赋。……在芝加哥，我们很快便成了好友。

……

在芝加哥的那些日子里，我同杨讨论了大量的物理和其他问题。他的兴趣较倾向于数学，这对我是一个补充。我们思想开阔地去对待所有的问题，讨论通常是激烈的，但对我的发展，特别是在我成长的年代里，产生了重要影响；那些讨论还使我大大提高了对与我不同的智力的鉴赏能力。当然，费米教授给我的影响则大得多……

……（在普林斯顿高等研究院）很快杨和我严格证明了几个有关相变的定理，做出了具有实质性的进展，稍后发表了两篇论文……我们完成这篇论文之后，杨要求如果我不在意的话能不能把他的名字放在我的前面，因为他比我大几岁。我对他的要求十分吃惊。由于中国尊重年长者的传统，我同意了。稍后，我看了文献，察觉这样做是不公平的。当我们写第二篇论文时……名字的次序便倒了过来了……

在这种看起来细小但使人颇觉困窘的事情之后，我觉得还是不再与杨合作下去为好。这就是为什么我们直到 1955 年都没在一起工作的原因……

　　读者可以从他们的记述里看出，他们对他们之间的友谊和合作的叙述，甚至在事实上都极不相同。但导致他们分手的关键之点是很清楚的，在获得诺贝尔奖的工作中，是谁提出了宇称不守恒的突破思想，后来又是谁首先把他们之间的分歧公之于世的。其次，还存在着在其他工作中贡献的主次问题等。

　　李政道和杨振宁分手的消息不胫而走，越出了物理学界的圈子，传遍了全美国、全世界，当然也很快传到了中国。对这件事的反应，有些人感到遗憾和惋惜；有些人不置可否；也有人幸灾乐祸另加落井下石、趁火打劫。江才健著的《杨振宁传》的第 7 章，对李政道和杨振宁分手后各方面的反应，有大量的介绍。笔者不想去分析那些反应，但反复读一读也颇耐人寻味。

　　更重要的，人们原本应该也有理由去关心造成这一悲剧的事实和原因，祈望得到圆满的解决。科学地分析和认定造成这一分歧的事实，找出这一事件发生的原因，不仅对弥合两个人的友谊而且对科学的进步都是有益的。

　　科学史上有关发明创造首创权的争论并不少见。发生在著名的伟大科学家之间的争论也不在少数。我们来审视一下这些争论，对于理解李政道和杨振宁之间的争论或许会有帮助。最著名的争论有几项：

　　首先是 17 世纪下半叶，牛顿（Isaac Newton, 1643–1727）和莱布尼兹（Gottfried Wilhelm Leibniz, 1646–1716）之间所发生的微积分发明权的争论。这场争论被称为一场世纪性的大争论。谁是微积分的创始人，是争论的核心。

　　1699 年瑞士人丢里埃（Nicolas Fatio de Duillier,1664–1753, 瑞士数学家）首先向英国皇家学会寄去文章提出微积分的发明权问题。声称牛顿最早发明了微积分，而莱布尼兹可能是剽窃者。莱布尼兹立刻在杂志上进行反驳。于是开始了一场争论。

牛顿是英国人，莱布尼兹是德国人。牛顿是英国家皇家学会的院士，莱布尼兹是英国皇家学会的外籍院士。历史的结论是他们二人先后独立地创建了微积分。但因为英国和大陆之间，地区和民族的矛盾掺杂其间，个人的自我保护意识和旁人的推波助澜以及事件中的细节、个人品质等等因素使得这一争论旷日持久，给科学的发展造成了很大损失。

牛顿于1666年10月写成了《1666年10月流数术简论》。这是历史上第一篇正式的微积分论文。1687年7月牛顿出版了他的惊世大作《自然哲学的数学原理》。在这本书中，牛顿公开发表了他的微积分，即流数术著作。

莱布尼兹的微积分论文，成稿于1675–1677年。微分学的论文，于1684年发表；积分学论文，于1686年发表。

从这里可以看出，牛顿开始研究微积分的时间比莱布尼兹早十年，但公开发表的时间要晚些。莱布尼兹开始研究的时间虽然晚些，但发表的时间要早一些。这样，互相剽窃的可能都存在。

经过长时间的调查和求证，历史的结论是，微积分的发明是牛顿和莱布尼兹二人各自独立完成的，但并不是由他们发明的。就如恩格斯所说：微积分"是由牛顿和莱布尼兹大体上完成的，但不是由他们发明的。"恩格斯认为，1635年意大利卡瓦列里（1598–1643）的《不可分连续量的几何学》一书，才是微积分的发端。

但是，为了得到这个结论，人们花去了三百多年的时间。其中还有许多耐人寻味的细节需要澄清。譬如，他们二人曾经通过信；莱布尼兹曾经到过伦敦，等等。牛顿利用自己是英国皇家学会会长的便利，组织亲信，成立专门委员会，甚至偷偷的修改调查报告，把剽窃的罪名强加在莱布尼兹头上。这给牛顿的名誉带来了损失。

　　莱布尼兹据理反驳，并也攻击牛顿剽窃自己的发明。但是，他有口难辩，直到莱布尼兹去世，这一争论也没有得出结论。这一事件直闹得整个欧洲学术界沸沸扬扬，德英两国，甚至英国和欧洲大陆学术界的关系紧张，两个人在数学界的拥护者在近百年的时间里互不来往。英国皇家学会的定案并不等于争论的结束，历史的审判有它自己的路程。几百年后，牛顿和莱布尼兹各自独立地创建了微积分早已被大家承认，成为定论。过去一切的相互指责都没有了力量。事实是，牛顿用数学的方法解决科学问题的做法，使 18 世纪欧洲大陆的数学家发挥微积分的巨大威力，但他们用的却是莱布尼兹的符号和无穷小的想法，使数学与物理有长足的进步。而英国的数学家却沉醉于牛顿的成就，执着于牛顿的微积分符号，难懂的极限观念以及《原理》一书中的古典几何表示法，自外于欧洲大陆的进展而不自觉。直到 1813 年英国的部分科学家才幡然觉醒，但已经使英国失去了数学研究上的主导地位，远远落后于欧洲大陆。莱布尼兹在生命的后期为了和牛顿的争论而耗尽精力，痛苦无比，科学上再无成就，并且满足于为宫廷和上帝唱赞歌，沉醉于研究神学和公爵家族。他终生未娶，默默地离开了人世。这一争论的是非曲直，正反面的价值，清楚地摆在人们的面前。人们应该从中吸取教训。①

　　另一项著名的争论是有关相对论的。现在，人们都知道和承认，爱因斯坦是相对论的唯一创立者。可是，为了得到这一结论却也花去了近百年的时间。事实是，爱因斯坦于 1905 年发表了包括狭义相对论在内的 5 篇重要论文，创立了相对论。1915 年又完成了他的广义相对论。但是也有人认为，相对论不是由爱因斯坦创立的，甚至认为爱因斯坦是剽窃别人的成果。科学史家惠特克（S.E.Whittaker）在写相

---

① 参见《科学争论故事》，陈仁政主编，北京出版社。曹亮吉《世纪的审判》。

对论的历史的时候，说相对论的创立者是荷兰数学家、物理学家洛仑
兹（H.A. Lorentz,1853－1928）和法国数学家、物理学家庞加莱（J.H.
Poincare,1854－1912）。他认为，爱因斯坦只不过是对这两个人的理论
做了一些补充。不少荷兰科学家，甚至现在还不承认是爱因斯坦创立
了相对论。

　　历史上，1890 年，德国物理学家赫兹（H.R. Hertz,1857－1894）明
确指出，光速与光源的运动速度无关，这与力学中的"伽利略变换"
相抵触。为了解决这一矛盾，同时解释"以太漂移"为零的结果，洛
仑兹在 1892 年提出了在以太中运动的物体，会因分子之间的一种力使
长度收缩的假说。1904 年，洛仑兹在阿姆斯特丹科学院的会议纪要上，
发表了著名的文章，提出了"洛仑兹变换公式"，成为相对论相对性原
理的基础。虽然连爱因斯坦都把洛仑兹的理论看成是革命性的，但是，
洛仑兹的理论却并不就是相对论。因为，相对论是建立在相对论性原
理和光速不变两个原理之上的，而洛仑兹公式只是当时间和空间各物
理量从一个惯性系统转换到另一个惯性系统时才用得上。所以说，洛
仑兹虽然发现了狭义相对论的核心公式，但没能越过经典物理走向相
对论。

　　庞加莱于 1895 年用"尺缩"假说解释"以太漂移"时，提出了同
时性的相对原理，他反对"绝对时间"，于 1904 年正式表达了这一原理，
看起来和爱因斯坦 9 个月后独立提出的相对性原理很相似，但是他没
有把"光速不变"作为原理，只是把自己的理论当成了洛仑兹理论成
功的一个例证，没能够发展为真正意义上的狭义相对论。

　　爱因斯坦胜过洛仑兹和庞加莱，他并不想在理论上为"光速不变"
寻找根据，而是大胆地把"光速不变"作为一条基本原理，在此基础
上创建出一个崭新的、完整的理论——狭义相对论。

　　至于广义相对论，它的发明权一直到 20 世纪末才有定论。在这之前，有人认为，爱因斯坦不是广义相对论的唯一的发明者；也有人认为，德国数学家希尔伯特（D. Hilbert, 1862－1943）早于爱因斯坦发明了广义相对论，而爱因斯坦则大有剽窃的嫌疑。

　　事实上，爱因斯坦在创立广义相对论的时候，由于数学基础稍差，曾求助于他的老同学、数学家格罗斯曼（M. Grossmanh），并与他联合发表论文《广义相对论的引力论》。也经常求教于数学家希尔伯特等人。1915 年 11 月 25 日爱因斯坦向普鲁士科学院提交了自己的广义相对论的手稿，12 月 2 日发表。希尔伯特则是于 1915 年 11 月 20 日提交手稿，3 月 1 日发表。他们提交手稿和发表论文的时间互有迟早，于是就给人以把柄，说爱因斯坦剽窃了希尔伯特的许多成果，广义相对论的首发权应该归于希尔伯特。

　　这是广义相对论首创之谜。

　　这一个谜的解答，直到 1997 年才出现。以色列特拉维夫大学、德国麦克思·普朗克研究所和美国波士顿大学的三位历史学家，终于找到了无可辩驳的证据，证明爱因斯坦是广义相对论的唯一最早的创立者。他们的研究结果发表在这一年的一期美国《科学》周刊上。

　　情况是：他们发现了爱因斯坦和希尔伯特未公开过的几份手稿。其中一份 1915 年 12 月 6 日希尔伯特写的一篇关于相对论的论文，其中并没有那几个广义相对论关键的公式，只是后来希尔伯特才把它们加进去。而这时，爱因斯坦已经发表了自己的论文。经过考证，历史学界不但还爱因斯坦以清白，还认为是希尔伯特引用了爱因斯坦的成果。这一争论花了 80 年的时间才宣告结束。

　　通过历史上科学发明首创权争论的叙述，除去那些确实属于一方剽窃抄袭者之外，人们可以得出一些认识：首先，这种争论的产生难以避免，而且并不少见，对此不应该大惊小怪；而且这种争论在东西方历史上都有过。因此，不应该把李杨争论的发生归罪于所谓中国人所特有的劣根性。每个民族或许都有它的缺点，但类似李杨这类的争论，决不是中华民族所特有；其次，不能要求伟大的科学家和发明家在捍卫自己的首创权上持超然的态度，他们在这方面不妥协、不退让和富有战斗性的精神，正是他们伟大品质的一种表现。当然，在论战之中，有时也会暴露伟大人物的丑陋的一面；再者，从历史的长远眼光来看，这些争论在发生时所具有的那种意气、感情化以及种种令人不以为然的细节，都只不过是微不足道、一闪而过的琐碎事件，与他们的发明和发现的历史意义不能相提并论；另外，由于历史的局限和人为的因素，对这些争论在当时所进行的隐讳、调解和审判，往往是无效或者是错误的，必须给历史以足够的时间，真相才能大白，才能为人们接受。因此，一旦有争论出现，应让当事人尽情倾诉，局外人士和部门不要干涉。那种不分青红皂白，不论是非曲直，主张息事宁人，追求和解的做法和意见是不可取的。应该坚信，无论在当时看来是多么尖锐、多么扑朔迷离的争论，历史都会给出公正的答案。

李政道和杨振宁的争论却有它特殊的一面，正像李政道在答《科学时报》记者杨虚杰问里所说的：

……李杨之争则很特别。杨振宁1982年发表的回忆，在对当初1956年宇称不守恒思想的突破是什么这一点上（和我的回忆）是一致的；但是，对于宇称不守恒思想是如何产生的回忆上却完全不同。两个说法在时间上相差了约三个星期，地点和情况也完全不同。当时，这个突破思想，立刻就受到多位很重要的实验物理学家的注意，他们并立刻做了实验和分析，而且把分析的结果写成论文发表了。之后，当时做实验的人又发表了回忆文章。其中对事情发生的时间和经过均有细致、客观的记录。因此，很容易证明这两个说法中哪一个是假的。这种情形是比较惊人的，在科学史上可能也是空前的。

当事人俱在，事实俱在，证明人俱在，事情已经过了半个世纪，但是争论还没有结论。这就是李政道所说的"特别"之处。其实，在李政道的眼里，李杨之争的结论明若观火，用他的话说，"很容易证明。"同时他认为，在他发表了《弱相互作用的历史》等几篇文章之后，至少在国际粒子物理学界，大家已经心照不宣地接受了那项事实，即宇称不守恒的突破思想确实是由李政道一个人独立提出来的，就是在中国国内，明眼的科学家也早就有了这种看法。应该说，李杨之争已经有了公正的结论，这个结论也已经为公众所接受，只是没有什么权威机构正式宣布而已。其实，类似李杨之争的争论，难道一定要某个权威机构来宣判才算有结论吗？李政道等待的也不是哪个人或哪个机构的宣判，他所做的只不过是要向大家说明事实的真相，期待公众的认同而已。

为了说明自己是如何接近而终至产生了宇称不守恒的突破思想，李政道后来又简述了他在这发现之前的有关工作，以兹证明。事情是这样的：

李政道在 1955 年下半年至 1956 年下半年这一年内，围绕着宇称不守恒的理论分析进行工作，写出了那篇著名的论文【Question of Parity Conservation in Weak Interactions（with C. N. Yang）. Phys. Rev. 104,254[21]】。在这篇论文的前后，李政道曾写过几篇论文，即【Speculations on Heavy Mesons（with J. Orear）. Phys. Rev. 100,932[16], Many —Body Problem in Quantum Mechanics and Quantum Statistical Mechanics（with C. N. Yang）Phys. Rev. 105, 1119[23], Eigenvalues and Eigenfunctions of a Bose

System of Hard Spheres and Its Low–Temperature Properties（with K. Huang and C. N. Yang），Phys. Rev. 106, 1135[26]】等，虽然内容不同，但都与宇称不守恒有关。

如上面章节里已经叙述过得那样，在 1955 年秋，$\theta-\tau$ 之谜是当时粒子物理中最为突出的问题。那时，李政道的精力也集中在这一领域。当时 $\theta-\tau$ 之谜存在几个令人难以理解的疑点：（i）θ 和 τ 的质量和寿命（在实验测量的正确范围之内）完全一样；（ii）它们的衰变 $\theta \to 2\pi$ 和 $\tau \to 3\pi$，衰变为 2π 的粒子的宇称是正，可是衰变为 3π 的粒子的宇称是负。在宇称守恒的框架下，θ 和 τ 不可能是同一个粒子。在（i）和（ii）之外还有第三个疑点，是费曼（R. Feynman，1956 年诺贝尔奖获得者）所提到的疑问：（iii）这两种粒子 θ 和 τ 以不同的角度和不同的能量从回旋加速器产生出来的时候，实验测得两者的数目的比例也总是相同的——有多少个 τ，就相应有多少个 θ。

1955 年，李政道在当时大家公认的宇称守恒的框架下，曾想出了一个能同时解释上述（i），（ii）和（iii）这三个疑点的解。这个解需要对当时的 θ，τ 实验情况有充分的了解。这些实验正是李政道的同事，哥伦比亚大学实验物理家奥里尔（J. Orear）的研究工作。李政道和奥里尔仔细地分析了这三个疑点后，觉得存在着一个可能的解释。其结果就是 Speculations on Heavy Mesons（with J. Orear）. Phys. Rev. 100, 932[16] 这篇短文。虽然文章短，但是该文仍然讨论和分析了好几种可能性。其要点是：在宇称守恒的框架下，假设 τ 比 θ 的质量略大一些，在百分之二范围（约 10MeV）之内，那么我们可以将

$$\tau \to \theta+2\gamma \qquad\qquad (1)$$

的衰变率，和

$$\tau \to 3\pi \qquad\qquad (2)$$

156

的衰变率相比。虽然前者（1）是电磁作用，耦合常数比后者（2）弱作用的大，但因为（1）是自旋 $0 \rightarrow 0$ 的衰变，所以它的衰变率和后者（2）的弱作用衰变率数量级相同。但是，

$$\theta \rightarrow 2\pi \qquad (3)$$

产生的 π 比 $\tau \rightarrow 3\pi$ 产生的 π 能量大多了。虽然（2）和（3）都是弱作用，可是从相空间的体积考虑，反应（3）应该比反应（2）快多了，约快一百倍左右。[16] 一文指出，当时所谓测量 θ 寿命的实验可能在事实上都没有直接测量 θ 的寿命。而是因为 θ 的产生是通过先产生 τ，再经过反应（1）和（3）串联，最终实现的：

$$\tau \rightarrow \theta + 2\gamma$$
$$\downarrow$$
$$2\pi \qquad (4)$$

如果 τ 和 θ 的质量非常近，反应（1）产生的 2γ 总能量应该是很小的。在当时所有的实验状况下，（1）式中的 θ 动量和 τ 动量几乎一样，因而当时以为是 θ 寿命测量的实验，其实可能都是在测量 θ 上一代粒子 τ 的寿命。所以测量到的所谓 θ 的寿命其实就是 τ 的寿命。因此，在当时实验百分之二的误差范围以内，我们看到的二者的寿命是一样的了。同时，上述第（iii）个疑点，也就自动迎刃而解了。

李政道和奥里尔的文章发表后，曾经在一段时间内在粒子物理领域中引起轰动。疑点解开的关健是实验能否测量到在反应（1）中，能量为几个百万电子伏特低能量的伽马射线？1955 年秋，刚好阿尔瓦雷斯（Luis W. Alvarez）（1968 年诺贝尔物理学奖获得者）在伯克利造建了一个很大的 72 英寸的气泡室。这个大气泡室是可以测量到上述反应（1）的几个百万电子伏特光子的。从 1955 下半年开始，阿尔瓦雷斯实

验组的主要精力就是测量有没有上面（1）式中的伽马射线。1956年春，李政道接到阿尔瓦雷斯组的结果：过程（1）不存在。这时，李政道已经充分意识到要解 $\theta-\tau$ 之谜必需走出宇称守恒这一传统的古老堡垒。

这篇文章忠实而生动地记录了李政道在宇称不守恒思想突破前夕，为了攻克 $\theta-\tau$ 之谜所做出的不懈努力的过程。物理是靠实验说话的，没有实验，所有的设想都是空中楼阁。破解 $\theta-\tau$ 之谜的过程并不是一帆风顺的。它需要坚定的决心，永不妥协的尝试，与实验物理学家的密切配合，以及敏锐的物理直觉。有了这些条件，了解到这些过程，我们很容易理解，为什么1956年4月李政道能够在和另一位哥伦比亚大学同事，实验物理学家斯坦伯格（J. Steinberger）（1988年诺贝尔物理学奖获得者）谈话时，忽生灵感，产生了宇称不守恒思想的突破。

另外的故事是：

宇称不守恒的理论分析（即获诺贝尔奖的那篇论文）是在1956年6月下旬完成的。这时正是哥伦比亚大学暑假的开始。应布鲁克黑文实验室的邀请，李政道和夫人秦惠䇹一起，带着他们的两个儿子中清和中汉，全家去那儿访问了两个月。那年暑假，在布鲁克黑文实验室访问的物理学家很多。理论物理学家有费曼（R. Feynman）、杨振宁、木下（T. Kinoshita）等，同时，还有好几位李政道在哥伦比亚大学的做实验的同事，莱德曼（L. Lederman）、施瓦茨（M. Schwarz）等。李政道在布鲁克黑文实验室时，把主要精力集中在完善宇称不守恒的理论分析上，同时积极推动和鼓励莱德曼等去做 π，μ 衰变这一类可以测量宇称不守恒的实验。

杨振宁在《量子力学中的多体问题》（1957）一文之后记[①]中曾经

① 此后记写于1982年，原载杨振宁《选集与后记》（Selected Papers 1945—1980 With Commentary, Freeman and Co. 1983.）。中译文载《三十五年心路》，广西科技出版社，1989年9月。译者甘幼玶。转载于《杨振宁文集》（上），华东师范大学出版社，1998，第72—75页。

谈到过这篇论文的完成过程：

> 1955 年秋……黄克孙、Luttinger（路丁格）和我……把膺势法应用到有相互作用的多体系统上去。"由于遇到无穷大问题，使得推出的公式变得毫无意义。杨振宁说，"在这一点上，我们被困扰了几个月……
>
> 1956 年 3、4 月，我开始发展一种不同的方法来计算稀薄硬球系统的逸度展开及系统的基态能量。但是，这方面的研究做得不多……7 月份，写完 [56h]、[56i] 的稿子后，我回过头来研究多体问题，并使李政道也对之发生了兴趣。

关于当时撰写这篇论文的经过，李政道说，1955 下半年开始，他把主要的精力都放在解 θ-τ 之谜上。1956 年春天，当获知阿尔瓦雷斯的气泡室没有找到软伽马射线之后，他就积极地在考虑宇称不守恒的可能性。宇称不守恒的突破思想是 4 月初罗彻斯特会议后触发的。分析奇异粒子宇称不守恒的工作，李政道 4 月份就完成了。1956 年 5 月，杨振宁才到纽约哥伦比亚大学，向李政道提出要求，看能否帮助李政道一起分析贝塔射线衰变过程中的宇称不守恒问题。这时他们才开始在宇称不守恒问题上的合作。1956 年 6 月 22 日，关于宇称不守恒的文章 [21] 才送到了《物理评论》杂志。

1956 年 7 月在布鲁克黑文时，李政道的主要精力和兴趣仍集中在宇称不守恒问题上，而杨振宁则又回到了硬球问题上。当杨振宁告诉李政道，他和黄克孙、路丁格所遇到的困难时，李政道也参加了合作。因为，李政道认为，这也是一个很有意思的问题。

考虑一个由 N 个半径为 a 的波色硬球组成的系统，它的体积为 L^3，将该系统的单位体积的总能量对半径 a 作幂级数展开。当 L 和 N 很大时，他们发现单个波色子的能量可以由下式表达：

$$\frac{E}{N} = 4\pi \frac{N}{L^3}\left[a + 2.37\frac{a^2}{L} + \mathrm{constant}\frac{a^3 N}{L^2} + O(a^3 N)\right] \qquad (1)$$

也就是说在密度固定为 N/L^3 时，当 L 很大时，上式 a^2 项的系数趋于零，而 a^3 的系数却趋向无穷大。这种行为非常奇怪。

李政道也觉得这的确是个很有意思问题。二人讨论不久，就找了一个新的路径，试猜一下，怎么样的函数会有这种现象？假使当 a 小，而 N，L 大，保持 N/L^3 为常数的时候，上式是

$$\frac{E}{N} = 4\pi \frac{N}{L^3}\left[a + \mathrm{constant}\cdot a^n + \quad \ldots \quad \right] \qquad (2)$$

如果硬将这结果展开成 a 的整数幂，那末就会出现上面 E/N 展开在 $n=2$ 的系数为 0，而在 $n=3$ 的系数是 ∞ 的情况。如果 n 是一分数，在 2 和 3 之间，可能避免出现无穷大问题。将这个目标定了后，李政道和杨振宁在相当快的时间就算出了 $n=5/2$ 正好在 2 和 3 之间。因为李政道那时候主要精力都在宇称不守恒上面，1956 年当时他和杨振宁仅写了一篇短文 [23]，简单地列出结果，详细的文章是 1957 年和黄克孙，杨振宁一起写的 [26]。

这些情况很清楚地说明，李政道提出的关于弱作用中宇称不守恒的突破思想，并不是偶然之作，它有来龙去脉。李政道说这个突破思想是由他独立地、独个地发现的，也不是他的梦呓之说。

在和杨振宁争论的同时，李政道并没有抹杀杨振宁的贡献，并没有贬低杨振宁个人及其成就。他曾多次说过："杨振宁具有高度批评性的眼光，他是一位优秀的物理学家，也是我的好朋友。""我和杨的合作……它的价值，就如我们已发表的科学论文所表现出的那样，经得起时间的考验……"李政道并不质疑杨振宁获诺贝尔奖的资格，相反，

如果没有发生"谁是第一首创人"的争论，李杨共获诺奖的事实李政道是决不会质疑的。李政道在《破缺的宇称》序里的描述以及在《往事回忆》文末的话"我们的成就举世公认。这难道还不够吗？"就是证明。对于"杨－米尔斯规范场"这一重要的成就，李政道和大家一样，开始并没有认识到它的重要性，但是后来李政道曾在很多场合说过那是一项很漂亮、很重要的理论并为其高举大拇指，说明李政道能够客观地对待杨振宁的工作，尽管这里面也有故事。

前面已经说过，从历史上来看，最早提出这一方程的是 1938 年的柯来恩（O. Klein），这里姑且不提。泡利也是一位领先的研究者。当 1954 年初，杨振宁开始研究规范场的时候，他对研究结果究竟会有什么意义，并不清楚，甚至连重要的粒子的质量问题也无从回答。以至于在 1954 年 2 月末，奥本海默请杨振宁回普林斯顿讲学，当他刚开始讲的时候，泡利就发言质问 $B\mu$ 场的质量是什么，而杨振宁回答说不知道。接着，泡利又打断他的话头，问了同一个问题，杨振宁回答仍是说我们研究过，但还没有肯定的结论。泡利不满地说，这只能是一种托辞。第二天，泡利还给杨振宁写了一张便条：

亲爱的杨：
　　很遗憾，你那样讲，使我会后实在无法和你讨论。
　　祝好！

诚挚的泡利
2 月 24 日

（原译文似不甚达意。原文是：February 24 Dear Yang: I regret that you made it almost impossible for me to talk with you after the seminar. All good wishes. Sincerely yours, W. Pauli）[1] 这本是一种否定的意思，说明泡利那时对所谓规范场已有所研究，而且抓住了问题的关键。他由于未能解决粒子的质量问题而停止深入研究，与规范场无缘，而杨振宁他们则明知带电规范粒子不可能没有质量，还是继续做出了规范场的方程式。虽然此间，杨振宁同意李政道关于他们关于规范场的论文的出发点是不对的，并和李政道联名发表了否定自己和米尔斯论文出发点的论文。但20年后，他们的方程式却略加推广，用在夸克间的色动力学作用上，是完全正确的，因而"歪打正着"成就了"杨－米尔斯规范场"这一重要成果。

有鉴于此，后来就有人提出，杨振宁和米尔斯的规范场原不应属于原创，应该是"重新发现"（rediscovered）[1] 李政道对此并未多加宣扬，更未借此贬低这一成果，仍是从规范场本身的意义给以高度评价。

后来，由于"杨－米尔斯规范场"名声鹊起，呼吁他们得诺贝尔奖的呼声也日渐高涨。同时也有人怀疑杨振宁是否抄袭柯来恩的结果。李政道对此也没有特别的反应，仍然保持冷静客观的态度。

关于得诺贝尔奖，从上述事实来看，明眼人都可以得出否定的结论。杨振宁

1956年西雅图国际物理会议。

---

① 见《杨振宁文集》（上）31页。华东师范大学出版社 1998。

① Superstrings L. Susskind, Physics World. Nov. 2003 "Instead of electrodynamics, Klein and Pauli discovered the first "non–Abelian" gauge theory, which was later rediscovered by Chen Ning Yang and Robert Mills."

恐怕也一定明晰于心。因为他一定比任何人都清楚规范场提出的历史，也一定会知道诺贝尔奖委员会对此事的基本态度。譬如，曾任诺贝尔奖评审委员会物理学组组长的埃克斯庞（G. Ekspong）教授，在 1991 年 3 月出版的《柯来恩纪念讲座》一书里①，就有杨振宁的讲演，也有柯来恩的讲演，他焉能不知道应该如何评价杨 – 米尔斯的工作呢。

对于这个问题，杨振宁的态度似乎显得有些矫情。杨振宁本应该知道规范场为什么没能得奖，但他却不明确地加以解释，相反却用规范场来与宇称不守恒相比，借以贬低后者，说宇称不守恒是十年的重要性，而规范场则是世纪性的重要性。既然宇称不守恒都得了奖，为什么规范场没能获得诺贝尔奖呢？他认为可能是由于诺奖委员会认为，或许不该给一个已经获过奖的人第二次奖，有很密切的关系。言内之意，规范场和他本人是肯定应该得奖的了。他又说，诺贝尔奖委员会是一个 5 个人的组织，有一个人不同意就没办法得奖②。这些说法似是而非，不好理解。

李政道对于规范场是否应该得奖，始终是淡然处之，并无明确的说法，人们看不出李政道出于对杨振宁的敌意而有意贬低这一成果的迹象。

1957 年，李政道和泡利（量子学创建者之一）。

① The Oskar Klein Memorial Lectures Vol. I. Lectures by C. N. Yang and S. Weinberg. Edited by G. Ekspon. Marc, 1991

② 见《面对面》节目，2006.6.20。和杨振宁在东北师范大学的讲演。2006.9.9。

事实上，无论是在国外还是在国内，人们都对李杨的争论给予了极大的关注，大部分人都有一个朴素的希望：愿他们重归于好。这不独是有大团圆传统思想的中国人，就是一向标榜独立自主的西方科学界人士，也渴望出现奇迹。但是，他们应该理智地看到，在李杨之争的特定情况下，争论既出，虽然当事人俱在，如果是非不明，而去追求和解的可能性就极小。因此，所有的这种期望直到现在都落空了。中间，虽然出现过一些单方面和缓的迹象，但终归无济于事。

那么，类似李杨之争的这种争论，究竟如何了结呢？

第九章
细推物理，其乐无穷：物理是我的生活方式

李政道在他的《物理的挑战》一书里说："我一生从事物理研究，我生命的活力，就是来自'物理的挑战'。"他还说过"物理是我的生活方式"。事实上，也正如他所说的那样，物理是李政道的生命，物理是他的一切。作为天才，他就是为物理而生，为物理而活，为物理而献身。

李政道非常欣赏大诗人杜甫的诗《曲江二首》：

> 一片花飞减却春，风飘万点正愁人。
> 且看欲尽花经眼，莫厌伤多酒入唇。
> 江上小堂巢翡翠，苑边高冢卧麒麟。
> 细推物理须行乐，何用浮名绊此身。
>
> 朝回日日典春衣，每向江头尽醉归。
> 酒债寻常行有处，人生七十古来稀。
> 穿花蛱蝶深深见，点水蜻蜓款款飞。
> 传语风光共流转，暂时相赏莫相违。

　　但是，李政道欣赏的不是杜甫因郁郁不得志而创作出的这一首充满伤感的诗，不是它的文学和艺术价值。他是从另外的角度，特别欣赏杜甫关于"物理"的写法，虽然杜甫在这里所说的"物理"并不是现代意义上的物理学。从诗句的意思上看，杜甫觉得为官之道就要谙察人情世事，对人生持乐观态度，不要成为"浮名"、"利禄"的奴隶。但他的这一说法，用到做物理研究上去也极为恰当，就是说做"物理"要细推，要行乐，不要为"浮名"所绊。李政道说："'细'，什么是细，仔细观察；'推'，什么是推，精密推理。'细'讲怎样做实验，'推'讲怎样做理论。要用两个字来说明怎样研究科学、实验和理论，很难找出比'细'、'推'两个字更恰当的词。"进一步他又说："'须行乐'，人要高兴。'何用浮名绊此身'，不要以能不能得诺贝尔奖为目的。做物理，必须自己本身要有乐趣。"①

　　李政道自己就是因了对物理有极大的兴趣而专门从事物理研究的。他选择了物理，采取了"细推"的办法，把生命献给了物理，终生以物理为伴，不为浮名，其乐无穷！

1961年，李政道和两个儿子在法国凡尔赛宫。

　　在中国，现代物理学是随着西方科技文化的传入而逐渐兴起的。西方科技文化传入中国的第一个高潮，是从明朝万历年间意大利人利马窦（Matteo Ricci 1552—1601）入华为标志的。

　　①《物理的挑战》李政道 中国经济出版社，2005，16页。

第二个高潮则发生在 1840 年鸦片战争到清末期间。现代物理学也就是在这个时期兴起的。辛亥革命后，物理学在中国又有了进一步的发展，随着越来越多的留学生出国学习，回国执教，物理学逐渐形成气候，已摆脱了中国传统物理学的框架，逐渐走上了现代科学研究之路。近代，中国物理学家有如王季烈、何育杰、夏元瑮、胡刚复、饶毓泰、叶企孙、吴有训、丁燮林、严济慈、赵忠尧等应是中国第一代物理学家，王淦昌、束星北、吴大猷、钱学森、钱三强、彭桓武、王竹溪、黄昆等是第二代，那么，李政道应该属于第三代物理学家了。当时，国家给他的任务是学习制造原子弹的技术，可是他注定却要在基础物理学上为国家、为人类做出突出了贡献。

　　为了方便起见，我们将分几个阶段来叙述他的物理工作。

　　早期阶段应该从他 1949 年完成博士论文的时候算起，到 1951 年秋去普林斯顿之前。

1961 年，李政道在瑞士。

第二阶段是从 1951 年到普林斯顿开始到 1962 年和杨振宁分手。

第三阶段是从 1963 年到 1996 年。

第四阶段是从 1997 年到现在。

在早期阶段里。李政道在 1949 年完成了他的博士论文，随后在芝加哥大学耶克斯天文观察站做研究，在白矮星的含氢量和钱德拉斯卡极限方面做出了出色工作，可谓初露头角。那时，李政道和费米的讨论涉及广泛的物理领域，诸如天体、流体、粒子、统计及核物理等。在流体力学里，李政道发现，要产生湍流，必须在三维空间。这是流体力学和湍流学中的一条重要定理。

在弱相互作用普遍性的假设上，李政道和泰勒教授的两位学生罗森布鲁斯（M. Rosenbluth）、杨振宁一起，对 β 衰变、μ 介子的衰变及俘获进行了整体分析，发现这些过程都具有相同的强度。他们同时预言，这类相互作用可以由重的中间粒子来传递。李政道成功地预言了这中间玻色子的存在，并为它取名为 W 粒子。

第二阶段，在普林斯顿高等研究院、在哥伦比亚大学，李政道在物理学领域勤奋耕耘，屡创奇迹，久领风骚，创造了他物理生涯中一个又一个的高峰。在这一阶段，他的全部生活几乎就只有物理。除了与杨振宁快乐而又痛苦的合作和分裂而外，李政道真是升入了物理学的天堂，真正做到了"细"、"推"，他摆脱了绝大部分人间羁绊，同时也享受到了莫大的乐趣。

李政道在这一阶段对物理学的贡献主要在两个方面：理论物理上的贡献和对实验物理的推动。

从 1953 年他到普林斯顿以后，和杨振宁共同发表了两篇统计物理方面的论文，首次给出了不同相热力学函数的严格定义。在此基础上，他们发现不同相的热力学函数在有相变的情况下是不可解析延拓的。相变是统计物理中最基本的问题。这一发现推翻了统计力学由迈耶（M. Mayer）、波恩（M. Born）和乌伦贝克（G.E. Uhlenbeck）等建立的相变基本概念，对后来惰性气体的实验研究起了很大作用。这两篇论文标志着统计力学对相变问题的严格处理有了新的开端。著名的李杨单元定理就是在这个时候证明的。1952 年他和劳（F. Low）、派尔斯（D. Pines）对固体物理的极化子（polaron）的构造做出了基本性的理论分析。

1953 年，李政道到哥伦比亚大学之后，第一项工作就提出了李模型，这是场论中少有的可解模型。他证明，在该模型下，重整化可以严格地推导出来。由此可以验证，在微扰论中，重整化不一定正确。这篇论文对以后的场论和重整化研究有很大的作用和影响。

稍后，李政道的研究兴趣转向了粒子物理。由于达立兹（R. Dalitz）等人的工作，有关奇异粒子的 θ-τ 之谜成为当时粒子物理的主要问题。李政道先后提出几种解释这一现象的模型。实验观察又使他意识到，必须对不同粒子反应过程中所有对称性的证据作仔细分析。

李政道和杨振宁于 1956 年合作完成了论文《弱相互作用中宇称守恒质疑》，给出了实验测量离散对称性 C（电荷共轭）、P（宇称）和 T（时间反演）的严格条件，指出已有的弱相互作用的实验并未验证这些对称性，并在此基础上提出了几种检验弱相互作用宇称是否守恒的实验途径。1957 年，他们又提出了二分量中微子的理论，对宇称不守恒做出了定量的预言。在另一篇论文中，他们对 T 和 CP 不守恒问题，特别是中性 K 介子做了系统性的研究，也提出了如何可以以实验证明。

1957 年 1 月，吴健雄—安布勒实验组通过 β 衰变实验，得到了相互作用中宇称不守恒的明确的实验证据。紧随吴健雄—安布勒实验之后，有近百个不同实验得到同一结论。为此，李政道和杨振宁获得了

1957 年诺贝尔物理奖。在此后的几年里，李政道将在弱相互作用研究中的新思想推广到其他物理过程中。以对称性原理为出发点的研究成为 60 年代粒子物理的主流。

1957—1960 年，李政道和杨振宁对量子统计力学进行了新的开发。他们和黄克孙研究了玻色硬球系统的统计。同时，他们建立了统计物理中多体问题的通用理论框架。他们发现有相互作用的玻色系统可以导致超流现象，从而对氦 2 的奇特性质有了进一步的了解。

李政道较早地强调了高能中微子实验的重要性，并对早期实验作了理论上的促进。1961 年，他在题为《高能中微子实验》【High-energy Neutrino Experiments T. D. Lee Selected Papers Volume 1 p.75 】的论文里，基于弱电统一的可能性，给出了 W 粒子质量的上下限分别为 300GeV 和 30GeV。在另一篇与杨振宁合作的论文里，计算了 W 粒子在高能中微子束实验中的产生截面。这些计算是 60 年代寻找粒子的依据。这一时期受李政道影响的一批实验，至今仍是弱相互作用的主要信息源。

对 1963-1996 年这一阶段，我们想先对李政道从 1963 年到 1985 年的物理工作做一较全面的介绍，然后再对 1986 年到 1996 年的物理工作做一叙述。

1964 年，李政道和诺伯格（M. Nauenberg）对零质量粒子理论的发散做了进一步分析，并引入了一套解决该问题的系统办法，有关结论被称作 KLN 定理。这是一个目前强相互作用实验中不可缺少的定理，也是用高能喷注去发现夸克和胶子的理论基础。

同年，CP 不守恒的发现，证明了 1957 年李杨和欧姆（R. Oehme）的理论建议之后[①] 李政道提出了一系列 CP 不守恒的模型，并验证了这些模型和当时的实验测量是相容的。几年后，李政道又在自发破缺的

[①] Remarks on Possible Noninvariance Under Time Reversal and Charge Conjugation,（T. D. Lee with R. Oehme and C. N. Yang）Phys.Rev.106, 340.

基础上提出另一个模型，该模型至今仍是解决 CP 问题的可能性之一，也是目前建造 B 介子和 τ 轻子－粲夸克工厂等大型加速器的主要研究目标之一。

关于 CPT 定理，1954 年－1955 年哥伦比亚大学庆祝建校二百周年的时候，泡利（W. Pauli）曾做过一个报告，其中谈的就是李政道—欧姆—杨振宁（Lee-Oehme-Yang）论文里所研究的 CPT 定理。CPT 定理证明，任何具有相对论不变性的局域场，不须做任何另外的假定，在 C，P，T 的联合作用下，一定也是不变的。这是一个十分有趣的数学物理定理。泡利的演讲曾给李政道留下了很深的印象。虽然在 1954 和 1955 年的时候，泡利和其他物理学家一样，并不怀疑任何 C，P，T 的对称会不守恒。他的演讲和文章，仅仅是证明了这三个 C，P，T 对称操作之积的守恒和相对论不变性之间有一个极重要和基本的数学物理关系。

可是到了 1956 年，李政道和杨振宁提出 P 可以不守恒这观念后，CPT 定理重要性就显得十分突出了。CPT 的守恒和 P 的

李政道和妻子一起接受爱因斯坦奖。

不守恒就必然使 CT 不守恒。而对 P 守恒的怀疑也必然引起对 C，T，CT 和 PT 是否守恒的怀疑。1956 年的夏天，在李政道和杨振宁写完了宇称是否守恒这篇文章后，杨振宁的朋友欧米（R. Oehme）写了一封信问关于这方面的问题。其结果就是上面那篇 Lee-Oehme-Yang 的文章。这篇文章正面讨论了 T 是否守恒，当然因为 CPT 定律，也必然地是 CP 是否守恒的问题。这篇论文建立了 1964 年詹姆斯·沃森·克劳宁（James Watson Cronin）和瓦尔·费奇（Val Logsdon Fitch）（共获 1980 年诺贝尔物理学奖）T 和 CP 不守恒实验的理论基础。同时这篇文章中关于 K_L 和 K_S（当时称为 K_1，K_2，也并称为 θ_1，θ_2）的分析，不仅至今尚被应用，而且还被推广应用到中微子和其他粒子同类的现象中，对粒子物理的发展有重要贡献。

李政道夫妇。

1969 - 1971 年，李政道和威克（G. C. Wick）提出一个解决量子场论中紫外发散的方法——在希尔伯特空间引入不定度规。他们发现，这类理论和已有的实验结果并不矛盾。

关于负几率与 S 矩阵的么正之间的兼容性，有一个小故事。1969 年，考勒曼（Sidney Coleman）和格拉少（Shelly Glashow）撰写了一篇论文，反驳李政道和威克提出的这一个理论。李政道认为他们的反驳是错误的，但他们不肯承认，李政道穷追不舍。考勒曼和格拉少去了西欧核子中心，李政道也跟着去了那里。在西欧核子中心，他们开展了一场公开的辩论，结果，考勒曼二位承认自己的反驳论点是错误的。为了表示认输，考勒曼和格拉少对李政道履行了一个投降仪式，模仿中世纪的骑士，失败者将自己的剑交给胜利者，让他折断。他们交给李政道的不是剑，而是一只铅笔。在西欧核子中心李政道办公室的门口，考勒曼二位，在许多物理学家众目睽睽下，各自举着铅笔，脱掉鞋子，俯首走进去，将两只铅笔交给李政道，李政道随即将铅笔折断

并封进了一个信封。不仅如此，考勒曼和格拉少还撤回了他们的论文，并在下一次国际粒子物理会议上公开认错。考勒曼和格拉少当时都是哈佛大学的教授，后来格拉少在1979年获得

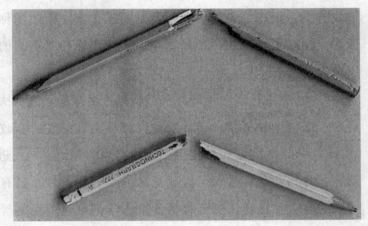

折断的铅笔以及装铅笔的信封。

了诺贝尔奖。封藏断铅笔的信封，后来于 1996 年 3 月 11 日开封。这个故事，看上去显得李政道得理不让人。但据李政道讲，这主要说明科学家们在维护真理上的认真、严肃，而举行的仪式，只不过好玩而已，并不是对参与人的有意的轻蔑和侮辱。

1974 年，李政道和威克开始研究自发破缺的真空是否可能在一定条件下恢复破缺对称性。他们发现重离子碰撞中，在原子核大小的尺度上可以局部恢复对称性，而且造成可观测的效果。相对论重离子碰撞这一领域可以说是由李政道一手创造的。

李政道和费雷德伯格（R. Friedberg）、西林（A. Sirlin）在 70 年代末找到了一批场论中的经典解及其量子化解。李政道称它们为非拓扑孤子，建立了场论的一个新领域。接着，他和费雷德伯格又将这种解用来建立强子模型。

从 1982 年起，李政道对格点规范产生兴趣。为解决格点规范中的费米子谱倍增和平移、转动对称性破坏两大问题，李政道和克里斯特（N.H.Christ）、费雷德伯格提出随机格点的理论。他还进一步提出一个问题：时间和空间是否可以是离散的？他们发现，已有理论都可以在离散的时空上描述。这套称为离散力学的理论可以是经典的，也可以是量子的。它是随后统一场论的可能途径之一。

在此后的十年里，李政道的研究课题包括了孤子星、黑洞、凝聚态物理、多体物理、相对论重离子碰撞、粒子物理和场论等方面。

1986 年，李政道创立了孤子星研究领域，它是非拓扑孤子和广义相对论结合的产物。他和弗里德伯格、庞阳详细研究了孤子星的特有性质，发现它们可以有各种大小质量。最大质量远超过钱德拉斯卡极限，因此是暗物质、类星体等的理论模型之一。

1986 年以后，李政道和费雷德伯格、任海沧在高温超导的研究中，探讨了凝聚态物理、多体统计等方面的问题。基于高温超导材料相干长度短的特性，李政道对空间关联的库伯对做了分析，并和费雷德伯格一起提出玻色子－费米子超导模型，该模型结合了玻色－爱因斯坦凝聚和 BCS 理论。接着又和费雷德伯格、任海沧一起对该理论的实验观测做了预言。

关于理想带电玻色子的玻色－爱因斯坦凝聚，早在 1955 年沙弗罗斯（Schafroth）就做过相当有影响的工作。但李政道、费雷德伯格和任海沧发现，沙弗罗斯的结果由于忽略了静电交换能，存在大的错误。对这一基本性问题，他们给出了新的正确解：理想带电玻色系统，在低密度下并非超导体，当密度超过某一临界值后才成为第二类超导体，其临界磁场远高于沙弗罗斯给出的值。

李政道在超导研究中提出了一个场论中的基本问题：在什么情况下，一个复合粒子，比如库伯对，可以被看作是基本的自由度？是近似的还是严格的？李政道对这个问题做了解答，并和弗里德伯格、任海沧合作证明了一个严格的等同定理。根据这个定理，可以把任何纯费米系统当作基本费米子和基本玻色子，两者之间有短距离的排斥势。该定理为李政道的玻色子－费米子超导模型确立了坚固的理论基础。

从 1986 年起，李政道和费雷德伯格、任海仓、庞阳合作的物理研究，主要集中在四个领域：孤立子星和黑洞；离散物理；凝聚态和多体系统；相对论重离子碰撞、粒子物理和场论。

孤立子星　这一研究领域，是李政道于 1986 年创立的。它是非拓扑孤立子概念的延伸，如果与广义相对论结合起来能应用到恒星体上。他和费雷德伯格和庞阳检验了详细的解。孤立子星具有很多特性，质量范围很广。它们的质量可能比一个大星系还大，也可能比 1010 千克还轻，相对于重力坍塌仍然是稳定的。孤立子星解的提出，为建立宇宙学和天文学模型开辟了广阔的前景。每一种类型的孤立子星，当它的质量大于临界质量的时候，就有一个相应的黑洞解，其内部结构十分有趣。

对于黑洞是不是黑体的问题，李政道做了普适证明，这个证明可以应用到相互作用场。如果初始量子态的某种特定的条件得到满足，答案是肯定的；否则答案就是否定的。在推广了地平辐射的定理后，他们阐明，黑洞并不总是放射黑体辐射的。

离散物理 大多数数学家和物理学家或许都不十分赞赏差分方程的重要和其简洁特性。一般的看法是，差分方程缺少与连续空间一时间变换相对应的对称性。可是，物理学规律必须用差分方程来表达；而差分方程却又只能作为一种近似。李政道觉得，从原则上讲，可以建立适当的差分方程，让它们具有全部的连续对称性。这种崭新的思想，就是李政道、克里斯特和费雷德伯格于 1981 年提出来的随机格点场论的基础。随机格点场论是连续场论在具有平移和转动不变性的正则化格点上的应用。随后，李政道发现，如果我们同等地去处理格点的场变量和空时坐标，前者的变化就会给出常规的离散运动方程。同时，后者的变化，会给出一组新的与前者兼容的差分方程，它们满足准确的能量、动量和角动量守恒定律。通过对场格点空时配置的系综平均，可以把这个理论推广到量子力学，格点密度会作为一个基本的物理常数出现在这个理论里。

进一步，李政道指出，在连续量子场理论里，我们现在关于空间尺度的概念，到普朗克长度时就失去意义。因此，与现在的观点不同，差分方程可能比微分方程更为基本。探索这种可能性，且与新计算技术相结合，有可能成为未来理论物理富有成果的领域之一。

李政道除了在上述领域有所发展之外，还试图把格点理论和连续理论结合起来，成为一个全新的发展领域。大家知道，狄拉克方程在 D 维离散立体格点中有 2^D 个简并解。另一方面，在任何自然界的晶体中，所有的电子都在格点中运动，满足狄拉克方程；而没有一个物理结果和荒谬的费米子解纠缠在一起。基于这种观点，李政道与他的合作者们推出了一个新的连续格点公式。这个公式对自旋为 1/2 的场，可以摆脱荒谬的相对论性费米子解的纠缠。对 QCD 规范场，则有一个非紧致的格点作用。现在，这个新结果已经被用到夸克—胶子禁闭问题上去。

　　凝聚态物质和多体系统　多体理论和统计物理是李政道在早期物理研究时期做出主要贡献的领域。从 1986 年起，在发现高温超导性之后，他花了大量精力去研究它的内在机制。一个重要的可观察的特性就是高温超导体的短相干长度。基于此，李政道检验了在那些新材料里，邻近的空间关联库伯对的隐藏的含义。他和弗里德伯格一起提出了超导体的玻色—费米子模型，这个模型把玻色—爱因斯坦凝聚和 BCS 理论的特点结合在一起。

　　沙弗罗斯（M.R. Schafroth）于 1955 年首先研究了理想的带电玻色系统的玻色—爱因斯坦凝聚。和朗道（L.D. Landau）对一个理想的带电费米子系统的逆磁性所做的分析相比，他的论文在深度上被认为是权威性的。然而，李政道和他的合作者们发现，沙弗罗斯的解有一个严重错误。因为他忽略了静电交换能 E_{ex}。如果在沙弗罗斯的解里包含了 E_{ex}，在正常相位时，这个 E_{ex} 就是 ∞！但是，E_{ex} 应该是有限的。因此，在低密度时，理想带电的玻色系统并不是超导体，但在高密度时，它成为 II 型的超导体，其临界磁场大大高于沙弗罗斯值。

　　李政道对富勒烯超导体配对机制的研究证明，对称原理也可应用于高温超导性的研究中。李政道和他的合作者们，从群论角度给出了 C_{60} 中的宇称相反的两个分子轨道是几乎简并的根本原因。基于这个双重态结构，他们建议了一个具体的空间紧密关联的库伯对机制，它可以解释 C_{60} 化合物中的超导性。

李政道在对超导唯像模型的研究中，产生了一个场论的基本问题：在什么情况下，任何一个组合系统，比如库伯对，可以看作为一个新类型的基本自由度？它是一种近似，还是一种准确的表述？李政道在他和费雷德伯格、任海仓的两篇论文里回答了这个问题，并且建立了一个严格的等价的定理。这个定理指出，对任意一个在格点上的纯粹的费米子系统，总能构建一个由真正费米子或者由具有刚性排斥作用的玻色子组成的系统。这两个不同的系统的谱和 S 矩阵，在任意有限能量区域都是相同的。这个定律随后用在了自旋波和共振玻色子模型上。它同时为李政道和费雷德伯格高温超导的玻色—费米子模型理论奠定了坚实的基础。

相对论重离子碰撞，粒子物理和场论　我们现在的所有理论——QCD（量子色动力学）、弱电统一的标准模型以及广义相对论，都是建立在对称这一基础上的。然而，大多数对称的量子数却是不守恒的。为了调和这一矛盾，可以假定真空是一种物理介质，引起对称破缺。李政道很自然地想到，应该有一种实验手段，来产生真空相变（称为真空工程）。从 70 年代起，李政道就极力建议，用相对论性重离子碰撞（Relativistic Heavy Ion Collision）去检验这一基本想法。这样，经过他的努力，一个相对论性重离子碰撞物理的研究领域诞生了，从而导致了布鲁克黑文实验室巨型对撞机 RHIC（Relativistic Heavy Ion Collider）的建立。

李政道和他的合作者们，正在努力研究和探索量子色动力学中夸克—胶子禁闭的深层原因。就如前面离散物理小节中曾提到的，他们提出了一个新的连续格点公式。这个公式对自旋为 1/2 的场，不存在荒谬的相对论性费米子解。对 QCD 规范场，则有一个非紧致的格点作用。同时，他们还提出了一个新的方法，去解决规范场理论中长期存在的格瑞伯夫（Gribov）复制问题。这一新的方法仍在发展中。

1987 年 12 月，李政道曾在给国内一位朋友的信里，总结过他大致从 1974 年到 1984 年这十年来的物理工作。由于这是他是个人的总结，所以很有意义，虽然会有重复，但在这里仍愿把他个人这一总结简短地介绍给读者。他说他这一时期的物理研究工作主要有以下几个方面：

非拓扑性孤立子（nontopological solitons）　这是他 1975 年的发明，与克里斯特将之量子化。于 1976 至 1979 年与费雷德伯格用于核子的构造，世称李—费雷德伯格模型。

相对论离子对撞和真空构造（Relativistic ion collision and vacuum construction）　1979 年由李政道发起，但当时几乎很少有人赞同。时至今日，已有约 800 多名学者在此领域里工作，影响将会越来越大，在西欧核子中心和美国布鲁克黑文实验室都有大型的实验在进行。

随机格点（Random lattice）　是李政道与 1981 年创建，其重要性已逐渐明确。

离散空间（Discrete space–time）　1983 年李政道发现离散空间能储存能量和动量，解决了所有以前在这方面工作的物理学家一直苦恼的大困难。

黑洞辐射（Black hole radiation）　1985 年李政道证明，黑洞辐射与黑体辐射（Black body radiation）不同，打破了十多年来霍金（S. Hawking）学说的成见。

孤立子星（Soliton stars）　1986 年李政道发现这一类新的星体的解，可推广钱德拉斯卡极限的 5 个太阳质量至 10^{12} 个太阳质量。

由此可见，李政道这一时期的物理工作范围之广，成就之高。就在他从事这许多研究的同时，他还在进行 CUCPEA、BEPC、CCAST、BIMP 以及博士后等大量的工作。即便如此，他脑子里还有许多重要的物理思想来不及处理，但他并不保守，而是把自己的想法告诉别人，让别人去做研究。他同时还把自己的治学的要诀发表出来，供同行们参考，鼓励他们去进行研究，以期达到更多、更好的发展。他说："欲发展中国科学，宜致力于基础重点。攻他人不会解的要点，建自己独立性的学说。屡出奇军，走在人前。"这其实不仅是发展中国基础科学的要诀，而是李政道个人在做基础研究上的要诀。做基础科学研究，要想走在前面，通常我们说要"迎头赶上"。怎么样才能迎头赶上呢？按李政道的要诀，就是要做前沿的课题，人家不会解，你去解了，建立了自己独立性的学说，你就走在了前面。而且，还要屡出奇军，要在多个领域里出奇制胜，增加获胜的几率。有一次，一位物理学者询问李政道，您在这么多领域里，进行着这么多前沿课题的研究，有那么多新的物理思想，您是怎样做的呢？李政道说，要做最前沿的物理课题，不要去看文献，跟着别人的思路走。我从来不看文献，从来不做二流的课题。但是，你要有能力把握物理学最前沿的问题，提出自己的主张，拿出解决问题的办法，就能时时、处处走在最前面。请看，要诀并不神秘，真理都是很朴素的。可是，一个物理学者，要做到这一点，需要什么样的素质和水平，就可想而知了。

第十章
促进祖国基础教育与人才培养

李政道自从 1972 年 9 月第一次回祖国访问，他的祖国情便一发不可收拾。

在国外，听到的一切，虚虚实实，难辨真伪，他很难了解祖国国内的真实情形。使他牵肠挂肚。但究竟情况如何？他真的想亲眼目睹一下。"文化大革命"接近尾声，国际形势也有了缓和的迹象，该回国看看了。他觉得现在是报效祖国的时候了。

他和夫人秦惠䇹于 1972 年 9 月 19 日经欧洲回到了阔别的上海。祖国敞开大门欢迎国外游子。像他这样杰出的炎黄子孙，祖国早已企盼他的归来。李政道夫妇也准备花较长的时间好好看看祖国。

他们行程的第一站就是李政道的出生地上海。在上海，接待单位安排他们参观许多地方，其中有上海工业展览馆、江底隧道、少年宫、汽轮机厂、人民公社等，还安排他们观看现代革命京剧《龙江颂》、芭蕾舞剧《白毛女》。此外，他们还参观了复旦大学和华东应用物理研究所。

李政道所看到的上海，与他儿时的上海相比当然有极大的不同，要知道他是 1941 年年底离开上海的，到他这次回来已经是 31 年过后了。在他的眼睛里，这次所看到的上海，已经没有了旧时的那些印象，什么外国租界、十里洋场、花红灯绿、贫富悬殊。展现在他眼前的是比较平实的城市风貌，已没有过去的那种繁华。上海的巨大变化反映着新中国的成就，他打心眼里感到高兴。

在参观当中，当时一些新鲜的做法使他很感兴趣。譬如那时强调学生要参加劳动，从劳动实践和与劳动人民结合当中学习有用的知识。从这里，他和夫人得到启发，打算把自己的大儿子送回国内学习、劳动一段时间。当时他们的大儿子李中清正在耶鲁大学历史系三年级学习。

作为一位基础科学家，他对于大学和研究所的情形很为担忧。他看到很多的大学生都去劳动了，在校的只有少数工农兵大学生。他们虽然有求学的渴望，可是他们连科学的最基本的常识都没有，完全是科盲。他们虽然进了大学，但是不知道要学什么，对于什么是基础科学，更缺少了解。这样培养出来的大学生拿什么来为人民服务呢？至于研究所，那里几乎没有什么研究工作。一个尖锐的问题出现在他的眼前——要使国家强大，必须改变不重视基础科学研究和培养年轻基础科学人才的状况。他觉得，国家如果没有优秀的、年轻的基础科学人才，今后的发展是不可能的。现在不抓紧年轻基础科学人才的培养，国家会发生大问题。于是，他在参观华东物理所时，就说应该大力加强基础理论研究工作。这是他回国后第一次提出这样的问题，并且他立即把这个问题当作他要特别关心的问题确定下来，希望用他的努力促进这个问题的解决。他的夫人也有同感，积极支持他对这个问题进行考察并提出自己解决问题的建议。

为了表达对祖国的感激之情，李政道夫妇从美国来的时候特地到计算机公司购买了一台最新的计算器和两块集成电路，同时还带来了许多资料。但这还不足以表达自己的心意，他们还决定将岳父秦梦九遗留下的 22 件贵重文物捐赠给国家。其中有价值连城的辽代宣刻花鱼瓶，该瓶现保存在上海博物馆。

李政道夫妇随后又到北京和其他许多地方参观访问，遍历了祖国的大好河山，看到了祖国方方面面的成就，内心充满自豪和敬佩之情。但是他在上海警觉到的关于要重视基础科学研究和培养年轻的基础科学人才的问题，始终萦怀在心，挥之不去。所以，他在北京和中国科学院原子能研究所的科技人员座谈的时候，就明确地提出要训练一些精通基础科学的人才，要连续地培训青年人。他说，基础科学和应用科学，两者都有自己的理论和实践。应用科学的实践一般都能和当前的生产结合起来，而基础科学的实践则是检验基本理论的实践。基本理论不能简单地和当前的应用实践相结合。只注意能与当前生产相结合的应用

李政道捐赠的鱼纹瓶。

科学，而忽视基础理论的研究，要做到超过世界先进水平是有困难的。因此，要培养一些精通基础科学的人才，不要很多，这样才能抓住主要问题。他还强调，要连续性地训练青年人。

在和当时中国外交部副部长章文晋、国务院科教组组长刘西尧会见时，李政道又一次阐述了他关于要重视基础科学的观点。他说，自然科学分为基础科学和应用科学两大部分。两者都有自己的理论和实践。应用科学的实践是生产，它和生产密切结合；基础科学的实践是实验，它和生产不一定马上有直接联系，但却有更普遍的意义，他是应用科学发展的基础。

李政道进一步说，过去一百年以来，基础科学对社会的进步有重大贡献。但是如果今后没有基础科学上的突破，应用科学也不可能有突破。因此必须注意抓基础科学，建立自己雄厚的基础科学力量，这样才能闯出新路，走在世界的最前面。李政道还强调了较早地选拔和培养基础科学人才的问题。他说基础科学人才要少而精，建议从十二三岁开始选拔。

他的这些话，现在看起来，并无惊人之处。可是在20世纪70年代初，在中国国内几乎无人敢讲。"文革"极左思潮把应用科学强调到了极点，并且和政治斗争挂钩，认为重视应用科学是正

谢希德与李政道。

严济慈、赵仲尧、张文礼裕李政道。

方毅副总理和李政道交谈。

确的、革命的，相反，谁要是强调基础科学的重要性，那就是右倾，是错误的甚至是反动的。

李政道的到来，他的讲话，给"左"的观念以明确的打击，说出了人们想说而不敢说的话。接待单位均以简报的形式将他的讲话上报有关单位以至党中央。他的这番讲话，在当时的科技界受到了热切的欢迎，对沉闷、凝滞的科技界说来，就好像吹来了一股清新的空气。

在李政道这次回国访问中，发生了两件事情，使他和祖国的基础研究和人才培养事业结下了不解之缘。

第一件事情是有关高能物理的。这个故事在本书第一章里已有叙述。

第二件事是有关基础科学和培养人才的。这个故事在本书第一章里也已有叙述。

就是这两件事情成了今后李政道多次回国访问时的主要内容，也成了李政道报效祖国的主要领域。

从第一次回国访问，他就强调基础科学的重要。为了对抗当时的潮流，扭转人们特别是执政领导人的思想偏差，他反复地强调基础科学的重要性，并且不断用形象的比喻，来说明这个问题。最早，他用人的手足做比喻，说基础科学和应用科学好比人的手和脚，二者不可偏废。之后，又拿粮食和药材做比喻，说明粮食固然重要，但不能让全国人民都去种粮食，而没有人种药材。后来，他找到了更为恰当的比喻，把基础研究、应用研究和科技开发三者的关系，比喻作水、鱼和鱼市场。没有水就没有鱼，也就没有鱼市场，说明基础科学是根本，当然也不能没有后二者。他曾经把自己的见解写成四句话：

> 基础科学清如水，
> 应用科学生游鱼，

> 产品科学鱼市场，
> 三者不可缺其一。

李政道之所以不断探索用不同的比喻来说明三者的关系，是因为人们容易偏其一端或强调眼前而忘记根本。更为严重的是，对于三者的看法，在国内竟然与政治挂上了钩。重视基础研究，似乎是"右"，重视应用研究是"左"。似乎后者比前者要正确。按说三者的正确关系，其道理非常明显，不应该有什么分歧，更不应该提到政治问题上来。可是，当时中国正处在"左"的思想居统治地位的时期，人们有那种看法并不足奇。但是，令李政道不解的是，一些国外知名华人科学家在这个问题上也不能持客观的看法。特别是有几位基础科学家，态度十分偏激。他们自己身为基础科学家，却去反对基础科学，特别反对高能物理。他们有的建议中国政府，把中国科学院的任务确定为"以发展性研究为主"，说"现在中国应该是'生产第一，生产第一，生产第一'。""从全民族的利益来看，基础研究的投资不变（不增加）是一个头等重要意义的选择"，"暂时冻结基础研究的经费是合乎民族利益的唯一可能的选择。"① 他们还特别反对中国搞高能物理。他们说："……不要念高能物理。高能物理与中国'翻两番'毫无关系，甚至会起反作用……"② "调整就是要把高能物理所，把高能物理调整掉。"③李政道不理解这些科学家为什么会有如此偏激的意见，为什么他们要对国内的领导人施加如此大的压力？这或许因为李政道正在帮助中国发展高能物理研究，他们因此而产生了逆反的心理，说了违心的话。但是，令李政道惊讶的是，国内个别的高层领导人，竟然支持这些偏

---

① 杨振宁1984年10月3日对国家科委主任宋健、中国科学院副院长严东升的谈话。
② 杨振宁，《谈谈物理学研究和数学》，1986年5月。
③ 田长霖，1981年在工程热物理所的讲话。

激的意见，甚至打算解散中国科学院。后果之大出乎意外。幸亏这些偏激的意见在邓小平的坚持下，没能被采纳。中国的基础研究，其中包括高能物理研究，最终走上了正确的发展道路。李政道在推动中国基础科学研究的发展上有不可磨灭的功劳，显示了他对祖国深深的情意。

其实，把李政道和祖国的关系比作鱼和水也许比较恰当。李政道是祖国这潭水养育出来的鱼。虽然，他较早就离开了养育他的这潭水，可是他对祖国一直怀着感激之情。在他学有所成的时候，他要报答祖国养育之恩。他不是说大话、空话的人，第一次回国，就抓住了这个很重要的问题。他是卓越的基础科学家，他最了解的也是基础科学。他为挽救祖国的基础科学，促进它的发展而努力，锲而不舍，成绩卓越，令人敬佩。

李政道在他头两次回国访问的时候，除了发现基础科学研究的状

李政道在欣赏陈云为浙江近代物理中心的题字。

况存在着严重的问题，同时他还发现国内在培养人才，特别是培养年轻基础科学人才方面，也同样存在着严重的问题。他对当时国内人才培养面临断档的状况忧心如焚。他觉得，那种状况如果继续下去，国家会出大问题。为此，他决心寻找机会，设法促进这一问题的解决。1974年5月在上海，他在《参观复旦大学后的一些感想》中谈到了这些问题。

周总理：

前年总理和江青同志及其他领导人接见的时候，我曾提出过培养基础科学工作人员的问题。但是因在海外，总觉得思想上还不成熟。这次回来，在上海参观了复旦大学，在北京又与很多朋友们有接触，产生了比较具体的概念。写了一篇在这方面很初步的建议，其中可能还有大错误，如果您认为有可取之处，可否请您转呈毛主席给予批评指正。

敬祝毛主席健康，并向您和江青同志及其他领导人致意问好。

李政道
五月二十二日

参观上海复旦大学后的一些感想

今年的复旦大学和前年参观的时候已大不一样。前年还只有初年级的学生，今年已经有毕业生了。前年复旦电子计算机还在装配中，今年已经完成了。在参观的时候，和好多同学，随便谈谈，发现有的从东北来，有的从江南来，有的从农村来，有的从工厂来……现在的大学生的确是从广大民众中选出来的。他们在大学学习的过程中，经常去工厂，去农村，和广大人民有接触，向工农兵学习。他们毕业后，还是回到广大民众中去，为人民服务。这样的大学是从来没有的。在世界其他各地也是没有的。在人类的发展过程中，是非常必要的，是

190

十分正确的。

这次的参观，自己确实学习了不少。在座谈的时候，提出有没有学生程度不齐的问题。复旦的许宝华同志指出："从前的学校，有两极化的大毛病。先生常只顾好的学生。程度低的学生，因为根基差，跟不上。可是先生不管，即差更差，越来越低，所以问题就大了。"经过他指出以后，发现自己这方面的错误犯得很多也很久。在教书的时候，一有好学生，常完全不管其他的学生了。这是很不正确的态度。程度高的学生固然要教，可是程度低的，更是需要注意，更需要辅助。以后当努力改正这方面的缺点和错误。

参观复旦大学以后，觉得现在中国教育的方向是完全正确的。而现在大学教育的方法也是正确的，一切都是为人民服务。教育的目的就是用教育的方法，使青年一代，有正确的方向，能发挥更大的服务能力。

可是有一个问题，在理科中，基础科学的训练是比以前相当大量的缩短了。这缩短是对的吗？我觉得对绝大多数的青年来讲（大于百分之九十九点九的青年）这是对的。因为差不多所有的科学应用，是不需要有繁杂的基础科学训练的。可是对那些极少数（少于百分之零点零一）以基础科学为专业的青年呢？这样的缩短，似乎还是一个值得考虑的问题。

因为这问题，就引起自己一个很初步的想法。如何培养基础科学人员。因为做基础科学的工作人员有他们的特殊性，能不能根本不进大学？根本不做大学生？而且在大学以外，组织一组很少数的，从广大民众中推选出来的，不脱离群众的，少而精的基础科学工作队伍，来为人民服务。

应用科学对人类的服务是及时的，是直接的。基础科学对人类的服务，不是立刻的，是间接的，是通过应用科学后才能使用的。基础科学是应用科学的基础，应用科学是基础科学的应用。

基础科学包括有基础科学的理论和基础科学的实验。基础科学不是单独的基础理论。单独的基础理论，脱离了实验，是不能存在的。什么是基础科学的实验呢？因为人类在实践中对于真理的认识是永远没有完结的。有了过去的实践经验和理论了解，当然想再进一步推求出更新的更基本的自然界规律。可是在想找而还没有找出的时候，那过程中所需要做的实验，往往是不能够立刻应用的。这一类对于后来掌握自然界的基本规律有决定性的实验，就是基础科学。必须通过这类基础实验，才能形成、校正和证明基础科学上的理论假设和推测。

当然，等掌握住了自然界的基本规律以后，那些规律就可反复地、多方面地运用，这就产生了应用科学。应用科学中也包括了应用科学的理论和应用科学的实验。应用科学的理论是从基础科学的理论中衍生出来的。而应用科学的实验也能够为基础科学作进一步的实验验证和根据。基础科学和应用科学间有共性，但也有它们的特殊性。因此，这两方面工作人员的训练，也有他们的共性和特殊性。

做基础科学的人员不要多，但必须精。此外还有两个要点：一、基础科学人员的训练，必须经过一段相当长时期的有连续性的培养时间。二、基础科学人员能力发挥效率的最高峰，往往在年纪相当轻的时候，约二十至三十岁之间。因为有这两个要点，基础科学人员的训练，是否应该在更年轻的时候，约十三岁或十四岁左右就开始？

在上海的时候，也参观了上海舞蹈学院。讨论了舞蹈人员的选择和训练，受到很大启发。觉得虽然基础科学和舞蹈是大不相同，但对基础科学人员的选择和训练，是否也可以采纳一部分相类似的方法？上海舞蹈学院最近的一班学员是去年招的。首先请上海市各公社、各学校，用全民性的方法，推荐出很少数的，十岁左右的儿童。他们必需合乎某些特殊条件：如体形、骨骼构造等等。然后再用一段相当长的时间，前前后后约三个月左右，经过共同生活，初选，复选等很严格的过程。最后，从上海郊区和市区内近几十万的儿童中选了六十位。

选择做基础科学工作的少年人员似乎也可以采取类似的步序：先请各农村和各城市的学校，用全民性的方法，推荐出很少数的，约十三四岁左右的，且有培养条件的少年。当然做基础科学工作者的条件和舞蹈是不一样的。他们必需有极强的"理解力"。他们也需要有充分的"斗争性"和较强的"记忆力"。

"理解力"强，就可以很快地了解各实验的重点，各定律和公式的根据和证明。要找真理，不仅要了解目前所认为"正确"的规律和定理，必须敢问：为什么反过来是不对的？要找真理，必须不怕失败，敢反复责问，能长时间的反复试验。因此，必需有充分的反潮流的精神和坚强的"斗争性"。比较起来，"记忆力"是次要的，但也很有帮助。

在选拔时，值得注意的是：已有的自然科学常识和数学知识，并不是上列的重要基本条件之一。因为各学校的程度总有差别。农村和城市的孩子知识接触面有相当分别，被推荐的少年中科学知识不会一样的，这类的差别并不重要。重要的是他们对一件新的自然现象或新的数学观念，是不是能够相当快地了解和分析其中的规律和程序。

如何从由全民性被推荐的少年中加以选拔，不是一个简单的问题（像以往的考试制度显然是错误的）。这选择主要经过一段相当长的时期，初步考虑，可能需半年之久，与这些少年共同生活，尽量充分了解他们对各基本条件的能力，也同时知道他们在日常生活中的思想和态度，然后才能做出正确的选择。

在整个训练时期，必须和群众有密切关系。每天应有适当的时间劳动学习，每周末应用较长的时间劳动学习，而每年中应有更长时间的劳动，使之能不断地向工农兵学习。这样才可彻底打破以往的"象牙之塔的学者"的错误概念。在基础科学训练方面的师资、课程和设备必须有极高的水平。对学员的要求必需严格，动手和动脑两条路都得走，尤其是开始的几年，数学、物理、化学、生物等每门科学都得学，要学得精，根基要打得好。对应用科学和生产亦得有适当的结合，但必须保存基础科学的特殊性。

有现在的基础科学才能有将来的应用科学。要中国人在科学上有不断的新成就，能开辟出自然界中还没有人到过的新天地，从而对人类有所贡献，一只少而精的、不脱离群众的"中国基础科学工作队伍"，看来是很有必要的。

他来到北京后，就把这份建议书呈送给周总理和毛主席。在毛泽东还没有对他的建议发表意见的时候，周总理接见了他。在接见的时候，他和"四人帮"进行了辩论。他反问，难道基础科学不如芭蕾舞重要吗？培养芭蕾舞人才的做法为什么不能用在培养基础科学人才上呢？"四人帮"没有办法直接否定他的建议。这就给了周恩来一个机会把李政道的建议上报毛泽东。毛泽东当然不会去否定李政道的建议，他以他那种一贯的高屋建瓴的大革命家的气势，表示完全赞同李政道的建议。

李政道提出他的人才培养建议的时候，中国的政治形势可以说正处在"地冻天寒"的时刻。"文化大革命"已经冲击了国家所有的部门和领域，科技教育事业可以说是重灾区之一。虽然，当时国内的大中小学已经复课，可是在错误的教育思想指导下，学生们的主要精力仍然不是放在学习上。"知识无用论"仍严重地影响着学生和知识界。能进入大学的只是所谓的"工农兵大学生"。在学校里，强调的仍然是体力劳动和上山下乡与劳动人民结合，对于基础理论课普遍不予重视。毛泽东也觉察到搞"文化大革命"可能产生人才断档的现象。李政道敢于提出建议，毛泽东也就顺水推舟，加以认可。这样便产生了因李政道的建议而产生的几项培养人才的举措。

首先是少年班的建立。李政道建议，优秀的基础科学人员可以像选芭蕾舞演员那样，从全国十三四岁的孩子里选拔，集中培养六年，达到能独立进行研究工作的水平。他的建议得到毛泽东的认可后，就由中国科学院所属中国科学技术大学负责实施。从1974年到1978年整整花了四年时间李政道的建议才得以落实，中间所遇到的阻力和困难是很难想象的。当时主管科教工作的副总理方毅是一位坚定的、务实的领导人。他从一开始便坚定地支持李政道的建议。少年班也是在他坚定的支持下建立起来的。

1978年3月，中国科学技术大学少年班正式成立，正式的名称是"第一个少年大学生集中培养基地"。李政道得到消息后，从美国发来几句话表示祝贺：人才代出，创作当少年；桃李天下，教育数科大。

中国科技大学少年班首期招生 21 人，平均年龄 14 岁，最小年龄 11 岁。1985 年，中国科技大学在总结少年班成功经验的基础上，针对高考成绩优异的学生，又开办了"教学改革试点班"（简称试点班，或零零班）。至今，28 年来，共招收学生 1993 人，毕业 1556 人；其中少年班招收 1134 人，毕业 942 人；零零班招收 859 人，毕业 614 人。这些数字显示，少年班和零零班优势互补，相得益彰，成为一个和谐的整体，为国家培养了大批优秀人才。据统计，80％以上的学生考取了国内外的研究生，其中三分之一的人获得了博士学位，有许多人成为高科技领域的拔尖人才，成为各种奖项的得主，是国家建设的重要人才。实践说明，少年班和零零班的举办是成功的，他给中国高等教育增加了一个亮点。现在，除中国科技大学之外，还有许多大学也举办了少年班。作为高等教育的一条路子，少年班的存在和发展是值得庆贺的。

可以看出，在祖国一个特殊的历史时期，从一个特殊的切入点入手，建议用一种特殊的办法，排除阻力，去解决祖国面临的急需解决的人才培养问题，李政道的目的，其实并不完全在于建立"少年班"，更重要的，他的着眼点是在于如何促进祖国的教育事业，如何避免祖国人才断档的危险后果。历史的进程已经证明，李政道关于培养年轻的基础科学人才的建议，不仅仅促成了一个"少年班"的建立，同时更重要的是扭转了对基础科学和培养基础科学人才十分忽视的状况，促成了祖国高等教育事业重新走上正轨。

1979 年春，由李政道促成的中美高能物理合作已经启动，第一届中美高能物理联合委员会已经在美国召开过。1 月，当他回国访问的时候，出于对国内教育基本陷于停顿的忧虑，他提出要在当时的中国科学技术大学研究生院（2001 年正式定名为中国科学院研究生院）系统

地讲授《场论与粒子物理学》和《统计力学》这两门课程。他的建议
得到了科学院的热情欢迎。于是，4月2日李政道开始在科学会堂开课。
课程期限三个月，每天三小时。全国33个科研单位、78所高等学校的
近1000名科研人员、教师和研究生前来听课，可谓盛况空前。在听课
的人中间，还有著名的科学家朱光亚、刘达、赵忠尧、张文裕、朱洪
元、胡宁、周光召等。讲课期间，李政道每天清晨三点钟起床，用六
小时备课，上午讲三个小时的课，下午进行讨论。每周用两个中午和
部分听课的人共进午餐，听取对讲课的意见，进行交流。李政道讲课
认真细致，诲人不倦，循循善诱，受到听课人的极大欢迎和称赞。当
时，中国共产党十一届三中全会刚刚开过，会议做出了以经济建设为
中心、实行改革开放的决策，但是"百废待兴"，许多事情都刚要起动。
李政道这种大规模的课堂，在全国科教领域犹如刮起了一阵旋风，一
扫"文化大革命"那种政治浮躁之风，使知识分子重又回到学习和研
究中来。他给大家带来的不仅仅是宝贵的知识，更重要的是使大家从
"文革"的桎梏中解放出来。

　　李政道还看到，由于"文革"使教育停顿，祖国整整一代年轻人
没能受到系统的高等教育，更没有机会出国深造。他觉得，为加快祖
国科学技术人才的培养，只在国内举办讲座补课是远远不够的，必须
尽快为他们创造进一步学习和发展的机会，特别是应该让他们有机会
到美国那些第一流的研究院和大学去系统学习。可是那时中国仍很闭
塞、很穷，不具备也不了解去美国求学的条件和途径。他觉得，要实
现这一想法，必须设计出一套方案，满足美国各研究生院招生的要求。
这时，就在讲课的过程中，研究生院严济慈院长（同时任科学院副院
长），也提出了同样的要求。他在和李政道的讨论中提出，能否在听课
的研究生中选拔几位由李政道带到美国去做研究生。李政道表示他很

愿意这样做，但是由于中国当时没有美国录取研究生所要求的 TOEFL 和 GRE(Graduate Record Examination，即大学毕业生成绩测试)，所以必须采取特殊的办法。

当时，中国政府虽然已经决定要派相当数量的研究生到国外深造，但是由于长期与外界的隔绝，而无法实施。那时，改革开放刚刚开始，总的说国家还处在封闭状态。出国留学的渠道不通；国家财政十分困难，不可能拿出大量外汇支持他们出国学习。更为严重的是，尽管"文化大革命"已经结束，拨乱反正正在进行之中，"文化大革命"的流毒在人们思想上还有很大的影响，出国留学尚属十分罕见。少数人甚至仍把出国学习看成"叛国"。不但国内教育界有不少人对"文化大革命"心存余悸，就连国外也有不少人仍用"文化大革命"的观点对待年轻人要出国留学的问题。

一般赴美留学的情况是，大学毕业生要想进入美国任何大学的研究生院，必须先要通过 GRE，外国学生还必须通过 TOEFL。学生要先填好各校各不相同的入学申请表，随同学生所在大学的成绩单、教授介绍信、入学申请费（美元）等，一并寄到大学招生办公室。经审查合格后，再转到有关的系，由该系招生小组选择录取。

但是，除去在中国当时还没有 GRE 和 TOEFL 外，美国的大学对中国大学在"文革"后的学习水平也缺乏了解，不予认可。如若按上述程序进行申请，是根本走不通的。此外，申请所需的美元，也无法用人民币兑换。怎么办？面对国家的急需和年轻学子的渴望，如何才能找到解决问题的办法。为此李政道提出了他的 CUSPEA 计划 (China–U.S. Physics Examination and Application Program，即中国—美国联合招考物理研究生项目)。这是一个特殊的办法，它能让美国的大学特别地从中国招收研究生。可以说，这真的是"史无前例的"。他的这个想法高明之处是，说服美国的大学到中国来进行考试招生，既进行专业考试，又进行英语考试，从而解决美国大学录取研究生所需的GRE 和 TOEFL。当然，这样做只能在有限的范围之内，不可能一下适用于各学科研究生的招生上。李政道的打算是先从物理这一学科开始试行，成功后再推广到其他学科。这是一个既务实又巧妙的计划，李政道用心良苦。

李政道首先选择他所在的美国哥伦比亚大学物理系为试点。他在北京一边讲课，一边与系里的教授们联系，请他们出一份能达到入该校物理系研究生院的标准试题，寄到北京。李政道在严济慈院长、吴塘副院长的安排下，就在 1979 年春在科大研究生院举行了第一次"前— CUSPEA"（PRE–CUSPEA）试点考试。通过这次考试，共选出了5 位同学。李政道把他们的试卷和履历寄回哥校，请物理系开会决定这5 位同学是否能入校做研究生；如果够入学条件，物理系能否负担他们从入学到得到博士学位的全部费用。同时，李政道又请物理系替这5 位同学在哥大招生办补办入哥校的全部手续。由于这 5 位同学成绩优良，哥大物理系同意接受他们并负担每人每年约一万美元的费用。对此，中国国内的各有关方面也都积极给予支持。

第一次的试验成功了，李政道打算在 1979 年底进行第二次招生。那时除哥大之外，李政道又联系了纽约市立学院（CCNY），卡耐基·梅隆（Carnegie–Mellon），奥勒冈（Oregon），匹兹堡（Pittsburgh）和维吉尼亚（Virginia）五所大学。由于哥伦比亚大学的成功，他们也都表示可以按上述办法进行。于是，通过第二次"前— CUSPEA"考试，13名中国同学被录取，前往美国就读研究生。这样，李政道就想从 1980年开始进行较大规模的招生。

首先，李政道和美国几十个学校的物理系进行联系，耐心地说服他们支持 CUSPEA。出于李政道在物理学界的威望，更重要的是前两次招生的成功，CUSPEA 学生在美国学习的优异成绩（在哥伦比亚大学物理系的 5 名第一届 CUSPEA 学生，在资格考试中有 3 人分列第一、三、四名，其中一位得分之高打破了该系以往的记录），最终这些大学的物理系都表示支持 CUSPEA 计划。李政道为此不知打了多少次电话，直说的口干舌燥，精神疲惫。

1980 年 1 月李政道正式向中国政府提出 CUSPEA 计划，很快便得到了认可。2 月 1 日，李政道正式开始展开大规模的招生工作。他放下了手头重要的科学工作，亲自设计了整个招生的程序，在时间和步骤上严格地一环扣一环。李政道的设计，最重要的地方是把对中国的物理研究生的招生工作从美国整个研究生的招生计划里独立了出来，并且安排在整个的招生工作之前进行，使这一计划具有明显的优势。他和秘书艾仑·川姆（Irene Tramm）两个人，加上他的夫人秦惠䇹，三个人担负起了全部的，相当于一个招生办的繁杂工作。他们向美国 53 所高水平的大学物理系主任和教授们发了二百多封内容相同的信，向中国国内寄送了大量的表格。他们发信的时候，竟然把哥校附近的几个邮筒都塞满了，不得不推着装满信件的小车，步行几个街区去寻找可以塞进邮件的邮筒。

由于美国各大学用于研究生的经费，必须在当年 4 月底以前定下来，所以必须在此之前完成对中国申请学生的考试以及学生和美国各大学之间一共往来三轮的各项申报工作。时间紧迫，不允许出任何差错和延误。可是，正当第一轮申请工作按照李政道的设计顺利进行的时候，却出现了令他颇感意外的情况。

就在申请学生第一轮递交申报表格之后，李政道与中国方面的联系突然中断了，使他无法得到中国方面的消息。他打电话询问，国内一位负责人说他也没有消息。究竟出了什么问题？事情不容拖延。他只好告诉国内他准备立刻回国解决出现的问题。这时他才得知，×××带头写信给中国政府，对 CUSPEA 计划表示抗议，迫使这一计划中途停顿下来。他们说，李政道搞的 CUSPEA 计划是"丧权辱国"，"比 19 世纪末 20 世纪初半殖民地都不如"。还说，20 世纪初中国处在"半殖民地"时，虽然使用庚子赔款设定的清华留美奖学金，但考试还是中美合办的。现在，在新中国的领土上进行 CUSPEA 考试，试题却完全是美国人出的。新中国的学生怎么能让美国人出题进行考试？岂不是比"半殖民地"还不如？这样的指责，在今天看起来似乎好笑，可是经历过"文化大革命"的人都明白，这样的政治帽子足以置一个人或一件事于死地。事实上，也正是这一指责把李政道花费心思、精力所创建的 CUSPEA 半途停顿下来。李政道得悉这一情况后感到事态严峻，刻不容缓，马上启程赶往北京，专程去解决这一问题。

在北京，李政道会见了教育部部长蒋南翔、副部长黄辛白和严济慈院长。他针对上述指责向他们陈述：清华大学留美考试是获得奖学金的考试，得到这个奖学金并不等于就入了美国的某一所大学。要进入美国的某一所大学，还必须经过该大学的考试，还要由美国大学出题。难道那也是"丧权辱国"吗？难道也是"半殖民地"的做法吗？而 CUSPEA 是把美国几十所大学组织起来，成为一个"集中的考试"，而且是在中国进行，全部经费都是由美国各大学负担。这和"丧权辱国"毫无关系。这件事自然惊动了中国的最高层领导，在 CUSPEA 计划关键的时刻，邓小平和其他中央领导人拍板决定应该支持 CUSPEA，国内科技教育界的许多人也不畏压力，共同冲破了这一次阻碍，使这一计划得以继续实施。

接下来，CUSPEA 计划的实施很顺利。国内有关部门组织的专业考试，进行的十分认真，再没有不恰当的干预。招生工作严格公正，绝无走后门等不正之风，赢得了各方面的信任。为了更好地挑选学生，李政道还邀请美国教授和他们的夫人来中国对学生进行面试。他们和学生一对一地做一小时的英语交谈，对学生做出文字评价，对恰当地选择学生起了很好的作用。李政道为了这项计划的实施，估计大约花去了他每年三分之一的时间。他的夫人秦惠䇹说，李政道现在完全变了。他过去只知道搞科学研究，搞计算，现在他好像是一个社会活动家，为了祖国的高能物理事业，为了培养祖国的科技人才，他花去了很多宝贵的时间，打电话、写信、编制表格，忙的不亦乐乎。

更为有趣的是，当几批 CUSPEA 学生到达美国后，发生了许多意想不到的问题，诸如，找不到住处，生病，想家，甚至患了严重的神经衰弱，等等。对这些问题，李政道都要关心，都要协助去解决。一时间，李政道的办公室成了中国留学生管理处，李政道成了管理负责人，后来大家亲切地称他是"总家长"。

CUSPEA 计划，从 1979 年至 1989 年，共执行了十年。随着国家改革开放进程逐步加快，到 80 年代末，这一计划已经没有存在的必要，因而决定于 1990 年停止执行。十年间，通过 CUSPEA 计划，共派出 915 名物理专业大学生出国就读研究生。虽然 CUSPEA 计划没有在别的专业领域里实行，但仅物理一个专业就有近一千名大学生派出，这个数字应该说是不小的。一般来说，大家都承认 CUSPEA 在中国特殊的历史时期，具有特殊的重要意义，应该予以肯定。但同时也有人认为物理专业的学生过多毕竟是一个问题。而派出学生是否回国效劳也是 CUSPEA 计划受到责难的另一个问题。但是，这些问题都随着国家改革开放的急速进展，而不解自答了。随着中国公派和自费留学生数量的猛增，继之由大批留学生回国而形成的所谓"海归派"在中国现代化建设中起着越来越大的作用，没有人会再去指责上述的那些所谓的问题了。唯一令人感到遗憾的，是李政道设立 CUSPEA 的初衷里有一个愿望在那时还没有实现，就是想从众多的优秀物理学子当中，培养出能获诺贝尔奖的顶尖人才。虽然，在 CUSPEA 同学中，不乏有出色的物理学家，也有众多其他行业的优秀人才，但距李政道的期望都还有一定的距离[①]。

接下来要叙述的是李政道另一个有关培养人才的建议——博士后制度的建立。

当 CUSPEA 计划进行到 1984 年的时候，已经有三届学生在美国就读。考虑到今后会有大批获得博士学位的学生要回国工作，李政道于 1983 年 3 月建议在国内某些学术水平较高、科研条件较好的高等院校和研究机构设立"科研流动站"，实行"博士后"制度，给那些从国外回来的博士们、从国内研究所毕业的研究生们以及在研究所的青年研

2002 年 6 月，李政道参加 CUSPEA 学者研讨会。

① 有关资料均参见《CUSPEA 十年》，第二版，吴塘、柳怀组编，北京大学出版社，2002 年 5 月。

究人员提供进一步学习和工作的场所。于是，"博士后"这一名词，便随着李政道的建议进入了中国。1984年5月邓小平接见李政道，他第一次听到"博士后"这个名词，感到十分新鲜。邓小平问："……博士已经很博了，为什么还要办博士后？"李政道随即解释说："大学里是老师教学生，考试答案老师知道，学生照老师的方法去答试题，做对了就毕业，获学士学位。毕业后进研究生院，老师除了上课以外，给研究生一个研究题目，老师并不知道答案，让研究生自己去按老师指导的方向，求知一个新的结果……（经评定）认定研究生的结果是对的，研究生就可以毕业并获得硕士、博士学位。但是真正做研究，必须让学生自己找方向、找方法、找结果出来，这个锻炼的阶段就是博士后。"当小平同志听了李政道的解释后，立刻表示完全赞成李政道的建议。他以政治家的宏大气魄和战略家的远见卓识说："博士后对我来说是新事物、新名词，我第一次听到。成千上万的留学人员回来是很大的问题。我们现在对回来的人不晓得怎样使用。设立博士后流动站是一个培养和使用科技人才的新方法，这个方法很好，我赞成。国家要拨款，办十个太少。培养和使用结合，在使用中培养，在培养和使用中发现更高级的人才。以后各行各业都可以参照这个方法……要建立成百上千的流动站，成为制度。国家要拨款，看准了就行动……"于是，"博士后"制度开始在中国实行。

建立"博士后"流动站有一整套办法，李政道在他的建议里做了简明的叙述。从建站的目的、组织、经费到具体如何运作都有明确的说法。流动站是推动青年科技人员流动的永久方法之一，选择一些有实力的研究所、大学或企业，由它们负责建站，每个站有固定的接待名额，来站的研究人员每期停留两年至三年，在站从事研究工作，逾期站员必须离站，产生的空额可再接待新站员。

在中国，还有一些特殊的问题要解决。譬如，住房、户口（包括夫妻儿女的随同迁移）、工资、人员编制、就业、国内外的来去，等等。对所有的问题，李政道都考虑到并提出解决的意见。在李政道的积极努力下，中国政府给予了"博士后"流动站以极大的支持。从 1985 年到 1987 年，中国国家科委、教育部会同财政部、国家计委、公安部、劳动人事部、商业部等有关部委下发了若干文件，对所有有关问题做出了规定。"博士后"流动站的建设取得了迅速的发展。到 2003 年 10月，全国 310 所高等院校和科研院所，共设立了 947 个流动站，企业建立了 670 个流动站，形成了学科专业比较齐全、部门和地区分布比较广泛、产学研合作日益密切的博士后工作网络和体系；共接受博士后 2.4 万多人，年招收博士后超过 4000 人，在站博士后人数达到 9000人。已经有 1.6 万名博士后完成了在站的研究工作，走上了固定的工作岗位或出国进行研究工作。其中，约有 59% 到高等院校，25% 到科研院所，10% 出国，4% 到公司企业，2% 到政府机关或其他单位[①]。直到今天，"博士后"流动站仍在顺利地运行着。它已经为中国培养了大批尖端人才，成为中国教育科技领域里一个极为重要的部分，显示了它旺盛的生命力。李政道为祖国创建"博士后"制度的这一贡献将永载史册。

李政道对于他建议在中国建立的"博士后"科研流动站制度，有深厚的感情，寄予厚望。他除了帮助流动站解决各种各样的问题以外，曾亲自为"博士后"证书设计图案：在博士帽的背景下，展现出巨帆出海的形状，其风帆由英语 Post Doctor 的第一个大写字母 P 和 D 组成，P 和 D 又正好构成象形中文博士后的"后"字和"追"字的字形，象征着博士后们在前进和成长的道路上乘风破浪，一帆风顺。

2003 年 2 月他为清华大学博士后们写了一首诗：

① 有关资料均见《中国博士后制度沿革及其发展》，冯支越著，经济科学出版社，2003。

清水滋润学府
华木擎起辉煌
博采科学精华
士当为国争光
后辈定能居上

这首诗后来被清华 2003 届博士后们镌刻在他们赠送给学校的巨石上，那块巨石矗立在校园里成为清华园里的一个亮点，任人观光。

李政道在祖国最困难的时候，逆潮流而上，想方设法为祖国培养了大批人才。其意义决不仅限于一批人才，更重要的是冲破了当时严重轻视人才培养的政治情势，打破了在人才培养和使用上的封闭、死滞状态，使国家在培养人才方面出现了生动活泼的局面。他的举动给国家带来了不可估量的长远利益。

进入 90 年代，李政道和夫人仍积极为祖国的科教事业忙碌。他俩每年两度回国，不辞辛苦地为祖国高能物理、博士后、自然科学基金、各个科技中心等努力工作。他俩回国都是利用自己的假期，而且从不收取任何国内单位的薪金报酬。

1995 年年底，李政道的夫人秦惠䇹被诊断患了肺癌。病情已到晚期，发展极为迅速。李政道日夜护理。在这生死诀别的日子里，他俩常回忆起共同相处的日子。夫人为了成全李政道在物理学方面超人才能的发挥，放弃了自己的学业和工作，全力挑起家庭的重担，几十年如一日。她虽然不是学自然科学的，但跟随李政道生活，朝夕相处，受到了熏染，对科学有亲切感，对科学的重要性有足够的认识。她对自然科学，虽不了解其细则原理，但对一般科学成果的来因和去势不觉陌生，对其也有一些粗枝大叶的体会和认识，这些认识使她对社会和科学技术的发展增加了很多实质性的了解。她以自己的经历认识到教育的重要性。特别当她和李政道于 1972 年回祖国访问以后，祖国年轻人缺乏教育的状况，使他和李政道一样忧心如焚。他们经常谈起，如何帮助国内教育的恢复，如何使年轻人不错过受教育的机会，秦惠䇹尤其担忧女孩子没有受教育的机会。这时，她向李政道建议，在她去世后，要把他们积攒的私人积蓄捐赠出来，建立一项奖学金，支持青年学子的求学。

就在这样的背景下，一项资助大学生见习进修的基金应运而生。1996 年 11 月李政道的夫人秦惠䇹病逝。很快，按照李政道和夫人的约定，他们将私人积蓄以及部分亲友的捐赠近一百万美元，在美国亚洲基督教高等教育联合委员会 (United Board for Christian Higher Education in Asia) 设立了 "秦惠䇹与李政道中国大学生见习基金"（The Hui-Chun Chin and Tsung-Dao Lee Endowment in Memory of Jeannette Lee），简称 "䇹政基金"。

䇹政基金签字仪式。

"䇹政基金"的基金数额不算大，但它极具特色。应该说，极具"李政道特色"。它不同于一般的奖学金，它的宗旨是特别针对在校本科大学生，特别鼓励他们在校读书时就开始尝试进行科学研究。鼓励他们主要利用暑期以及课余时间，通过从事一定水平的科学研究，得到科学研究领域的训练和经验。基金支持的学生，按章程规定一半应该是女生。

李政道的这一想法，在讨论时就得到了许多朋友的支持。大家一致认为，让在校的学生较早地接触研究工作，是对学生的一种特殊的培养，这有利于鼓励他们的创造性，有利于他们在毕业后能尽快地深入研究工作。于是，他决定在国内选择少数几个学校试点。上海是他和夫人成长的第二故乡，他首先选择了复旦大学；北京大学是他的母校，兰州大学是夫人故乡（甘肃天水）的大学，苏州大学是李政道故乡的大学。于是四所大学就成为第一批试点学校。

1998 年 1 月 23 日䇹政基金的成立仪式在北京大学举行。国家及有关部门的领导人温家宝（中共中央政治局委员、书记处书记）、宋平（原中共中央政治局常委）、周光召（原中国科学院院长、人大副委员长）、朱光亚（中国人民政治协商会议副主席）、路甬祥（中国科学院副院长）、陈至立（教育部副部长）、钱伟长（中国人民政治协商会议副主席）等亲临仪式表示支持和祝贺。温家宝、宋平、陈至立发表了热情洋溢的讲话。当时的副总理朱镕基写了亲笔祝贺信。李岚清副总理写了一首诗与李政道唱和：

> 昔日伉俪还故里，
> 炎黄馆中论科艺。
> 今朝与公再相晤，
> 痛失秦箬不得归。

　　　　　　　挚友众，分衰思。

　　在这之前，李政道曾经将他在夫人逝世一周年时写的一首诗赠送李岚清：

　　　　　　　去岁此日薯我笑，
　　　　　　　今日同时不见薯。
　　　　　　　瞬目已是一周年，
　　　　　　　生死两地影茫茫。
　　　　　　　心想抚，情相连。

　　就在基金成立的当年暑假，上述四所大学选出了第一批共40名被称作"䇹政学者"的大学生，在导师的指导下开始进行暑期科研工作。到2004年共计有555名"䇹政学者"（不包括后来参加进来的台湾新竹清华大学的70名）。他们都以优异的表现完成了自己的科研题目，对"䇹政基金"的宗旨赞赏不已。

　　2000年初，李政道的恩师吴大猷教授在台湾病危。李政道为此专程赴台探望。在台期间，新竹清华大学的刘炯朗校长、彭宗平教务长以及吴茂昆、沈君山教授向李政道提出，希望"䇹政基金"能接纳新竹清华大学参加。他们了解"䇹政基金"的资助能力有限，所以提出由他们自己筹划资金。对新竹清华大学的这一请求以及他们慷慨的举动，李政道当即表示赞许，随后即把他们的请求提交于2000年10月举行的"䇹政基金会"第二次管委会讨论。基金会成员们一致同意接纳台湾新竹清华大学参加，认为有台湾新竹清华大学的参加，"䇹政基金"一定更具生命力，更有意义。于是新竹清华大学就成为"䇹政基金"的第五位成员。

2001 年暑期，台湾新竹清华大学和大陆四所大学开始互派"䇹政学者"。2001、2002、2004 三年（2003 年因爆发非典暂停）两岸交流的"䇹政学者"共计 158 名，大陆赴台湾新竹清华大学共 88 名，新竹清华大学来大陆共 70 名。

应该特别指出的是，由于台湾新竹清华大学在资金上的贡献，促成了两岸"䇹政学者"的交流，使"䇹政基金"在两岸大学生的交流上开创了新的局面，可谓功不可没。同学们对新竹清华大学的教授导师们严格的育人方法、高超的学术水平以及大学实验室设备的精良、管理的有序，台湾师兄师姐们的勤奋刻苦都有非常深刻的印象。新竹清华大学还采用了一些特别的办法接待大陆同学。譬如，他们征集了许多"接待家庭"，每个家庭负责接待一两位大陆同学。这种做法使大陆同学更能接近台湾的社会，了解台湾各方面的情况，增进亲情之感。所有接待家庭都把大陆同学当成自己的孩子，每逢假日，都带他

1993 年，结婚 43 周年纪念照。摄于北京中山公园来今雨轩。

们出去旅游，欣赏宝岛美丽风光，饱尝当地美味佳肴。在学习总结里所有的同学都写下了动人的故事。大陆同学发现，台湾在保持中国传统文化上比大陆要做的好。他们仍然使用繁体字，守礼热情，文明友善，勤劳刻苦。但是，正如大陆缺少对他们的了解一样，他们也缺少对大陆的了解。

由台湾来大陆的同学，无不怀着好奇而激动的心情，想看一看原来只能在书本上读到的祖国大陆的情形。他们对大陆幅员的辽阔、人文的丰富以及建设的飞速发展印象深刻。给他们印象最深的是，大陆同学在学习上刻苦拼搏，顽强向上，个个的目标瞄准考研出国，竞争极为激烈。许多同学原以为大陆不会有那么发达，在有的同学的印象里，兰州位处沙漠地带，荒无人烟，行路据说要骑骆驼。可是当他下了飞机，乘车飞驰在高速公路上的时候，真不敢相信这是在大陆西北

李政道夫妇、李中清夫妇、李中汉夫妇及善时、善玄。

210

边远的兰州。很多同学在完成科研论文的同时，游遍了祖国的大好河山，品尝了各种地方风味美食。

"䇹政基金"的设立和几年来的实施，效果卓著，500多名"䇹政学者"都写出了自己的论文，很多都发表在学术刊物上。如北京大学2000届"䇹政学者"提交的论文，有11篇已经公开发表。北京大学化学学院姜晓成同学在一直保持全年级学习成绩第一名的情况下，作为"䇹政学者"，研究工作取得了创新的成果，独立完成4篇论文，其中一篇已在权威的化学杂志上发表，其余的也即将发表。复旦大学2000届"䇹政学者"田博之，在"䇹政基金"项目研究的基础上，在国外学术杂志上发表论文27篇，申请专利9项。据统计，毕业后的"䇹政学者"，70％的都选择从事科学研究工作，成为各个领域里的优秀人才。参加"䇹政基金"项目的五所大学一致给予高度评价。他们认为，使大学本科生在读书时就接触科学研究，是李政道教育思想的一个创举，对本科生们今后从事科学研究有着极大的促进作用，在培养人才上无疑会有重要的作用。因此，各个学校，都十分重视"䇹政基金"项目的实施，除加强管理外，还增加投入，扩大名额，使"䇹政基金"成为各校重要的教育项目之一。

"䇹政学者"都十分感谢秦惠䇹夫人和李政道教授为他们提供的这一难得的机会。

从地冻天寒到桃李满园，李政道和他的夫人真是费尽了心血。而今，桃李盛开，硕果满园，夫人当欣慰于九泉之下。

第十一章
心通天宇：科学家的人文情怀

1986 年，李政道提出了一个建议，要在中国成立一个科学技术研究机构。他设想的这个研究机构与一般科学院或大学的研究所不同，它没有专职的研究人员，没有庞大的组织机构，也没有实验室。因为他考虑到，当时的中国已经确立了以经济建设为中心的方针，确定了实现四个现代化的目标。这是一个千载难逢的机遇。如果科学技术的发展跟不上，上述目标很难实现。经过他多年来的了解，他认为当时中国并不缺少研究所和实验室，研究人员的数量也不少。但是他觉得当时中国缺少的是对世界科学技术最新发展状况的了解，缺少最新科学技术发展的信息，缺少鼓励科研人员积极从事研究的机制。如果在这些方面不能及时跟上，中国科学研究发展的速度仍然不会很快，实现四个现代化和用科技强国的目标会很困难。所以，李政道极具开创性地提出要建立一些个学术机构（中心），促进解决上述问题。他设想的机构要能及时地向国内通报国际上的最新研究信息，能支持海外学

者，特别是年轻的学者，回国作学术交流，能支持国内的研究人员在
不脱离本人所在研究机构的情况下，尽量从事国际最前沿的研究工作。
当然，限于条件，它不可能在这个机构里设立各个学科的实验室，但
是可以优先支持理论方面的研究。为此，这个机构要经常召开各种主
题的国际性学术研讨会，请世界上在最前沿工作的著名科学家来做报
告，就各种重要的科学主题展开讨论；要举行各种不同专题的"工作
月"，请国内外在这些前沿领域工作的一流学者，特别是年轻的学者进
行研究和交流；要支持国内的研究工作者从事重要的研究工作，给他
们一定的研究经费，奖励他们的研究成果，等等。他还打算，先成立
一个中心，然后在这个中心下面，成立几个分中心，以点带面，形成
网络，在一定的时间里，使中国取得与其人口成比例的科技成就，对
世界科技的发展做出贡献。这样，这个研究机构就和国内的各个研究
机构有所区别，成为一个有特色的研究机构。有人说，李政道要在中
国成立美国式的普林斯顿高等研究院。事实上，李政道设想中的研究
机构，和普林斯顿高等研究院有所不同。其不同之处在于它没有普林
斯顿高等研究院那样的实体，或者说它不设立在职的研究人员，也没
有专门的实验室。它只有非常精简的办事机构，少量供短期来访研究
人员用的办公室和比较先进的计算机设备、学术会议设施、公寓等。
在李政道的心里，建立像美国普林斯顿高等研究院那样的研究机构，
不是他的事情。他的使命仅仅在于促进。

　　李政道有了这样有特色的设想之后，就为实现它而谋划。他为
这个机构起了一个名字叫"中国高等科学技术中心"。为了这个中心
的成立，首当其冲，要解决经费问题。于是他通过他的好友，意大利
著名物理学家吉奇奇（Antonino Zichichi）得到了"国际科学文化中
心"(The International Centre for Scientific Culture)，也就是"世界实验室"

（The World Laboratory）的支持。吉奇奇是意大利博洛尼亚大学（The University of Bolognia）物理学教授，曾任世界科学家协会（The World Federation of Scientists）、意大利物理研究所、欧洲物理学会、北约裁军委员会主席，梵蒂冈科学院院士。"世界实验室"是联合国承认的国际性非政府性质的机构，其重要宗旨是支持发展中国家的科学研究。首先提出这一想法的是狄拉克（Paul A.M. Dirac）、卡皮扎（Piotr Kapitza）和吉吉奇。那是 1982 年，然后于 1986 年在瑞士日内瓦成立了"世界实验室"。吉吉奇对中国十分友好，是李政道多年的好友，对李政道成立"中国高等科学技术中心"的想法十分赞赏。

　　李政道为了实现自己的想法，专门向中国政府和中国科学院写了报告。他的报告很快得到了批准并且也获得了中国政府的支持。1986年 10 月，"中国高等科学技术中心"（以下简称"高科中心"）正式成立。同时成立的，还有作为分中心的北京大学"现代物理研究中心"。李政道亲自担任高科中心主任。

　　高科中心的成立在 80 年代的中国科技界引起了很大的反响。许多科学研究人员从不断举行的高水平的国际学术研讨会上获得了最新的科研信息，使自己的眼界大为开阔；作为中心的协联研究成员，许多研究人员得到了可以自主掌握使用的研究经费，很大地改善了他们的研究工作条件；同时还得到了数量不少的津贴，使他们原本十分困窘的生活水准得到了提高。他们每发表一篇论文，都会得到奖励，这也使他们工作的积极性大为提高。

　　自从高科中心成立以来，在近 20 年的时间里，共举行国际学术讨论会 18 次，国内学术讨论会（"工作月"）320 次，有 2.55 万人次参加，在国际一流学术刊物上发表了论文 3991 篇，出版国际学术研讨会文集12 集，国内学术研讨会文集 168 集。据有关部门统计，国内以高科中心为第一作者发表的学术论文，在 20 世纪 90 年代初中期，其数量连续多年高居全国前几名。后来逐年呈下降趋势，从前几名下降到约第十几名。但是，这种下降并不说明高科中心的成绩下降了，恰好相反，说明在高科中心的示范和推动下，全国各研究机构和大学都加大了对科研的支持力度，加大了对研究人员的鼓励的力度，高科中心建立的初衷在很大程度上实现了。

　　高科中心举办的国际学术研讨会，大部分都是物理学前沿的课题，但是也有几次会议的主题并不完全和物理有关。这体现了李政道对其他与国计民生有重要意义的主题的关心。1997 年 11 月，高科中心举办了《中国酸雨及其控制》、1998 年 11 月举办了《荒漠化防治及黄河断流和北方缺水问题》、2000 年 6 月举办了《中国草地的经济效益》、2001 年 3 月举办了《原始农业对中华文明形成的影响》、2002 年 6 月举办了《中国古陶瓷无损科学鉴定的方法》等学术研讨会。李政道对每一次研讨会都作简短的讲话，画龙点睛地指出会议的意义。对有的会议还做了题词。譬如，他给"酸雨"会议题词是：

　　　　　块块烟煤都排硫
　　　　　滴滴酸雨皆害人

对"草地"会议题词是：

　　　　　还林还草定沙尘
　　　　　绿山绿原新西北

　　自从高科中心建立以来，李政道每年回国两次，参加各次学术会议，召开中心学术顾问委员会会议，处理中心各项繁杂事务。为了高科中心的运作，他花费了巨大的精力。他筹集经费，支持各项学术研究，但自己却从不领取薪金和补贴。

在高科中心诸多任务之外，李政道还利用这个舞台，开展了一项极具特色的活动。他热情地组织和推动科学家和艺术家的交流、沟通，把科学和艺术结合在一起，开创了科学和艺术结合的新天地。后边我们将专门介绍这一活动的情况。可以看到，高科中心在推动这一活动上所起的重要作用。

为了实现他促进国内科学研究的想法，他还在北京大学成立了现代物理中心，在浙江大学成立了物理研究中心，在复旦大学成立了李政道实验室。所有这些中心和实验室，都在促进国内研究工作上做出了重要的贡献。

李政道还积极支持自然科学基金会的成立。上世纪 80 年代初期，中国开始实施改革开放政策，为了消除"文革"造成的消极影响，全面推行经济、教育、科技体制改革。全国科学大会的召开，标志着"科学的春天"的到来。但是，在基础科学领域拨乱反正的任务极其繁重，许多学科领域的研究方向和研究工作急待恢复或建立，研究队

李政道在浙江近代物理中心成立大会上。

伍青黄不接，研究经费相当匮乏，科研整体水平与国际先进水平差距继续拉大。这种局面引起国内许多有责任感的科学家的忧虑。1981 年，89 位学部委员（院士）致函中央领导，建议借鉴科学发达国家的成功经验，设立面向全国的自然科学基金，充分发挥科学家在配置基础研究资源方面的作用。这项建议得到了中央领导人的首肯，从 1982 年起，中国科学院科学基金开始实施。4 年后，国务院设立了国家自然科学基金委员会。这是中国科学技术管理体制方面的一件大事。科学基金负责支持基础研究，系统地引入同行评议制度，坚持科学家自由选题，自由申请，平等竞争，择优支持。这项制度一诞生，便显示出强大的生命力，给中国基础研究事业带来勃勃生机。1985 年 3 月，为了促进自然科学基金的尽快设立，李政道给小平同志写过一封信，在建议建立博士后制度的同时，也建议尽快建立自然科学基金委员会。小平同志在接见李政道的时候，明确地表示："成立国家自然科学基金委员会，大家都赞成，不会反对。这是新生事物，先干起来再说。"这给基金委的成立以极大的促进。李政道在促生了自然科学基金以后，仍不断关心它的运作，1992 年 5 月，为了纪念自然科学基金实施 10 周年，李政道又在人民大会堂做了题为《没有今日的基础科学，就没有明日的科技应用》的讲演，进一步宣传基础科学的战略地位和与应用研究、技术开发的关系。他把基础研究比喻作"总机关"，说"总机关"一动，下面的整体就要发动。他呼吁加大对基础科学研究的投入，呼吁进一步发挥自然科学基金的作用。此后，基金从 1992 年的 2.26 亿人民币增加到 2005 年的 27 亿人民币。自然科学基金在全国科学研究中的作用越来越大，李政道的功不可没。

　　李政道是物理学家，他自诩物理是他的生活方式。事实上，他也的确是生活在物理之中。可是，李政道特别对中国传统的诗词、书法、绘画等文化艺术有着浓厚的兴趣。他工作之暇，常利用几分钟或几十分钟的时间，吟诗作画，挥毫题字，品味艺术的实质，探索科学与艺术之间的关系。在国外，在他工作、行程之余，去纽约、罗马、巴黎等地以及其他著名博物馆里鉴赏绘画等宝藏，常被许多艺术大师的绘画作品所震撼。他发现，艺术，特别是绘画艺术，除了能以它的美激发人们的感情外，也能表达科学内容；而科学在追求和表达真理的普遍性的同时，也具有深刻的艺术内涵。科学和艺术在一定层面上是相通相连的。于是，他立意探索科学和艺术之间的关系。

1986 年，李政道在北京成立了"中国高等科学技术中心"。这是一个以举办科学学术研讨会、支持基础科学研究为宗旨的学术组织。他担任中心的主任。在它成立的第二年 5 月，举行了一次《用并行机的格点规范理论》的国际学术研讨会。为了宣传这次会议，李政道倡议

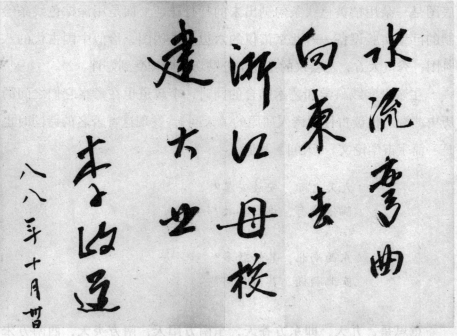

李政道给浙江大学的题词。

要用艺术化的方式为本次会议制作"主题画"。那个时候，李政道还没有与国内绘画界建立联系。于是，他就亲自进行设计。他把哥伦比亚大学用于研究格点规范理论的并行计算机的线路图作"主题画"的背景图，挥毫写就一个行书"格"字，组成一幅图画，画面优雅简洁，富有中国传统绘画的格调，又有现代科学内涵，受到出席会议的科学家们的好评。

这是科学活动，也是艺术创作。从此李政道的这种创作活动，竟一发不可收拾。

同年6月，中国高等科学技术中心又举行《粲物理》国际学术研讨会。这次会议邀请了国际知名科学家为北京正负电子对撞机的物理实验工作进行讨论。这次会议的"主题画"是李政道和中心的同事们共同讨论拟出的草图，最后在计算机上制作完成。"主题画"十分别致，底图是一朵用桔黄色线条勾勒出来的牡丹花，上面是用深棕色线条绘制的巨型实验设备——北京谱仪的六边形结构图，恰似中国古代的八卦图，秀气大方，与会议的主题十分贴切，同样受到好评。

在亲身实践科学和艺术结合的同时，李政道也在考察它们之间的历史渊源。他读古代大诗人屈原的《天问》，发现这首著名的诗同时也是一篇宇宙学论文。《天问》写道：

> 九天之际，安放安属？
> 隅隈多有，谁知其数？
> ……
> 东西南北，其修孰多？
> 南北顺椭，其衍几何？

意思是，九天，即东方苍天，东南方阳天，南方炎天，西南方朱天，西方颢天，西北方幽天，北方玄天，东北方鸾天，中央钧天，是如何安置的？如果按照当时人们的认识，天是圆的，地是方的，那么九天与地的交界究竟能有多少处？那么这些交界处又在哪里呢？既然没有这些交界处，据此便可以推测，不是天圆地方，而是天圆地圆，天像蛋壳，地像蛋黄，各自独立。

进一步，屈原问道，地球的东西和南北哪一个更长一些？如果它们不是等长的，地球就是椭圆的。因而，赤道直径和两极直径哪一个更长呢？

李政道认为，屈原在他的诗歌中巧妙地运用了几何学和物理学的对称原理，在 2500 年前，就提出了地球是椭圆的科学猜测，真是惊人。后来，人们通过环球航海，知道地球确实是圆的；再晚些时，人们测量地球的赤道直径为 12756.28 公里，两极直径为 12713.51 公里，二者相差 42.77 公里，说明地球的确是椭圆的。屈原的猜测得到完全的证明。把科学的猜测寓于诗歌之中，这是多么精彩的科学和艺术的结合！

李政道又对大汶口发现的新时期时代的一块石刻进行分析。这块石刻上刻有日、月、山三种形象，雕刻者把这三个形象巧妙地组合成一个"人"的形状，"日"是头，向上弯曲的月亮成了手，"山"成了人的双腿。李政道认为，这块石刻生动地反映了，新时期时代的人类已经有了将日、月、山这些自然界客观存在的事物与人类达到和谐、统一的愿望。这也是科学和艺术交织的生动例证。

李政道很重视保存在台湾中央研究院里的两片甲骨。在一片甲骨上刻有"新大星并火"几个字。李政道指出，所谓"新大星"是一种处于爆发状态的变星体，叫超新星。这里记录的是公元前 1300 年，约在商朝时某月第七日傍晚月亮刚出来的时候，天空在并火星座爆发的一颗超新星。它的亮度在爆发后要比之前强一万到十万倍。另外一片甲骨记录说，两天以后这颗星已经消失。两片甲骨把超新星的出现、亮度变化和寿命都记录下来了。我们的远祖用极具艺术水平的刻字，把科学事实记录下来，这样的甲骨及其刻字本身就是高水平的艺术品，也是科学和艺术的完美结合。

通过这些考察，李政道认为，在人类文化的发展中，科学和艺术始终是交织在一起的，只是随着社会的发展，社会分工日益精细，科学和艺术才逐渐变成了独立的文化范畴，相互分割开来，甚至被误认是相互无关的文化范畴。考察科学和艺术发展的历史、炎黄文化，以及整个人类文化，其中科学和艺术的发展一直是统一的。所以，现在提倡科学和艺术结合并不是一时心血来潮，而是发扬历史发展的本质，力求在新的历史时期，使传统得到更好地发掘和继承，从而有所创新，为社会的发展做贡献。

谈到科学和艺术的关系，李政道有自己的心得。他在他的许多文字里，对此有过很多深刻的阐述。他认为：

●科学与艺术的本源是一致的，它们都来源于人类的社会实践，来源于人类的智慧和创造。

●艺术和科学有着共同的基础，那就是人类的创造力，它们追求的目标都是真理的普遍性。

●艺术，例如诗歌、绘画、音乐等，都是用创新的手法去唤起每个人的意识和潜意识中深藏着的、已经存在的情感。情感越珍贵，反响越普遍，跨越时空、社会的范围越广泛，艺术就越优秀。

●科学，例如天文学、物理学、化学、生物学等，对自然界的现象进行新的准确的抽象，这种抽象通常被称为自然定律。定律的阐述越简单，应用越广泛，科学就越深刻。……对自然现象的抽象和总结是人为的，属于人类智慧的结晶，这和艺术家的创造是一样的。

●科学具有普遍性，艺术也具有普遍性。虽然它们并不完全相同，但它们之间有着很强的关联。科学和艺术是不可分的，两者都在寻求真理的普遍性。两者就像一枚硬币的两面，不可分离，都来源于人类活动最高尚的部分，都追求着客观世界的深刻性、真理的普遍性，都具有重要的意义。

●科学和艺术的结合有利于科学、艺术和整个社会文化的繁荣和发展。优秀的艺术可以激发人们的情感，去从事创造性的思维和实验；优秀的科学智慧也可以从形式到内容去充实和丰富艺术的创造力，使艺术达到一个更新更完美的境界。也就是说，科学可以因艺术的情感的介入而更富创造性，艺术也可因吸收科学智慧的营养而更加绚丽多彩。

有了这些理论的思考，李政道便有意识地去实践科学和艺术的结合。他创办的"中国高等科学技术中心"举行的各种学术会议的"主题画"，就成了他进行实践的最好场合。为了创作更好的科学和艺术结合的"主题画"，李政道主动地求助于国内的著名画家。从 1988 年开始，李政道先后和著名画家吴冠中、李可染、黄胄、常沙娜、鲁晓波、华君武、姚建伟、袁运甫、张仃、吴冠中、刘巨德、陈雅丹、陈楠（按合作先后次序排名）合作创作了一批科学和艺术水准很高的绘画和书法作品。

说起李政道和艺术家们的友谊，那还是 20 世纪 70 年代初的事情。1972 年，在他的手里有一份想要会晤的艺术家们的名单。此前，他曾在巴黎参观卢浮宫博物馆，见到相当数量在"文化大革命"期间流散到那里的中国近代绘画作品，诸如黄胄、吴冠中、李可染、吴冠中等人的作品。李政道觉得这些人的作品有很高的艺术水准，远出乎他的想象——大陆竟然也有这样高水平的艺术家！于是便产生了与艺术家们会晤的念头。当他来到北京的时候，他便向陪同人员提出他的这个愿望。但是陪同者表示，他并不知道这些艺术家。一次，当李政道与谢冰心会晤的时候，谢说她知道这些人，也就是说的确有这些艺术家，并特别指了吴作人的名字。陪同人员说，他需要去了解一下。后来，李政道得到的答复却使他喜出望外，说吴作人就在北京。于是李政道夫妇去花园村华侨新村吴作人的住处拜访了他和夫人肖淑芳。后来李政道得知，正是在他提出要见吴作人以后，吴作人一家才得以从郊区参加劳动的地方匆忙搬进了条件优裕的新居。另外，据了解，列在李政道名单上的其他几位艺术家也得到了类似的对待。这种戏剧性的经历，已经为李政道和艺术家们之间的友谊打下了基础。

李政道与艺术家们的合作不仅是友谊的体现，重要的是李政道对艺术的热爱和执着，他们的合作本身又是科学和艺术相结合的过程。为了创作一幅"主题画"，李政道总是先向艺术家们介绍他自己关于科学和艺术结合的看法，介绍某一个科学主题的具体含义，与艺术家们一起切磋。有许多画，是李政道先拿出自己的初步设计草图，再由艺术家们完成创作。艺术家们开始的时候觉得科学很神秘，但听了解说之后，艺术创作的灵感受到激发，都能很快创作出艺术水平极高且具

科学与艺术展中，李政道在解释吴作人的画《无尽无极》。

有很深很现代科学内容的绘画作品。每一幅作品都成为珍品，都蕴藏着科学家和艺术家合作的一段佳话。

　　1988 年 5 月，中国高等科学技术中心举办《二维强关联电子系统》国际学术研讨会。由于凝聚态物理的发展，其研究前沿集中于量子霍尔效应和高温超导的新发现。这两种现象本质上都与具有二维强电作用的材料密切相关。会议要对这些理论问题进行研讨。国画大师吴作人教授从中国古代哲学观点出发，认为所有的复杂性都是从简单性产生的，正如老子在《道德经》里所说："道生一，一生二，二生三，三生万物。"但是，如此多的复杂性是如何从简单的"道"里产生的，是人类自古以来一直研究的问题。现在，人们已经知道，通过带正负电的粒子之间的相互作用，形成了原子、分子以至世界万物。在中国，这种正负电荷的对偶结构，被称之为"阴"和"阳"。古时候的"太极"符号就是表现这种阴和阳的关系的。吴作人画了一幅现代太极图，取名《无尽无极》，他用两个互相吸引，正在急速旋转的蝌蚪状物体象征着动态的宇宙，所有物质都产生于阴阳二极的对立。吴作人的这幅《无尽无极》被李政道选来做北京正负电子对撞机的标识，受到科学和艺术界的高度评价。吴作人艺术和科学相结合

黄胄作《天马行空》。

的"主题画"创作的成功，给科学家和艺术家们以极大的鼓舞，李政道也更有信心地在科学和艺术相结合的道路上阔步向前。

1988 年 6 月，中国高等科学技术中心在南京大学召开粒子物理和宇宙学国际学术研讨会。李政道请著名画家黄胄作画并亲自对他讲解会议的主题。李政道花费了两天时间和黄胄交谈，阐述天文物理的要义，描绘他要黄胄画马的想象。当黄胄了解了有关早期宇宙、宇宙膨胀、暗物质、弦理论以及星系形成演化等科学知识后，性情所致，当着李政道的面，挥笔一气呵成，画出了《天马行空》一画。一匹骏马扬蹄奔腾，傲视苍穹，似乎就是正在迅速膨胀的宇宙。李政道眼睛一亮，惊叹一幅空前的艺术品竟在他的眼前霎时诞生！随后，黄胄又写下了雄浑有力的四个大字"天马行空"，更给那幅画增添了强劲的气势。这幅画不但成为科学和艺术完美的结合，更是画家一生所作马画中最优秀的一幅。

1985 年 5 月，中国高等科学技术中心召开《场、弦和量子引力》国际学术研讨会，著名画家李可染应李政道之请为会议作"主题画"。他了解到，物理学现在面临的问题是弦理论、量子引力理论和场论的统一。超弦理论认为，我们四维世界中所有的现象只是十维空间中的一根弦的表现。对这样玄而又玄的理论，李政道向李可染解释说："想象用一根三维的线来绣一幅二维的图，可以绣出人、马、马车和许许多多其他东西。再想象这根线可以按任何方式运动，一根三维空间的线的运动就产生了人、马、马车等二维图像的运动。"李可染大师经过潜心思考，一反他传统的画风，画出一幅《超弦生万象》的画。这幅画用充满动感的点和线，生动地创造出超弦的艺术意境，描绘出粒子及其激发态由一根弦的振动而产生，真是游于无穷，寓意深远。

李可染创作的另一幅画《核子重如牛，对撞生新态》，是又一个科学和艺术结合的杰作。由李政道主持建造的，耗资十亿美元的世界上最大的相对论性高能重离子对撞机（RHIC），1999 年在美国纽约长岛布鲁克黑文国家实验室建成。前此一年，1998 年 6 月，在中国北京中国高等科学技术中心举行了《RHIC 物理国际学术研讨会》。按李政道的物理思想，是要在这个对撞机上，使两束金的离子迎头相撞，在对撞之后造成一种与宇宙形成初刻大爆炸时一样的真空状态，以研究宇宙的起源和真空的复杂性等物理问题。李可染听了李政道的介绍，即兴创作了上述画作。画中，两牛抵角相峙，似乎完全是静态的，然而，蕴含在两头对峙的牛中间的能量显然是极其巨大的，它就要释放而变做激烈的运动，产生不可估量的后果。

李可染做此画是在他在世的最后一年。他对李政道说，他一生画牛，从来画的都是和平的牛，从不画好斗的牛。在这幅画里，两牛相斗，翘尾抵角，全力撞击，正是自然界核子相撞，新态创生的情景的艺术体现。

漫画大师华君武，自谓从小对数理化一窍不通，中学时数学总是不及格，有时甚至得负分数，却有缘和李政道结识。1992 和 1994 年，中国高等科学技术中心连接举办了两次低温凝聚态物理和高温超导体微观结构的国际学术研讨会。在和李政道进行了"科艺沟通"之后，华君武勉为其难，数日苦思冥想，终于茅塞顿开，用一群代表电子的小蜜蜂在一些由 60 个碳原子组成的球状的 C_{60} 分子（布基球）链上飞翔的画面，生动地表现出了电子结成"库伯对"时所呈现的"自由"即超导状态。华君武给这幅画命名《双结生翅成超导，单行苦奔遇阻力》更是画龙点睛，准确地表达了超导的科学含义。

吴冠中大师是近世中国画坛叱咤风云的人物，他兼容中西，勇于创新，特别善长点、线、面的结合。20 世纪后半叶，随着非线性科学的发展，科学家对世界深层次的和谐有了新的领悟，认识到，自然界是按照共同的统一性存在着，体现出惊人的简单性和一致性。但在统一性中又存在着无穷无尽的特殊性和多样化，简单中蕴含着无限的复杂。复杂性和简单性成为非线性科学中的一个重要问题。中国高等科学技术中心于1996年5月举办了《复杂性对简单性》国际学术研讨会。李政道求画于吴冠中大师。大师原已深谙简单与复杂的奥义，即从清代国画大师石涛的画论"自一以分万，自万以活一"的著名论断中，早已体验到这二者的辩证关系。很快，他就以神韵备含的点、线和几种颜色，挥洒自如，千变万化，以静为动，动中含静，创作出一幅《流光》。吴冠中题诗在画上：

> 点、线、面，
> 黑、白、灰，
> 红、黄、绿，
> 这些最基本的元素，
> 营造极复杂的绘画。
> 抽象画，道是无题却有题：
> 流光——流光容易把人抛，
> 红了樱桃，绿了芭蕉。

李政道对吴冠中的画极为赞赏，他和作者切磋之后，对诗略做修改，赋予它更多的科学含义：

> 点、线、面，
> 黑、白、灰，
> 红、黄、绿，
> 最简单的因素，
> 营造极复杂的绘画。

　　　　　　　　它们结合在一起，

　　　　　　　　也不能留时间。

　　　　　　　　流光——流光

　　　　　　　　流光容易把人抛，

　　　　　　　　红了樱桃，绿了芭蕉。

　　李政道解释说，按照相对论，时间的改变和观察者的运动速度有关，速度快，时间的改变则慢。光速为一切速度之最，如观察者以光速运动，相对的时间则完全停留。"光也不能留时间"这一句，表示艺术家的想象可以超越目前科学定理的范围。吴冠中对李政道的诗改，十分赞赏、同意。这样，科学家和艺术家结合，不仅创作出了珍贵的画作、诗作，也造就了一段动人的佳话——艺术家和科学家的心灵、感情是互通的。

　　著名女画家常沙娜是敦煌学大家常书鸿的女儿，40年代，她曾陪伴着父亲在地处沙漠的敦煌进行临摹绘画，是敦煌画风的大家。上世纪后期，在相对论和量子力学的基础上，科学界对于物质结构和宇宙形成的研究有了极大的进展。探索物质结构的实验装置——加速器建造技术的发展，更给人类认识自然界提供了有力的手段。为了推动这一领域的研究，中国高等科学技术中心于1997年5月举办了《物质探索》国际学术研讨会。常沙娜应李政道之邀为会议做"主题画"。她以敦煌笔法，绘制了一幅《创天》。两只佛手，托出了正在形成的宇宙。气势恢弘，寓意深刻，真是"妙手托出星云展，意境创天万物生"。李政道高度评价这幅画。他说，意大利中世纪著名画家米开朗琪罗为罗马梵蒂冈西斯廷教堂绘制穹顶画，其中有一幅画是《创世纪》，用亚当诞生的主题表现上帝创造人类的故事。画面看上去是静止的，但上帝的手指和亚当的手指几欲接触，人类呼之欲出，平静的画面蕴藏着巨大的能量，使人们感到人类即将诞生的震撼。常沙娜的《创天》与米开朗琪罗的《创世纪》有着异曲同工之妙。

　　宇宙的过去和未来一直是人们关心和研究的重大课题。有关宇宙形成的大爆炸理论和宇宙中存在暗物质、暗能量的最新科研事实，更是科学研究的前沿。1998 年 6 月，中国高等科学技术中心举办《宇宙的过去与未来》国际学术研讨会。著名中年画家刘巨德，应李政道之请创作"主题画"。事先，在他们进行"科艺交流"的时候，李政道讲述了《庄子》中逍遥游的故事。"北冥有鱼，其名为鲲。鲲之大不知其几千里也。化而为鸟，其名为鹏。鹏之背，不知其几千里也。怒而飞，其翼若垂天之云……背负青天而莫之夭阏。"他认为，在庄子的故事里，鹏的诞生，就是宇宙的开始。他并在纸上画了一个展翅飞翔的大鹏，居高临下俯瞰着即将诞生的宇宙。刘巨德领会了要他表

江泽民与李政道在科学艺术展上。

现的科学含义，精心绘制一幅大鹏创生的画，画名《唯宇宙之大膨胀，始生鹏》，题字在上："政道先生言，唯宇宙之大膨胀始生鹏，怒而飞，其翼若垂天之云"。这幅画，无论从深刻的寓意，还是气势壮阔的大鹏形象，都给人一种呼之欲出的宇宙初生时刻的感觉。

还有很多位艺术家和李政道合作，创作了既有深刻科学内涵又有高超艺术水平的画作。可以说，它们都是不朽之作。

著名画家、书法家张仃为庆贺李政道创办的中国高等科学技术中心创办十周年，写下了"细推物理，何用浮名"八个篆字。张仃善用焦墨作画，他的篆字也闻名遐尔。

为了展示科学和艺术相结合的成果，2000年李政道将1988年至2000年间他自己以及他和艺术大师们合作创作的22幅作品，集结成画册出版发行。画册名为《科学和艺术》。为祝贺画册的出版，江泽民主席专门题写书名，体现了国家领导人对这一新领域的赞赏和肯定。吴冠中也挥毫写下"科坛艺光"四个极具特色的字。

画册的出版推动了科学和艺术的结合，在科学界和艺术界形成了一股持续的热潮。

1993年6月，李政道和黄胄为了光大科学和艺术结合这一理念，共同倡议召开了一次《科学与艺术》研讨会。同时，中国高等科学技术中心和炎黄艺术馆联合举办了大型展览会。之后，在十几年实践的基础上，2000年5月由中国美术家协会、清华大学、中国科学院和中国高等科学技术中心又联合举办大型美术展览会。李政道担任展览会学术委员会主席。他对展览倾注了大量心血，在筹备期间他亲自提出整个展览会的总体设想，亲自设计了序馆的展览方案，促成艺术家和科学家们的交流。科学家们几乎把全部自然科学领域里的奥秘以艺术的形式呈现在艺术家面前，使艺术家们在惊叹之余获得了创作的灵感。

展览会的召开把科学和艺术的结合推向新高潮。2001 年 5 月，清华大学在庆贺建校 90 周年的时候，举行了《艺术和科学国际作品展暨学术研讨会》，来自国内外 20 多个国家的艺术家、科学家的 688 件作品参加了展览，近 200 篇论文参与论坛，真可谓人才济济，洋洋大观。在随后出版的展览会文集里，以清华大学名义写的前言里说道："艺术与科学体现着人类感情与智慧的最高境界，它们的共同基础是人类的创造力，他们所追求的目标是真理的普遍性……21 世纪呼唤着艺术与科学的互融、互动与互补，一定会为世界带来更加壮丽的人文景观，为新世界人类生存质量的提升倾注更富人性的关怀。"

2000 年 6 月，李政道在苏州参观苏州刺绣研究所。他发现苏州刺绣工艺近年来有了很大的发展，特别在创新上有所突破。他们与美国艺术摄影家罗伯特·柯秋慕（Robert Ketchum）合作，用刺绣表现摄影，取得了很大的成功。在参观了苏州刺绣研究所之后，李政道题词："刺出千景万象，全凭一根针；绣成心境情意，方显新高艺。"同年 10 月，李政道又专门会见了张美芳所长，建议她参加科学和艺术结合的实践。李政道这次带来了他在美国布鲁克黑文实验室超级对撞机上所进行的金核子对撞的实验照片，建议张美芳所长试探用刺绣工艺来表现这一科学主题。经过努力，在张所长领导下，一幅表现科研瞬间情况的巨幅苏绣诞生了。在李政道积极的倡导下，中国传统的刺绣艺术也富有了科学的内涵，科学和艺术结合走进了新的领域。

李政道不但对科学和艺术结合有独到的见解，还身体力行参加实践，不但以自己高水平的科学智慧去探求自然界的普遍规律，还经常赋诗作画在艺术领域里耕耘，颇有成就。他身在人间却心通天宇，凭着他的天才和勤奋，在科学和艺术这两个天堂里以苦为乐，孜孜追求，不达目标，誓不罢休。

张百发、朱丽兰与李政道。

周光召与李政道。

2002 年，李政道忽发奇想，他请艺术家们把他选出来的四幅科学和艺术结合的画作，雕刻在巨大的汉白玉石头上，把绘画变成了石浮雕。《唯宇宙之大膨胀，始生鹏》、《核子重如牛，对撞生新态》、《创天》、《无尽无极》被从画面搬到了汉白玉的石面上。在数米宽，数米长，几十公分厚的洁白的汉白玉石上，大鹏、斗牛、佛手、阴阳二极栩栩如生，立体地把画中的形象突现出来，气势磅礴，震撼人心。李政道选择这四幅画制作浮雕，是要表现宇宙的诞生、运动和发展，表现从宏观宇宙到微观核子的无尽无极的状态，抒发人类对自然界的崇敬和赞叹。更具深意的是，李政道把这四块巨型浮雕安置在夫人秦惠䇹在苏州东山岛的墓地里。这块墓地占地约 600 平方米，背靠东山，面朝太湖。展翅飞翔的大鹏，双翅覆盖大地，背负苍穹，气势恢宏。李政道每次去墓地祭扫，都站在这块巨大的石雕上侧，向大家解说。他张开双臂，面向太湖，和浮雕上的大鹏做共同飞翔状。此时的他，似乎已经变做了大鹏，欣然而飞，其翼若垂天之云，水击三千里……

李政道与庄周不同。庄周梦化蝴蝶，孑然一身，抛撇世俗，轻盈而飞；李政道却从来不做虚幻的梦想，如果有梦，他一定是化作一只大鹏，负起开创寰宇的大任。

李政道通过自己的亲历证明了，只有科学才能实现他与天、与宇宙相通的愿望，只有科学和艺术的结合才能使他实现他人生的目标——心通天宇。因为人不只需要科学，还需要艺术，需要科学和艺术的结合。只有科学和艺术结合的人生、社会和世界才是具有意义的。

第十二章
人是诗　情是画　心是书

李政道醉心物理，钟情科学和艺术的结合。他把一生绝大部分时间贡献给了物理，可是他却具有诗人、画家和书法家的天赋和秉性。幼年时，他并没有读多少中国古诗，也没有机会让他展现自己的绘画才能，更没有时间临摹碑帖，但是诗人的气质、画家的灵感和书写的天资使他禁不住要表现自己。在上个世纪80年代以前，由于全部精力几乎都用到了物理研究上，李政道没有闲情逸致去赋诗作画，挥毫泼墨。只是在那以后，他的社会活动逐渐增多，特别和祖国国内的联系大为增加，并且形成了比较规律的访问制度，于是各种事务猛增，求诗索字，签名题词的情况繁多而难以拒绝，所以在遇到这样的场合，或因景生情，或出于完成任务，诗兴萌发，情意涌动，不觉开始赋诗题字；而他的画则是在另一种情况下做出的。日积月累，竟有短诗若干，小画近千，书法不计其数。

李政道开始赋诗大概是在20世纪80年代后期，作画、书法则大致开始于90年代初。1986年秋，李政道夫妇访问苏州。此前他们已

234

经多次访问过苏州。作为故乡，李政道对苏州有着特别的感情，但是
这次访问恰逢苏州庆祝建城 2500 周年。当苏州市领导向他索字的时候，
他信笔写下：

> 建城二千五百年
> 人物巨变古址在
> 山秀水明数吴县
> 姑苏子女出才杰

随后，李政道诗兴再发，又写了一首：

> 姑苏子女最风流
> 雅事传世三千年
> 弹词妙语文人色
> 戏曲特色唯吴县

接着又写了一幅对联：

> 民气文雅推苏州
> 风俗清高冠中华

这些诗都没有题目和题注，全是即兴而作，谈不上什么韵律，但是
它们的确是诗，朴朴素素，毫无粉饰，饶有趣味。

李政道访问无锡影视城，观看电视剧《三国演义》中"三英战吕
布"片段的战斗表演。表演结束后，影视城负责人请李政道题词。他
稍加思索，信笔题来：

> 火烧赤壁，
> 大江东去，

化作今日戏；

核炸长岛，

台风北上，

谁演明朝剧。

由古及今，寓意深邃，发人深省。

1993 年李政道参观西安博物馆，看到汉代的竹简上左右二字的写法，颇受启发。1995 年 10 月李政道在北京举办以《镜像对称与微小不对称》为主题的艺术与科学研讨会，除了请吴冠中和常沙娜作画外，他把他的感想写成了一首诗：

孝系镜中左

近日写为右

左右非对称

宇称不守恒

这本来也不是严格意义上的诗，但是科学的内容由李政道用诗的形式来表现，读来也颇有意味。而这幅书法也初步展现了他书写的才能，成为他的书法的代表作之一。

李政道在实践"科学与艺术结合"的同时，自 1995 年开始，也在不同的场合宣讲《物理的挑战》。这是他为新世纪准备的讲稿。他认为，物理学在 20 世纪对人类文明的发展做出了巨大的贡献，但在世纪之交仍面临着巨大的挑战。在讲到微观世界对称但宏观的宇宙是不对称的时候，李政道引用了英国诗人米恩（A.A. Milne）的一首诗：

没有人能告诉我，

没有人知道，

风从何处来。
假如我放开
我放风筝的绳子，
它必将随风飘去
一昼和一夜。
当我再找到它，
无论在哪里，
我就会知道
风已经到过那个地方。
然后我就可以告诉别人
风去了哪里……
可是风从何处来
还是无人知。

在这首诗的后面，李政道续写了几句诗，用来说明他所讲的科学思想：

如果时间反演是对的，
也许有人会知道……
但是这个定律是错的，
可能永远没有人知道。

有趣的是，李政道不但加了诗，还给这首诗配了一张小画：一个身穿古装的男孩，手里牵着一根线，线的另一端是高高飞扬的一只风筝，将米恩诗的意境生动地表现出来。

从80年代末起，由于工作关系，李政道常与位于北京中山公园内杏花村的著名餐厅"来今雨轩"往来，结识了时任该餐厅总经理的特级厨师孙大力。孙大力于1983年推出了著名的"红楼宴"，名噪一时。天宝十年（公元 751 年），杜甫客居长安，赋诗《秋述》，在序言里写道："……秋，杜子卧病长安旅次，多雨生鱼，青苔及榻，常时车马之客，旧，雨来；今，雨不来……"于是演化有了"旧雨"、"今雨"的典故。李政道对"来今雨轩"来说，自然是"今雨"，但是这位"今雨"却是一位地地道道的"知音"——美食家。李政道赞赏"来今雨轩"的美食，1990 年 5 月他就选择在那里宴请方毅副总理。宴后，自然少不了赋诗题词为酬，他写道：

> 古红众皆知
> 旧雨不再来
> 今雨同欣赏
> 新红菜色香

在 1995 年"来今雨轩"80 周年的时候，李政道赋诗庆贺：

> 嘉宾来轩聚一堂
> 八旬今雨更辉煌
> 十载虹彩结硕果
> 色香味形美名扬

在 20 世纪即将结束，新世纪就要到来的时候，李政道发千年之幽思，抒来日之浩叹，挥笔写下：

> 千年时空
> 一瞬巨缘

同时，他给由他任主任的中国高等科学技术中心的同仁们写下了贺辞：

> 龙年闰岁世纪
> 千载万福永吉

给他的工作人员写下了题为《祝龙年万福》的小诗：

留怀龙之祖（柳怀祖）

继承龙之德（季承）

腾舞龙之丽（滕丽）

当然，比上述更为重要的，是他在新世纪写给江泽民的一首诗：

江水奔海顺地理

泽惠中原使天和

民可永生施德政

副标题是：颂新世纪的中国新千年来临。

夫人逝世四周年，感恩节前夜，他写下了：

想竹君

（一）

抚你，抚你，爱抚你

爱你，爱你，爱想你

想你，想入　脑子里

睡着，醒着　都是你

感恩节后，又续写下了：

寄竹君二首

（二）

想你　想你　想揉你

揉你　揉你　揉碎你

碎你　碎到　骨头里

整的　散的　都是你

（三）

疼你　疼你　敲疼你
敲你　敲你　敲疼你
痛你　痛我　心头里
苦的　酸的　都是你

又一首：

感恩节　亲人远
一生回忆　一身空
东风紧　寒意深
长江向东　黑水① 南
愁　愁　愁

新世纪　望将来
生活有涯　志无涯
好友众　心情连
又是明年又千载
喜　喜　喜

　　1999 年十月，李政道回国访问，恰值中华人民共和国建国 50 周年大庆。他参加了众多的庆祝活动，心情非常高兴。他的老朋友宋平特意送给他一件礼物，那是天安门广场原来铺地的一块水泥砖，那时广场已经翻修一新，铺上了花岗岩石块，原来用的水泥砖切成小块经打磨后制成了纪念品。从天安门广场地面的变化，可以反映出新中国的巨大变化。李政道接到这件礼物之后，心潮所致，信笔写出以下诗句：

---

　　① 李政道家的西窗正对哈得孙 (Hudson) 河，又称黑河。

> 天安门石
> 燕南园内①
> 心念情连
> 永系中华

2001 年 4 月，清华大学为庆祝建校 90 周年，举办大型《艺术和科学》展览，展出了两件大型雕塑：一件是《物之道》，另一件是《生之欲》。前者是根据李政道的创意制作，后者是根据吴冠中的创意制作。作者是清华大学美术学院雕塑家卢新华、张烈。

《物之道》是由两组象征阴阳正负两极的螺旋式钢管相对构成，表明天地万物均系对立物的统一。李政道为这件大型雕塑题词：

物之道

> 道生物，物生道
> 道为物之行
> 物为道之成
> 天地之艺——物之道

《生之欲》是用金属雕塑复制的人类生命之本——蛋白质的形象，说明蛋白质是人类生命的源泉，而蛋白质的造型极具艺术魅力。吴冠中为这件大型雕塑题词：

生之欲

> 似舞蹈、狂草
> 是蛋白基因的真实构造
> 科学入微观世界
> 揭示生命之始

---

① 时北京大学已决定为李政道在燕南园修建住处，宋、李二位决定将此石置住宅内，以为定宅之石。

> 艺术被激励，创造春之华丽
> 美孕育于生之欲
> 生命无涯，美无涯

两件巨型雕塑是艺术和科学完美的结合，矗立在中国美术馆门前广场的左右两侧，使人震撼，发人感叹：艺术和科学竟有如此完美的结合！

镌刻在雕塑底座上的李政道和吴冠中的诗，更给人们以美和深刻哲理的享受和启示。

2001年5月李政道回国访问，住在北京他的临时住所。一天清晨，忆及当年他都是由夫人陪伴回国，现只身一人，形影孤单。此时，他正一个人坐在书桌前，手执一笔，桌上片纸，愣愣出神。顷刻间，他诗兴忽发，信笔写下小诗一首：

> 轻轻一张纸
> 小小一支笔
> 写下几个字
> 能传多少情

并当即把诗译成英语：

> A thin sheet of paper
> And a small, small pen
> With just a few words
> How to convey the whole of my feelings

不用说，这是他对夫人的思恋。随后，他来到办公室，把这首诗交给一位同事，请他做诗相和。同事即赋诗唱和：

　　　　　　轻轻一鸿毛
　　　　　　纤纤多绒丝
　　　　　　迢迢千里路
　　　　　　为传一线情

　　2004 年中秋节，李政道从纽约传真给中国高等科学技术中心的同事们一首诗，是由一位美籍华人数学家黄伯飞所作：

　　　　　　三角最难搞
　　　　　　开方不可少
　　　　　　人生有几何
　　　　　　性命无代数

　　李政道认为，这首诗甚有深意，希望与大家分享并祝中秋合欢。不久，李政道作了一首诗与黄伯飞唱和：

　　　　　　吃饭不记米粒数
　　　　　　生存毋需思天理
　　　　　　人生欢乐有几何
　　　　　　性命真义无代数

　　对于"开方不可少"一句，李政道的理解与中心同事们的理解不同。李政道认为，这就是指数学的开方，而有的同事则认为，这是指金钱，即所谓"孔方兄"。"诗无达诂"，争论没有结果。

　　除了诗外，李政道的许多题词也极具诗意，其实也可以看作是一种诗。例如，他经常题写的：

　　　　　　求学问　需学问

只学答　非学问

既富哲理又富诗意。

1994 年谷羽逝世，李政道写挽联一幅：

> 投身抗日学运　方显少年巾帼英豪
> 关心祖国科技　虽耋犹攀世界高峰

1997 年吴冠中逝世，他的挽联是：

> 清操德高　一切自然　追求艺术美
> 谦诚待人　淡泊明志　融通中西画

他为苏州刺绣研究所题词：

> 刺出千景万象　全凭一根针
> 绣成心境情意　方显新高艺

1998 年春，为北京大学成立百周年题词：

> 北京我母校
> 大道传全球
> 百载辉煌史
> 年年出英才

1999 年元旦，为《中华英才》题词：

> 计数以九九为尊
> 英才唯中华为上

2001 年 10 月应中国烹协名厨联谊会之请，为其题词，第一句语出老子《道德经》，次句为李政道所和：

治大国若烹小鲜
烹大鲜可飨天下

名厨们看了之后，兴奋不已。

2001 年 10 月，四块巨大石刻"逍遥飞鹏"、"创天"、"无尽无极"、"对撞生新态"由林宗棠策划，从北京运抵苏州。李政道闻讯极为兴奋，题词如下：

美哉林夫子
真人有真知
逍遥舞青天
扶鹏去东山

又一首：

唯大宗师　方能背负青天
品小棠梨　才识雅哉中华

满怀新态欲创天
思祖飞鹏志无尽

壮志抱怀
幽情思祖
寄语高腾
江山皆丽

2002 年 10 月在餐桌上即兴为甘肃莫高酒厂题：

> 莫高，莫高，酒莫高
> 是莫高？
> 是
> 莫再高！

风趣，意深。

李政道不仅常有诗意的冲动，还喜欢作画，心里时时都充满着画意。每逢画意袭来，随手描出，日积月累，集腋成裘，至今已有画作数百幅。北京的知名画家们，看了他的随笔画作，都给予极高的评价。近来，画家们选其最精者，出版了《李政道随笔画集》，供大家欣赏。画家华君武和吴冠中都亲笔为画集写序和评论，张仃为画集题写篆书书名。

华君武说："政道先生在科学上的成就早有定论。他不是艺术家，但他在艺术上的涉猎却让我颇感兴趣。这是一种纯粹情感的流露。他的小画点缀在寄来的贺年卡上，无技法派别之束缚，自得其乐。今年是鸡年，人人都会想到引吭高歌的大公鸡，但他却画了两只刚出壳的小鸡，恐怕这是李政道先生对年轻生命的孕育、延续的祝福和对自然之美的感悟罢。"

吴冠中在他专为此画集写的短文里说："……杰出的科学家李政道……用艺术的语言讲述艺术和科学的因缘，并引导我们游走其间。科学探索宇宙之奥秘，艺术探索感情之奥秘，奥秘和奥秘之间隐有通途。这通途为真性情联系，一个真字了得。"又说："科学家执笔绘画，纯系情之催发，而政道兄的作品中充分体现了形式构成之视觉美感。

点、线、块面，曲、直、奔驰、紧缩，这些画家的专业之技，却正是科学家眼中的自由法则，在无法之法中表现了对象的生动体态及情之所钟。花耶非花，乃人之欢愉或思念，事事物物都缘情意所牵，默默温情潜伏于彩色的浓郁与淡雅中，画外人意，飘游于空灵。韵为何物，画中心声呼！"又说："有首民歌：爱你爱你真爱你，请个画师来画你，将你画在眼睛里，睁眼闭眼都见你。我感到科学家李政道睁眼闭眼见到的都是美！"这样的评论真是一针见血。李政道眼里的世界的确到处都充满了美！

张仃则用他那老练的笔法，写出了"细推物理须行乐"七个篆字，为画集增加了浓厚的中国的文化气氛。

李政道作画大概开始于 90 年代初，较作诗迟了十年。其中原因难为人知。不过，一般说来，诗情画意，有其情才有其诗，有其意才得其画。大概李政道在八九十年代才开始有诗情画意并付诸实践，这种分析不会有太大的差错。但是，难道李政道在这之前就是一个"无情无意"的人吗？当然不是。他的"情意"早已有之，而且一定也是同样的强烈，只是大半都献给了物理，也许他的"情意"都奉献给了竟日竟夜的计算上去了。"人是诗，心是画"，李政道就是这样的人。

李政道的画数量庞大，种类繁多，个性极强。他拿出来示人的第一幅画是作于 1992 年初的花草画。画的右下角画了一朵落在地上的红色花朵，形影孤单，但仍有生机。最左侧有一束菊花，另有一枝看似玉兰的花枝斜立在落花之上，做怜悯状。李政道题词曰：无音花落花怜花。那么，谁是落花？又是谁在怜悯？笔者难以尽言。这只有画者才能解答。不过可以肯定，李政道不是无病呻吟的人，他的画也绝非心血来潮之作，此中定有故事。但就画论画，这一幅小画，的确给人以深刻的感情冲击，使人对那一朵小小的落花产生深刻的同情。

　　紧接着，1992 年 9、10 月间，1998 年 7 月间，李政道画了一系列的昙花，总数大约在 20 幅以上。昙花是沙漠性仙人掌科植物，据说原产美洲、南非。它以开花难，花期短著称。它的花体形硕大，花瓣状似白玉，纯洁无瑕；花蕾金黄，娇嫩纤巧，给人以圣洁之感。它一般在夜间开花，花的寿命只有四五个小时。大多当人们发觉花开的时候，它已经谢了。

　　由于昙花的这种特性，人们都视昙花的开放为稀有的喜庆事件，往往相互转告，以便共享良辰。也有多愁善感的人士，备酒沏茶，彻夜苦守，以窥视君子从诞生、鼎盛到衰败的全过程，借以用花自比，感喟人生。昙花的稀有、高洁、低调和短命，使人产生一种复杂的感情，一方面赞赏它的君子之风，一方面叹息它的稍纵即逝。

　　李政道画昙花，幅幅不同，可说千姿百态，但都是盛开之状，没有一幅画它的败落。这说明，李政道非常赞赏昙花盛开时的生机勃勃、尊贵大方，完全忽视它的转瞬即逝。这或许不是他的有意之举，而可能是他真实感情的流露。有一幅画上面题有"昙花颂"三字，画面上是挂在娇嫩叶片上的一朵昙花，看上去充满生机，含苞欲放。可以看出李政道对于昙花随时可以开放，实现生命价值的歌颂。在另一幅画上，却表现出李政道对于众多昙花开放的欣喜。画面上虽然只有一朵花，但题词却写着：前三后一，日期是 1995 年 7 月 6 日，当是有四朵花开。但在另一边却又注道：七花齐放七月七，日期是 1995 年 7 月 7 日。这就是说，第二天又增加了三朵，是七朵了。众多的昙花开放，确实使李政道的欣喜之情跃然纸上。据报道，昙花有几十朵同时开放的壮观景象，假如李政道看到，不知又会画出什么样的画。

　　在李政道的画里，有一组可以称为《四季图》的画。第一幅题名《盼春》。画的是室内的盆花，里面种植着一株芭蕉，细枝嫩叶，在冬季里正等待着春天的到来，希望自己得到生机，成长起来。盼春之意充满画面。另一幅画画满玉兰，有题词谓：纽约之春如玉兰，相见时短思情长。另有《玉兰》、《春菊》、《春将至》、《春至》、《春语》、《杜鹃春之花》、《春绿》、《哥伦比亚大学的樱花》等，都是李政道笔下的春天，但唯有《哥伦比亚大学的樱花》最具代表性。一簇繁花似锦的盛开樱花，在众花尚未吐蕾的早春哥伦比亚大学的校园里，真是得风气之先，引得众目凝视，万人赞赏。李政道对春天的企盼和赞赏寓意深长。

关于夏天，李政道笔下也有出色的描绘。《炎夏盛暑》、《数多野花候夏风》、《北京仲夏》、《花也乘风凉》以及多幅以荷花为主题的画，都是李政道对夏天的歌颂。其中以荷花代表夏天，最为贴切。荷花，花之君子。初夏生发，仲夏盛开，花艳不妖，雍容大度，气味清香，赏心悦目。自古至今，文人雅士无不爱莲。李政道爱莲且画莲，几幅荷花，各具特色，绝无雷同。一幅，一朵艳红的荷花尊居在几团碧绿的荷叶之中，四周湖水清澄，涟漪微起，红绿相映，生气勃勃；一幅，一朵荷花掩映在两片巨大荷叶之下，犹自怒放，神态自若；一幅，除正在盛开的荷花之外，旁有小荷数只，尖角刚露，生机盎然。李政道爱昙花、爱樱花、也爱莲花；爱春天也爱夏天。他是一个充满爱的人。

关于秋天，一般说来，都认为是多愁善感的季节。过去，秋和愁总是连在一起的。秋下面加一个心字，秋心就是愁。咏秋就是咏愁。

可是李政道手下的秋却是另一番滋味。请看他的一幅《秋之色》：画面上是一丛菊花，花朵硕大，色泽艳丽，几无黄色。花朵充满生机，毫无即将下世的迹象，相反却给人一种振奋的感觉。哪里有愁的踪迹！他的《秋瓜》、《秋果》、《静秋》、《秋在日本》、《秋韵》、《秋水》、《秋风清凉吹去愁，小菊香冷似自舞》等画作也都充满着生机、成熟、奉献和沉静。在《秋瓜》、《秋果》里，那几只南瓜，那一只香蕉，都充满着成熟的自信，向人们宣示它们已成《正果》，完成了生命的历程，即将显示它们生命的价值。那幅《秋韵》，虽然树叶略显寂寥，但鲜艳的红色叶片和累累果实，之间杂以几点绿色，看上去似乎是一场舞蹈，一首交响曲，秋韵真的很美。秋在李政道的心灵里没有愁的气息。秋是成熟，是美。

李政道用一幅《秋说再见》的画，迎接冬季的来临。这幅画用意奇特，它不是黄叶遍地、寒风阵阵，而是一束颇有生机的各色菊花、玫瑰结在一起做花束状，似乎是在向人们献花以示告别。在李政道的笔下，秋既然不是什么《萧萧》、《瑟瑟》，那告别的时候自然无需呈现出什么凄惨景象。可是冬季，在人们的心里却总是严峻的象征。李政道似乎不太喜欢冬季，所以他以冬季为题材的画很少。有一幅《冬将至》的画，画的是巴纳德校园（Barnard Courtyard，是哥伦比亚大学校园的称谓，巴纳德曾任哥伦比亚大学校长）里的几棵树，树叶已几乎掉光，秃秃的树干在寒风里萧索抖擞，寒意已浓。

在李政道的生活里，夫人秦惠䇹的位置是无可替代的。从1949年他们结识，到1996年11月秦惠䇹逝世，47年耳鬓厮磨，长相厮守，风雨同舟，相濡以沫。他对夫人的感情深不可测。李政道曾作过一幅画，画的是一支竹子相伴一束美人蕉，并有题词：

美人蕉 万寿竹 祝䇹爱

这是为夫人67岁大寿而作。李政道1995年的一幅画，画的是几朵野花，其中两大朵并立，一朵是紫色的，一朵是橘黄色的，但在橘黄色的那朵花上，却长出来一部分紫色的花瓣。意思大概是你中有我，我中有你。题词为：野花三四朵，伴君一二杯。可见他们夫妇感情之深。李政道还画了《箐喜含樱桃》、《常相伴》、《箐爱》等多幅画，表达了他对夫人的爱慕和思念。不幸的是，一年之后，夫人竟离他而去。在夫人去世的当天清晨，李政道又画了一幅墨竹《念箐》，数支竹子虽已倾斜迎向秋风，但仍生机勃勃，似不肯离去。上有题词：

竹神萧萧问秋风　箐影茫茫去何处

悲痛之情难以自制。不久又作了一幅《忆箐》，画的是一根粗壮树干上，上有两片翠绿的叶子并立，且有一半重叠，亲密无间，情深意长。在夫人逝世一周年的时候，李政道又作画悼念。

后来，李政道画了一组以树叶为题材的画：《叶之情》、《叶之恋》和《叶之舞》。开始，夫人就像一片翠绿的树叶，随后就有了一片红色的叶子相伴，亲密无间，相依相恋。但有一天，忽然狂风大作，树枝吹弯，树叶飘散，漫天飞舞，天各一方！三幅画是一组悲歌，是李政道的生命恋歌，它们抒发着他与夫人的深切恋情，感慨恩爱夫妻的过早永别。当你欣赏它们的时候，你会感到那是李政道在歌唱，在呼号，在悲鸣——由温馨到热恋，到狂喊！

李政道的画以花卉为主。他画的花种类繁多，但不管是什么花，单只的也好，成丛的也好，都是生机勃勃、色泽艳丽、千姿百态、赏心悦目。李政道画了这么多的花，说明他酷爱花卉。男人爱花，易生非议。因为在中国有一种说法，那就是女人爱花，男人送花。如果男人爱花，就容易被看成是花心汉。李政道爱花，但绝不是花心汉。李政道爱花，是爱自然，爱人类，爱社会，爱大家。而且，李政道画花多是悄悄地，从不示人、从不张扬。李政道虽然难以克制地把他对花的爱画在了纸上，却决不是为了别的目的。他的许多画都明白地有所寄托，或因花生情，因情生画；或因情生花，因花成画；总之是以画寄情，以花寄情，情寄伊人。在李政道的画里就有以"寄情"为题词的几幅。一幅，画了两枝康乃馨，一白一红，亲昵相依。康乃馨一般是送给女人的，特别的是送给母亲。那么，李政道用康乃馨"寄情"，又是送给什么人的呢？另一幅"寄情"，画的是一朵盛开的玫瑰，玫瑰专赠情人是世界共同的风俗，那么，这只李政道玫瑰又是寄情于谁的呢？有人说得好：仅有花的世界，可能没有爱情；但在有爱情的世界里，绝对不可能没有花！可以肯定，李政道之所以有花的世界，自然因为他拥有来自夫人的深深的爱情，也因为他有着特有的、较人们更为丰富的对自然、对世界的爱。

在李政道为数众多的画里，只有两幅人物速写。画面上虽没有被画者的名字，李政道说画的是他的孙女。这时笔者突然联想到，李政

李政道为妻子65岁生日而作。

道应该给他的秘书、助理艾伦画一幅速写。关于艾伦的故事，前面我们已经提到。她生于 1933 年，1956 年在哥伦比亚大学取得文学硕士，之后一直跟随李政道，直到她 1998 年去世。艾伦曾经结过婚，后来离婚，没有子女。20 世纪 70 年代末，当笔者认识她的时候，她已经是孑身一人，没有丈夫，没有子女，也没有其他亲人。艾伦为人低调，不事张扬，朴朴素素、安安静静、稳稳当当、勤勤恳恳……还可以用很多词藻来形容她。她中等身材，眉清目秀，相貌端正，从不化妆打扮。她对中国怀有深刻感情，辅助李政道为中国做了大量工作。生前她留有遗愿，身后愿将她一生积蓄都捐赠给"䇹政基金"，以支持对中国青年的教育事业。她爱中国，但从未有机会来中国访问，她愿意把自己的骨灰葬在中国。现在，她的骨灰已经葬在苏州东山墓地。如果有画，李政道笔下的艾伦，一定画如其人，质朴无暇、纯洁可敬，体现出艾伦的本色，也体现出李政道对她的敬意和爱怜，一定十分感人。

从 1995 年起，每逢农历新年，李政道都作一幅"生肖画"，制成贺年片，给朋友们贺年。他从"猪"画起，已经画到了"狗"，完成了一个循环。为首的"猪"，憨态可掬，眼睛炯炯有神，透露着智慧的光。它身体丰满，后臀特肥，似乎准备好为人类牺牲。那头"牛"，整体作争斗状，低头缩颈，四蹄发力，尾巴低垂，准备决一胜负。而"龙"和"蛇"则颇具敦煌画风，逍遥飞舞，遨游太空。接下来应该是"马"。可是，李政道却没有画。其中原因，他做过解释，说因为有了黄胄画的那匹马，也就是黄胄 1988 年为中国高等科学技术中心画的那匹"天马行空"，李政道就不能再画马了。可见他对黄胄画的那幅马怀着多么崇高的敬佩。但是，李政道既然制作"十二生肖画"，难道竟然能让"马"空缺吗？李政道的好友们，正在设法让他画出一匹马来，试与黄胄比高下。

接下来是羊年。李政道画了在丹麦屋前草地上的两只羊。它们正在聚精会神地吃草，并未意识到什么新年的到来，也没有因"羊年"而有所自豪。但是，作为背景的丹麦屋却值得一提。它是由丹麦政府提供给美国布鲁克黑文国家实验室的。全部的建材和内部设施以及家具等，都是从丹麦运过来的，当然建筑风格也完全是丹麦的。作为典型的丹麦住宅，只有布鲁克黑文实验室的高级负责人或者顶级学者才可以使用。由于李政道对布鲁克黑文实验室的重要贡献，并且他担任着相对论性重离子对撞机实验室的主任，所以从 1997 年他就一个人住进了丹麦屋，直到 2004 年。在这长达八年的时间里，李政道在繁忙的工作之余，孤零零地在丹麦屋里休息，安静的居室及其周边美丽的自然景致，给了他以艺术创作的冲动和灵感，他的画作逐年多了起来，许多画都和丹麦屋有关。

在羊年之后，李政道画了一幅题为"心猿护意马"的画。不知是不是为"猴"年而作。这幅画明显地有双关意义。一只猴子蹲坐在地，双臂抱膝，表情呆滞，似有所思。背景是一片炽烈燃烧的火焰，表示那只猴子的心，正像一匹意马在飞奔。"心猿意马"来自汉魏伯阳《参同契》注："心猿不定，意马四驰。"唐朝诗人许浑在《题杜居士》一诗里写道：

> 松堰石床平，何人识姓名。
> 溪冰寒棹响，岩雪夜窗明。
> 机尽心猿伏，神闲意马行。
> 应知此来客，身世两无情。

从此，"心猿意马"便成了形容人们心思流荡散乱，把握不定的成语。在李政道的笔下，这幅画既画了猴子，也隐含着画了马。既可表示"猴年"，也可表示"马年"。更重要的是，李政道为什么会有"心猿意马"的创作念头。"心猿"是指什么？护的又是什么样的"意马"？是谁在"心猿"的掩护下任"意马"飞奔？据李政道说，他家里珍藏着一只古玩——元代的陶质猴子，是从拍卖会上买来的。那只猴子如同他所画的那样，盘腿坐在那里，大有心神不定的样子。他当然不知道制作者的意图，但猜想是有意表现猴子"心猿意马"的状态，所以就照着陶猴画出，并在他的背后添上了熊熊的火焰。

李政道正式为猴年画的猴子，可是一只安静得多的猴子。它坐在树枝上，表情沉稳，似无妄想。可是它却歪着头，用一双有神的眼睛盯着一只翩翩起舞的美丽蝴蝶。人们看了这幅画，不免浮想联翩，对李政道的幽默慧心而笑。

李政道为鸡年画有两幅画。第一幅是一只身披华丽羽毛的大公鸡。它单腿站立，另一只腿收爪欲行，但是在长有巨大鸡冠的头上，那只眼睛却炯炯有神地注视着另一个方向，这使人们的脑海里立刻浮现出雄鸡看护成群妻妾的情形。

另一幅画的是破壳而出的三只小鸡，立足未稳，跃跃欲行，神态各异，生机盎然。李政道题词道：

> 谁知蛋鸡哪先生
> 只愿代代有继人

画的下面有文字说明：上海家乡话，"蛋"、"代"，"鸡"、"继"均同音。

这幅画寄意于未来，寄意于年轻一代，画面生动，寓意深刻，富有哲理，受到许多画家的赞赏。

李政道为狗年画的是两条狗，体形粗憨，颇似藏獒，旁边的题词是：学黄胄。看上去的确具有黄胄风格，但特别之处是，有一只狗的尾巴高高抬起，似乎在左右摇摆，动感明显。这是李政道为了使画面产生动感而特意做出的画法，效果颇佳。

2007 年又是猪年了，笔者有幸见到李政道的第二只猪年贺卡，上面在原来那只猪的前面增加了一只刚刚出生的幼猪，抬头翘尾，天真地望着自己的母亲，似乎想吃到第一口奶。

李政道还有两幅画，画的是暮年情景。一幅是 1996 年他七十岁时所作。一颗老树树干粗大，枝杈丛生，虽显苍老，但叶片繁茂，看上去颇有生气。他在旁题词：

> 古稀之年
> 亦有前景

后来又有题诗：

> 人生七十古来稀
> 实是十岁新甲子
> 老当益壮更年轻
> 前途万里不可限

显见李政道"老骥伏枥，壮心未已"的豪情。另一幅画为 2003 年所作，画的是夕阳晚照：在广袤无际的大草原上，灌木丛生。落日已不见，只留余晖在，红彤彤地把草原照耀。李政道在旁边题词：

> 夕阳无限好　只是近黄昏

向来，人们总是感叹人生暮年，犹如夕阳西下。文人墨客纷纷行文赋诗，抒发自己心底之情。但，这种对人生末日的感叹，内容深邃、复杂，难以用语言表达，而且因人而异。李政道的画所表达的是什么感情呢？是感叹、惆怅、无奈，还是振奋、欢快、自信？笔者以为，应是后者。唐朝诗人李商隐在《乐游原》里写道：

> 向晚意不适，驱车登古原。
> 夕阳无限好，只是近黄昏。

李商隐所抒发的是一种什么感情呢？一般说来，都认为是一种消沉的感叹。但是著名红学家周汝昌先生另有高见。他认为，对李商隐而言，他虽有"意不适"，但他还是在赞叹夕阳的"无限好"。因为在古文里"只是"的意思不是"只不过"、"但是"，而是"止是"（祇是）、"仅是"。在这样的理解下，这一名句自然就具有了正面的含义。笔者认为这一理解颇为准确，它不但有语义学的根据，也还有其他旁证，令人信服。而这一名句原有的积极意义被恢复，使李商隐的形象更加高大，也使所有喜欢这一名句的暮年之士，在吟诵时，一扫无奈，并得到鼓舞。

对李政道说来，情形也正是如此。在他心里，从来没有消沉和无奈，有的只是拼搏、成功、振奋和永远向前。在他眼里，夕阳具有无穷的魅力！

在李政道的生命里，人是诗，情是画。苏东坡在《书鄢陵王主簿所画折枝二首》里写道：

> 论画以形似，见与儿童邻。
> 赋诗必此诗，定非知诗人。
> 诗画本一律，天工与清新。

李政道的诗不是"此诗"，李政道的画也不能以"形似"论。李政道的诗和画正是"天工与清新"。苏东坡所论，是指诗和画的关系，狭义地说，是指画上题诗。李政道所作，有独立的诗，也有独立的画，也有画诗。但李政道不是专业诗人，也不是专业画家。他的诗，他的画，他的画诗都不能从专业的眼光去衡量。唯有"天工与清新"是衡量李政道诗与画的最好标准。

李政道的诗是"天工"，画也是"天工"。所谓"天工"，并不是客观的"天"的创作，而是他自己的"天"，也就是他自己的天分、感情的产儿。李政道认为，艺术是人类感情的表达，感情越高尚、越深刻，艺术就越精彩。除了表达作者的感情而外，还能引起人们的共鸣，激发人们高尚的感情。艺术和科学一样，都追求真理的普遍性。艺术越精彩，就越接近真理。诗和画一样，都要朴素，也就是要"清新"。清新是真理的实质。矫揉造作、故弄玄虚，不能反映人类的真实感情。李政道遵循"天工与清新"的原则，不受条条框框的限制，创造出了真正属于他的艺术作品，同时也为大家接受，给人们以享受。在这个意义上，李政道也是一位真正的艺术家。

说到李政道的书法，也是和"天工与清新"分不开的。李政道不是书法家，他小的时候没有进行过书法训练，长大后也很少专门进行书法创作，一般他的书法都是伴随着题词、赋诗、绘画而来。可是他的书法却自成一体，清新秀丽，柔中有刚，颇耐品味。李政道的书法既不是颜体，也不是柳体；行书既不循王，也不随米；草书不似怀素，更非张旭。李政道说，字并不完全在于写得好坏，重要的是要有自己的风格。一篇字放在那里，人们一看就知道是谁写的，这一点最重要。在这个前提下，再求其他。

有一年，李政道从美国传真来一幅草书，字迹难辩，经识别是"白云自来去"几个字。这副草书不知出于谁手，据分析可能是一位日本佛门中人的作品，因为这几个字带有极为浓厚的禅意。草书写得十分出神，挥洒自如，轻若烟雾，给人一种超脱凡尘的感觉，但是笔行有力，沉稳大度，又使人感到脚踏实地，并不缥缈。

李政道来北京后，要遵循那幅书法的风格，进行再创作，也写一幅同样的书法作品。只见他在书案前，笔走龙蛇，一气呵成，五个大字跃然纸上。李政道的这幅作品超过了前述的作品。当把它拿到荣宝斋装裱的时候，行家都夸奖说写的有专业水平。

常言道，"文如其人"。其实何止于此。就李政道来说，诗如其人，画如其人，书如其人，那是再准确没有的了。

第十三章
书生意气　生活真人

李政道是天才而又勤奋的大物理学家，可以说是一位大书生了。他不但是大学问家，大书生，而且具有书生意气，是一位极有个性的豪杰式的学者。

何谓"意气"？据《辞海》解释：一谓意气，勇气。《淮南子·兵略训》说："主明将良，上下同心，意气俱起。"二谓意志、气概。《史记·管晏列传》说："拥大盖，策驷马，意气扬扬，甚自得也。"三谓志趣、性格。杜甫有诗《赠王二十四侍卿》云："由来意气合，直取性情真。"从这里可以理解"意气"为何物。而第四种是因主观、偏激而引起的任性的情绪，这种"意气"，对李政道来说是没有的。这里不去说它。

还有另外一种"义气"。特指为别人承担风险或牺牲自己利益的气概。

"意气"、"义气"相同而又有别。这里，我们在描述李政道的"意气"的时候，两者的意义是兼而有之的。

李政道从幼年时起，就意气十足。他15岁的时候，为了求学，一个人离家，艰苦流浪，没有十足的求知愿望和勇气，如何能够做到。在流浪途中，他战疾病、斗穷困，没有坚强的意志和气概，怎能坚持到底。他师从束星北、吴大猷，从化工转向物理，没有强烈的志趣和天才，哪里能博得恩师的青睐，考入西南联大。他20岁的时候，以大二的学历被选派到美国学习，又在没有大学毕业学历的情况下，被芝加哥大学研究生院破格录取，师从世界级物理大师费米。他的这一段经历，真可谓"少年苦斗得志，意气因时而发"。

接下来，他从事物理研究的历史，也可以用"意气风发"四个字来形容。他24岁时获得博士学位；25、26岁时在统计物理和固体物理方面做出重要贡献；28岁时提出"李模型"；29岁时成为哥伦比亚大学历史上最年轻的教授，创个人"意气"之最；29岁时和杨振宁一起获得诺贝尔奖，是他个人"意气"的顶峰。

在此后的岁月里，李政道在物理研究上仍然是"意气风发"，硕果累累。因为他的卓越成就，1957年获爱因斯坦科学奖，1969、1977年两度获法国国家学院布德（G．Bude）奖章，1979年获伽利略奖章，1986年获意大利最高骑士勋章，1995年获和平科学奖，1995年获中国国际合作奖，1997年获纽约市科学奖，1999年获教皇保罗奖，1999年获意大利政府内政部奖章，2000年获纽约科学院奖，等等。此外，他还享有普林斯顿大学科学博士等几十个名誉学位、名誉教授、特邀讲座和院士的头衔。真正是誉满全球。

但是，在这样大的成就和荣誉面前，李政道没有丝毫"自得"的表现，有的只是更加勤奋，更加刻苦的工作。

李政道书生意气的另一个方面，是路见不平，仗义执言，颇具侠客之风。这与他出生在中国南方，也就是所谓"南方人"的性格不太相符。在中国，南方人，尤其是江浙一带的人，是以精明柔弱和明哲保身为特征的。他的义气可能和他年幼时漂泊流浪、屡遇恩人、自立成长有关。

50 年代初，当李政道从普林斯顿高等研究院来到哥伦比亚大学的时候，华裔著名女科学家吴健雄已经在那里了。吴健雄在 1940 年获得博士学位，20 世纪 40 年代上半期，曾经从事过原子核物理研究，1944年被聘请到哥伦比亚大学从事铀^{235}浓缩分离的研究工作，做出了很大的贡献。可是直到 1952 年仍然是研究助理（Research Associate）未授予副教授职称，不能教书，只能搞科研。1952 年吴健雄虽然获得了副教授（Associate Professor）职称，但是对于像吴健雄这样出类拔萃的物理学家，从获得博士学位之后 12 年，还没得到正教授职称，这明显的是歧视。哥伦比亚大学是一所非常保守的大学，对于女性学者有明显的歧视，更不用说亚裔女性了。据张怀亮编著的《吴健雄传》说，二次世界大战过后，吴健雄虽被留校，但仍将她划入科研编制不作为教师编制。系主任拉比教授（I. I. Rabi）虽承认吴健雄的水平，对她也很关心，但他认为，美国东西两岸名牌大学物理系还没有一家吸收女性副教授，他不会去冒此风险。诺贝尔奖获得者蓝姆教授（Wills Lamb）曾三番五次地向校系领导呼吁，应该让吴健雄担任教学工作，应该给她以正教授职称。但是一次次被拒绝，直气得蓝姆教授辞职离开哥伦比亚大学。如上所述，1952 年，吴健雄总算得到了副教授的职称，确认了她的教席，可是薪水仍然很低。李政道对吴健雄在哥伦比亚大学物理系的处境非常同情，对哥伦比亚大学歧视女性、歧视华人的做法非常不满。1957 年，当吴健雄完成了验证宇称不守恒的著名实验之后，李政道和杨振宁获得诺贝尔奖，李政道对吴健雄没能与他们一同获奖感到不平。为此，他和杨振宁还给诺贝尔奖委员会写过信。但是，更让李政道不满的是，哥伦比亚大学仍然不同意授予吴健雄正教授职称。

李政道觉得一定要讨回这个公道。于是他在大学教务会上提出，吴健雄是世界著名的科学家，这和宇称不守恒没有关系，光是她的 β 衰变方面的工作就足够当正教授的了。可是参加会的人居然都反对。李政道说，好，反对就反对，但请每一个人都说出反对的道理。可是没有人敢公开地讲。李政道说，说不出道理，就不能散会。会议从两点开到五点多。最后，李政道说，那就表决吧。结果出乎所料大家都投了赞成票。

李政道与吴健雄的友谊持续长久。在吴健雄晚年病重突然离世的时候，李政道竭尽全力帮助袁家骝照看一切，把丧事全部包揽下来，俨然成了一位总管。从这里可以看出，李政道对吴健雄怀有多么深的情意。

李政道十分珍视恩师教导之情，终生不忘。对于老师吴大猷慧眼识珠，选拔他去美国求学，使他走上物理学研究的金光大道，他认为这是恩师赐予他的千载良机，对此他感恩不尽，永记心田。他得知自己获得诺贝尔奖后做的第一件事，就是给恩师写信报喜并感恩。此后，他屡屡提到恩师对自己的教育和提携。1992 年 5 月，李政道陪吴大猷回大陆访问，在吴大猷的故乡广东肇庆以及北京等地，他总是亲自为恩师推轮椅，照顾起居无微不至，尽到了学生的职责，回报了恩师对自己的提拔之恩。2000 年 1 月下旬，当吴大猷病重的时候，他专程去台湾探视。在病房里，他手持鲜花和自己绘制的龙年贺卡，贴着吴大猷的脸对恩师说，政道来看您了，我们都在这里。他紧握着吴大猷的手，替他按摩。吴大猷见了李政道，顿时显得兴奋起来，那时他已经不能说话，但眼睛微张，明显地有反应。吴大猷的女儿吟之说，支持吴大猷弥留的力量，就是他要等着看见李政道。李政道深深地感到，他们之间有了真情的交流，虽然这是在吴大猷人生的最后时刻，但他们师

吴大猷与李政道夫妇和中清。

吴大猷（中）、卢嘉锡与李政道。

生间的情意却是永存的。

束星北是李政道在浙江大学求学时的恩师。是束星北发现了李政道的物理天分，建议他改学物理的。李政道对恩师有着深厚的感激之情。在上世纪 70 年代初李政道第一次回国访问的时候，他心里装着许多恩师、学友和亲属的名字，他希望见到他们，希望对他们有所帮助。其中，很重要的一位就是束星北。束星北自 1957 年被打成右派分子、反革命分子，被"无产阶级专政"之后，受到长期的非人待遇，处境极为悲惨。直到李政道回国访问的时候，束星北仍然头戴反革命分子的帽子。李政道在国外已经风闻束星北的不幸遭遇，但是如何假手以助，他心中无底。于是，李政道利用国内接待单位询问他希望见什么人的机会，点了束星北的名字。接着，在国家领导人接见的时候，当谈到国内缺乏人才希望从国外引进的时候，李政道又不失时机地说国内也有人才，譬如像束星北等。在访问中，李政道还多次提到束星北。就是这样，正在青岛医学院"戴枷改造"的恩师的处境立刻有了改善，可以说是"绝处逢生"。但是，李政道要求会见恩师，却使有关当局犯难了，结果编造"身体不适"为由拒绝了。李政道只好假戏真唱，给恩师写了一封信，束星北也顺势回信一封，其中毫无个人恩怨，体现了他的高风亮节。不管怎样，李政道对恩师的关心收到了难以想象的效果，从此事情有了大的变化。从这里可以看出李政道为人处事处处显露的意气和机智。

从 20 世纪 70 年代初开始，李政道为了帮助国内培养年轻人才，克服了"四人帮"的阻挠，促进建立了中国科学技术大学的"少年班"，实施了"CUSPEA"计划，在美国设立了"李政道学者"。这一系列的举措大大促进了国内人才培养的进程，但是也使李政道背上了沉重的负担。所有上述计划里的人才，都需要李政道的关心，特别是前去美国的人，更少不了他的帮助。李政道对此都是仗义执言、慷慨大方，不知花费了他多少精力。"少年班"的两位学生干政和谢彦波都是物理专业的，都去了美国普林斯顿大学读博士学位。谢彦波师从大名鼎鼎的物理学家、诺贝尔奖获得者菲利普·安德森教授（Philip W. Anderson）。但谢彦波与老师不和。恰巧当时在美国发生了北大学生枪杀教授事件，安德森感到威胁，于是求助于李政道。李政道亲自与谢彦波谈话商量解决办法，一直到把谢彦波送回国为止。对于干政，李政道也是一样花费了大量的精力帮他解决问题，最终也只能把他送回国内。对于在美国实习或做实验的几百位中国访问学者，李政道也如同父母和主管一样，关怀备至，事无巨细他都慷慨相助。

1970 年的李政道。

李政道是大物理学家，他以"物理"为他的生活方式，一生忙于思考和计算，生活里充满了物理和数学，按理他很难有常人的生活情趣。正如一些学问大家，除了潜心于自己的那块学术园地，几乎毫无生活情趣，对家人也冷若冰霜。可是，李政道的情况恰好相反。他是一位充满生活情趣的人。他除了对艺术、绘画、诗歌、书法等有特别的爱好之外，在家庭、生活各个方面如同常人一般，是一位有血有肉的普通人。

李政道对子女的成长十分关心。大儿子李中清小的时候，李政道曾花功夫辅导他学数学。可是中清的天才不在数理方面而在文科上。据李中清说，每当李政道坐到他的身旁要辅导他数学的时候，他的大脑里就忽然变成一片空白，无论李政道怎样耐心讲解，循循善诱，他什么也听不进去。李政道见此情形，只好作罢。李政道明晰这一点，没有对他丧失信心。后来，李中清靠着自己的天分和努力，考入耶鲁大学。

李政道 1972 年第一次回国，就提出要把他的大儿子李中清送回国内学习锻炼。当时，李中清正在美国耶鲁大学历史系读书，李政道觉得让他回国在大学里读书锻炼一年，对他今后的成长肯定会有好处。李中清遵照父亲的安排回到国内，在复旦大学学习了半年。这半年的学习和劳动，对李中清来说收获极大，不但学到了当时国内的革命精神，锻炼了意志，也改善了他的中国话，对他以后的学习和工作都有很大补益。现在，李中清已是密歇根大学教授、中国研究中心的主任，中国人口问题的专家。也有一种说法，在六十年代末 70 年代初，在美国的华裔学生，受国内革命气氛的影响，革命激情徒涨，有回国接受革命熏染的愿望。李政道夫妇得知儿子想回国学习的愿望，开始并不以为然，但最终还是同意了。不管怎样，这件事说明，李政道对孩子的事是认真对待的，不像有的父母所采取的听之任之的态度。

　　李政道对孙子辈的成长更是关怀入微。从小的时候给孙辈们起名，就可见李政道的良苦用心。"善"字是李家的排行，大孙子取名善时，概因现代物理的时空观认为，光速最快，但运动的路径是弯曲的。宇宙有边而无限，人生路途弯曲，然前途无限。孙女取名善玄，是善于阐释宇宙奥秘的玄妙。二孙女是老二中汉的女儿。中汉喜爱化学且很有成就，故替她取名善化。李政道认为改为善华较好，因为"化"字除化学而外还有"变化"的意思，而女孩善变不好，还是善"华丽"为好。

　　李政道还很善于培养孩子们的专长和业余爱好。善时喜欢打网球，每年暑假就安排他回国在体育学院接受训练。善玄喜爱中国绘画，李政道就安排她来国内在名师指导下学画。几年下来，他们都有长足的进步。现在两个孩子分别进了耶鲁和哥伦比亚大学，一个学医学，一个学艺术，成绩都很优秀。

李政道夫妇与中清、美芬、中汉。

李政道对夫人秦惠䇹忠贞不渝的爱情也表现了他为人的崇高意气。自从李政道和秦惠䇹早在五十年代结为连理之后，李政道首先为了照顾夫人的学业（原因之一），推迟了去普林斯顿高等研究院的时间，而去了西部的伯克利；后来，夫人又为顾全操持家庭及子女教育的需要，放弃外出工作，全力以赴承担起整个家庭运转的重担。李政道虽然全身心地投入了他视如生命的物理研究，但对于夫人和家庭并不是漠不关心，而是尽其所能地做贡献。李政道以他办事认真、一丝不苟的一贯作风，对家庭事务也付出了很大的精力。他们夫妇和整个家庭，几十年来和睦相处，温馨融洽，为世人所赞羡。

李政道的秘书艾伦·川姆（Irene Tramm）是哥伦比亚大学文科毕业生。她23岁大学毕业后就为李政道工作，直到她65岁时患癌症去世。艾伦默默无闻地为李政道终生工作，做出了无私的奉献。她曾经结过婚，离婚后一直独身，而且她没有任何亲人和朋友。艾伦工作专注、踏实，不事张扬，又特别熟悉中国的情形，对李政道帮助极大。李政道对她的献身精神十分感激，对她各个方面都关怀备至。艾伦生病住院直到去世，都是由李政道安排照顾，这给了艾伦以极大的安慰。艾伦则将她终生的积蓄全部捐献给了"䇹政基金"。当然，艾伦的后事也是由李政道操办，按照艾伦的遗愿，将骨灰安葬在中国。

李政道对国内有关人民切身利益的事件也极为关切，把人民的疾苦视作自己的疾苦。1998年夏季长江流域发生重大洪灾、1999年5月中国驻南斯拉夫使馆遭北约导弹袭击、2003年SARS爆发等国内重大自然灾害发生时，他都尽自己的力量捐款，表示对受害人的同情。

李政道还是一位美食家，他非但有鉴赏美食的天赋和能力，还能亲手烹调。孔子云：食不厌精，脍不厌细。在那个时代，食不过"精细"而已。设想，食精、脍细就是美食，那实在寡味的很。孟子云：

食色，性也。食是人的本性，美食则是人的能力，并不是每个人都能成为美食家的。孔子又说，人莫不饮食也，鲜能知味也。能饮、能食，不一定是美食家。美食家要有知味的才能。食而不知其味，饭桶而已。食而知其味，才是美食家。作为美食家，李政道更是全才。他足迹遍世界，饱尝天下美食。他不但会鉴赏，还会烹调。对一道菜，他能说出好在哪里，并不只是说咸了淡了。譬如，他评论龙井虾仁这道菜，虾仁自然应该是鲜亮透明的，外柔内脆，微咸不腥。至于龙井茶香如何体现，国内不少饭馆是将一杯沏好了的龙井茶，用茶杯扣在盘子里，以取其味。但实际上茶虾之间很少接触，虾仁得不到龙井茶香，龙井虾仁则徒具其名。李政道推崇日本松江县（Matsue）某一饭馆的龙井虾仁。他们的烹调方法叫天富罗（Tempura）。这是一种烹炸裹了面糊的蔬菜、海鲜的方法。它的特点有两个方面：一是面糊的制作要用冰水，而且不要合得太均匀；二是烹炸的温度要掌握在170℃左右。它有一个非常简单的测试油温的办法，取一点面糊放在炸锅的油里，如果面糊立刻浮起来，油温大概是180℃，如果面糊沉到油的半途再浮到表面，油温就是170℃。把五个虾仁串在一起，裹上面糊，在油锅里烹炸至微黄，即可出锅。待虾仁出锅时，立刻往上面浇以浓龙井茶水，高温的虾仁与浓茶水相遇发出哧哧的声响，茶香四溢，虾香随之。当吃到嘴里的时候，虾香茶香混为一体，浸润满口，那才是真正的龙井虾仁。李政道说，品赏这样的龙井虾仁，真是妙不可言！又说，这样的烹调方法，实际上还是从中国传过去的——据说是很多年前，江苏松江有一批厨师去了日本，将这种烹调方法带到了日本。但据日本烹调界的说法，天富罗是16世纪由葡萄牙的水手传过去的。

　　2006年秋季，为庆贺李政道八十大寿，海军烹调大师张春先邀请李政道品尝他的烹调手艺。饭间，李政道非常赞赏张春先大师烹调虾仁的手艺，兴之所致，他向大师详细介绍了日本龙井虾仁的烹制工艺并希望他能进行试验，做出名副其实的龙井虾仁。李政道的介绍绘声绘色，旁听的人们非但能了解细致的烹调过程，当说到虾仁出锅，龙井茶茶香四溢的时候，大家不由得吞口水。事后，张春先即按李政道的介绍进行试验，虽取得了一些成果，但终不满意。于是他烦请笔者向李政道咨询。没想到，发去传真的第二天，李政道就做了回答。他亲笔书写回信，首先祝贺张春先的成功，接着讲了以下两点：

首先，龙井虾仁，系以茶香为主一，虾香为主二，茶、虾香味为主三。极高温的炸虾（无面糊，这与"茶叶蛋"的意义完全不同），加高温的盆子（把虾放在加过温的盆子里——作者注），再浇以高温的浓龙井茶水，发出"虾＋龙井茶"的浓香。此即"龙井虾仁"的第一高峰。

然后，在这高度香味下，吃带龙井茶香的炸虾（虾呈粉红色，略带黄色，但不是焦黄），食味以虾为主，此第二高峰。

因此，"闻茶香，尝虾味"，将"嗅觉"和"味觉"统一！动用"鼻、口、舌"三方面，结合"气、食"二管道之功能，达"食、味、香"统一之高艺术。

其次，制作龙井虾仁不用面糊，这是中国古方，与日本"天富罗"(Tempura)色香味大不一样。"天富罗"系小调，"龙井虾仁"是交响曲。

李政道经常自己烹调。真正的美食家就是这样，既会吃又会做。真正的美食家首选的钟爱食品应该是出自自己的手。依赖某名厨的办法是靠不住的。只品赏名师厨艺的人，不是美食家，而是食客。李政道认为自己比较成功的烹调食品是烤羊腿。做法是：选小羊腿若干备用；用事先备好的汤料，加大蒜、葱、姜，煨煮至较为浓缩；把羊肉划道后，两面烘烤，生熟程度自定；将煨好的汤料放在餐盘中，将烤好的羊腿放入汤料里，或将汤料浇在羊腿上，其上稍加绿葱、香菜等以装饰调味，即成。另外，他很重视浓汤的制作。俗语说，烹调离不开一锅汤。他也有浓汤的制作方法：取猪肉、鸡肉、火腿、海鲜等为主料；香料除葱、姜外，另取市场上能买到的各种香料各少许，加水炖煮约两小时，后放入冰箱稍事冷冻，去掉浮油，即成。可将此汤分装入瓶，备用。他的这种制作浓汤的办法，其实是来自他的老家。只不过老家制作浓汤的作料有一定说法，因他并不记得，故而采取了上述办法，所有的香料都采用一点。据说这样制作出来的汤还十分鲜美，笔者在亲自尝试之前，很难想象这种浓汤究竟味道如何，颇有怀疑。

李政道的烹调技艺远不止烤羊腿一项，他能烹调很多菜肴，个个都具有独创性。他经常为自己准备一周的菜肴，或在家里享用，或带去离家很远的布鲁克黑文实验室。他不仅为自己准备菜肴，还经常请客人特别是从国内去的客人到家里赴宴。凡是去李政道家吃过饭的，没有不夸奖他超群的烹调手艺。李政道还经常为儿孙们烹调食物，为他们过生日或度假期。

2004年5月，李政道结束了对中国的访问回到纽约，回到家后已经是晚饭时刻。只身一人，兴致所致，他做了一道糖醋排骨饭（Paella），配以美酒。佳肴美酒，诗兴顿发，步李白《清平调》成诗一首：

> 笔带思路纸带情，
> 春风轻摇枝上绿。
> 遥思宇宙有边界，
> 暗能跨界又一景。

他随即将他的诗发回北京高科中心，与同事们共享。那时，李政道正致力于宇宙和暗能量的研究并有创见。所以，对李政道来说，美食、美酒、美诗再配上自己的物理工作，真是神仙一般生活，令人赞羡。

　　李政道在国内，因工作的关系结交了一位烹饪大师孙大力。孙大力是中国烹饪大师、高级厨师、餐饮国家级评委、中国名厨联谊会会员。李政道在国内举办的宴会多半由孙大力主厨。孙大力的烹调风格是川黔菜系。川黔菜系均以辣为特征，黔菜又以酸著称，川菜则以麻出众。但孙大力则酸、辣、麻三者兼备，鲁菜、宫廷全能，真是一位全才。李政道欣赏孙大力的烹调技艺，但他也以自己的烹调技艺回赠孙大力。1997 年 5 月，孙大力参加一个高级厨师代表团去美国访问，途径纽约，李政道专门邀请他去家里做客。李政道亲自下厨烹调四菜一汤招待孙大师。孙大师对李政道为自己做饭，十分不安，但李政道执意如此，孙大力只好接受。孙大力对李政道的饭菜赞不绝口，连称李政道的烹调水平已经达到大师级了。受到餐饮国家级评委的肯定，可见李政道的烹饪水平确实是相当高了。

　　有一次孙大力和李政道谈起了烹调艺术，孙大力说，上汤是烹调的必备之物，并简单介绍了制备方法。李政道从他的介绍里受到启发，也自己动手制作上汤。俗语说，烹调离不开一锅汤。逐渐他摸索出一套制作上汤的方法，已如上述。

　　一般说制汤都有秘方，但李政道说所谓秘方其实并不秘。在美国，他常制作鸡汤和海鲜汤两种，都用六种当地的作料，味道非常特别。有了这两种上汤，在家烹调就左右逢源了。李政道还回忆起小的时候在老家苏州，他的祖母（姓蒋，是当地清朝两大官僚之一的后代。当地的另一大官僚家姓陈）在家里就自己制作上汤，叫做熬鸡露。开始用一只鸡加各种香料熬汤，以后每一个月要加一只鸡，如此积累，就成了家用烹调必备之品。但这种所谓的上汤，其实是一种油，比较腻，和李政道做的上汤不同。李家对上汤的重视可以从下边的情节看出来，在李政道赴美之际，他的父亲甚至嘱咐李政道要把熬鸡露带一些到美国去。李政道当时觉得没有那个必要，就没有带去。后来，李政道的姑母在新加坡修房子的时候，她做的熬鸡露被一位不懂行的人和面用掉了，从此熬鸡露就在李政道家断了种。几十年后，李政道在孙大力的启发下又恢复自制了李政道式的熬鸡露。

李政道爱喝酒，也有酒量，但没有到嗜酒的程度。李政道非但不嗜酒，在喝酒上还很有讲究。李政道对酒有相当的鉴别力。说起酒，他有自己的特别见解。他不喜欢白酒，而推崇葡萄酒、黄酒。他认为，白酒基本上是酒精，没有营养成分，喝了只有刺激作用，对人身体没有什么好处。而葡萄酒，无论是白葡萄酒或红葡萄酒都含有很多对人身体有益的成分。他对中国的黄酒情有独钟。绍兴黄酒，用料和酿造方法特殊，内含十几种氨基酸，其中许多是人体必需而又不能合成的。黄酒的营养成分以低分子糖类和以肽氨基酸浸出物状态存在，易于吸收，有"液体蛋糕"之称，较啤酒更富营养。黄酒具有甜、酸、苦、辛、鲜、涩和 澄、香、醇、柔、绵、爽 12 种特点，加温后饮用，有非常好的效果。所以，李政道每餐必饮绍兴酒，晚上临睡之前也适量饮用。人们说李政道血压不高、动脉不硬化、骨骼健壮、精力充沛，就是因为常饮绍兴酒的缘故。当人们询问他健康长寿之道时，他总是回答说没有任何秘诀。但不可否认，饮绍兴酒的确是他健康的秘诀之一。

李政道还有自己鉴赏酒的方法。他说，鉴赏一种酒是好是坏，可以先看它的颜色，再闻它的气味，最后喝一口酒，让它在口腔里慢慢散开，沁入牙缝舌周，让人的味感器官全面接触酒液，剩下的就是你的感觉了。如果你是一位味感灵敏的人，那么酒的好坏就得以分辨；假如你是一位味感迟钝的人，就不要去做鉴赏酒的事情，更不要充内行，闹笑话。味感好的人，能分辨出多种味道和感觉，如上面提到的那 12 种味感就是。味感差的人，就只能说出甜、涩、辣、呛，再差的人，只能说一个辣字而已。至于更差者，恐怕只会瞎说"好酒"、"好酒"了。品酒，如同鉴赏食品或其他艺术品，是不能充内行的。

日常生活中，李政道不讲究穿戴，衣着朴素大方。许多事情他都是尽量自理。人们很难想象，连理发都是他自己操作，从不进理发店。朋友们很好奇，询问窍门何在。他说，事情其实很简单，只要有两只手和一把剪刀就可完成。困难的地方主要在头的后部，用一只手的食指和中指夹住头发，这相当于梳子和尺子，留出要保留的头发，露出的就是要剪去的头发，用另一只手握剪刀剪去即可。他指着自己的头说，这就是我来中国前刚剪过的发。大家看去，他的头发丝毫没有"外行"的加工痕迹，显得自然大方。

2000 年 1 月，李政道去台湾探视吴大猷的病情。在台湾他有许多朋友，大多是科技教育界的同行教授、科学家们。李政道由于去的匆忙，没有准备礼品。他急中生智，想到台湾新竹附近渔港有一种乌鱼子出售，味道鲜美，但并不广为知晓。而且，李政道掌握这种鱼子的简易烹调技术。于是他请朋友开车一同前去购买了许多盒。然后立即前往时任中研院院长沈君山家中。进家之后，立刻下到厨房操作起来。不一会，一盘烹制好的乌鱼子摆在了大家的面前。乌鱼子入口，外焦里嫩，子香四溢，细细咀嚼，余韵无穷。李政道随即传授大家烹调要诀：鱼子切片不能过厚，也不能过薄；烹煎的平锅里，只能加少量素油，火候以素油起微烟时为最佳，鱼子片进锅后只能每面煎约 5 秒钟，出锅即食，效果为最上乘。笔者曾按此法试作，制成了绝妙的煎鱼子，得到了莫大的享受。

李政道有时会冒出一些奇特的想法。2003 年秋，李政道回国访问。在席间，大家一时谈到筷子与西方刀叉的优劣。李政道认为，筷子是人手的延长，具有多种功能，但有不足。最大的不足就在筷子的足部不能防滑。于是他忽发奇想，要设法改进筷子足部防滑的问题。他即席提出要在筷子的足部加上防滑的细纹或颗粒状的东西，并在餐桌上绘出草图。时任中国工业经济联合会会长的林宗棠部长，立刻感到李政道的建议很有使用价值，马上就与轻工业协会联系，找到浙江xxx制筷厂。厂里听说，物理大师李政道给他们设计筷子，立刻赶到北京，与李政道相见。很快，在2004年春，当李政道又来国内访问时，一套以李政道设计思想制作的筷子出厂了。经过大家的试用，效果良好，受到称赞。李政道为这种有防滑功能的筷子起名"雅筷"，意思是用了这种筷子，就不会出现《红楼梦》里刘姥姥捡鸽子蛋的尴尬局面，让中国人在用膳时可以充分显示这种工具的潇洒。李政道还把"雅筷"送给外国朋友，使他们对使用中国筷子有了信心。

李政道还设想生产一种带吉祥字的蛋。他和孙大力切磋，能否在鸡蛋、鹅蛋甚至鸵鸟蛋没有煮熟之前，设法将吉祥字样，如"福"、"禄"、"寿"、"禧"，或"生日快乐"、"健康长寿"等隐藏在蛋内，待蛋制熟后，在宴会桌上，当众敲碎蛋壳，蛋清上的吉祥字当即展现在人们面前，引起轰动。李政道并且把这一构想画在纸上，声明将此想法的知识产权赠送给孙大力。孙大力认为这是一个好想法，愿意去试制。一般说来，当李政道有了一种设想并认为这种设想具有使用价值，可以成为知识产权，他总是把它无偿赠送给别人。

李政道就是这样一个具有意气的大书生，一个具有浓厚生活情趣的普通人——生活真人。

第十四章
树欲静而风不止：无奈的争辩

2002 年台湾天下远见出版社和远哲科学教育基金会共同出版了一部《杨振宁传》，作者是江才健。这部传记事前得到了传主杨振宁的直接推动，出版后又得到了杨振宁的赞赏。所以说，李政道认为这部传记是代表了杨振宁的观点。在这本传记里，作者用大量的篇幅描述了李政道和杨振宁合作和分手的故事。不幸的是，作者的叙述，在李政道看来，没有反映事实的真相。更使李政道心生不平的是，传记里对他和杨振宁物理研究上的合作以及对他个人人格的很多描述都与事实不相符合。李政道读了这部传记之后，感到十分震惊和愤怒。在这种情形下，李政道不得不打破他保持了近 20 年的沉默，勉为其难地出来说话。就这样，随着这部传记的出版，20 年前有关宇称不守恒发现的争论被重新点燃。这真可谓树欲静而风不止。

现在大家都很清楚，李杨不和的核心问题是，有关宇称不守恒的发现这一突破性的思想，在李政道和杨振宁之间，是由谁先提出来的。

李政道认为是他一个人独立地先提出来并且有实验的证实，随后杨振宁才参加进来；而杨振宁则认为是他先有了这个想法，说服李政道之后，一同做出来的工作。争论的另一个方面，就是他们不和的内幕是谁首先向外界披露的。换句话说，就是谁首先挑起争论的。

自从 1962 年，李政道和杨振宁分手之后，他们对分手的内幕都守口如瓶。杨振宁还遵循中国古训"君子绝交不出恶声"的原则，表明自己不会对他们的分手说三道四。但是，李杨不和以至分手，毕竟是世界物理学界关注的大事，对于造成这一不幸事实的原因和责任便逐渐流传起许多说法。俗话说，好事不出门，坏事传千里；人言可畏。没有多久，各种议论便纷纷扬扬起来，而所有这些议论和流言都在他们两位的心里刻下了深深的印记，都为今后爆发的论争埋下了隐患。虽然在开始的时候，他们对此都没做出什么直接的反应，但是在他们的心里对对方是否真正信守沉默的原则都有极高的警惕和怀疑。江才健的《杨振宁传》里叙述道，终有一天，杨振宁从他的朋友那里得到了信息，说李政道在好几个地方做《弱相互作用的历史》的演讲，里面隐约地暗示，宇称不守恒的思想是他一个人提出来的。之后，杨振宁居然找到了刊载那个讲演的刊物——一个科学会议的文集。当杨振宁读过那篇讲演之后，不禁勃然大怒。因为，杨振宁认为这证明了他长久以来所听到的那些谣言都是真的。更有好事者，一致表示杨振宁自从和李政道分手后，确实一直没有私下谈论过他和李政道的事情；相反，李政道却用许多间接迂回的说法，讲一些他和杨振宁的事情。因此杨振宁便决定把历史的真相写出来。于是杨振宁便在他过 60 岁生日时出版的《杨振宁论文选集》英文版里把他要说的话说了出来，这就是前面已经提到过的那篇有名的文章和注释：

《获诺贝尔奖的论文产生的经过——宇称不守恒问题》（1956）一

文之后记及注

这里只再把这篇文章的"注"全部抄录在下面，以方便读者：

注：① 到目前为止，我对与李政道合作的经过在公开场合一直严格地保持缄默。例如，除了直系亲属和两个最亲密的朋友之外，我从未同其他人谈过上述论文〔56h〕的事。以上事情的经过是根据我1956 年及 1962 年 4 月 18 日的日记写成的。要不是在 1979 年的某一天，我偶然看到 Zichichi 编辑的一本名为《*Elementary Processes at High Energy, Proceedings of the* 1970 *Majorana School*》(Academic Press, 1971)的书，我还不会说出这些事呢。书中有李政道的一篇题为《弱相互作用的历史》的文章，该文谈了他自己关于论文〔49a〕及〔56h〕的故事。这篇文章含蓄地暗示了许多事情，诸如我们两人之间关系的性质、宇称不守恒、β 衰变如何与 $\theta - \tau$ 之谜搭上，等等。关键的想法及解决问题的策略是如何产生及发展起来的？〔56h〕这篇论文是怎样写成的？李政道对此一概回避，顾左右而言他。我知道，有朝一日我必须把真相公之于世。最近（1982 年 8 月），我又偶然在《科学哲学史研究》杂志〔*Studies in History and Philosophy of Science,* 10(3)(1979), 201〕上看到 A. Franklin 一篇题为《宇称不守恒的发现与未发现》的文章。Franklin 对他与李政道的极有价值的谈话感谢不迭。他的文章几处引用了李政道《弱相互作用史》这份手稿中的段落，手稿记有"1971 年 3 月 26 日在哥伦比亚大学所做的报告，未发表"字样。这份手稿与上面所引的《*Proceedings of the Majorana School*》中的文章显然大致相同。

李政道认为，杨振宁所说他的《弱相互作用的历史》一文只不过是通俗的科学历史讲演，并没有言及他们之间的争论，以此为凭，就公开指责他，是缺乏根据的。相反，李政道认为，无论如何，杨振宁的文章注释才是他公开他们争论的文字证据。既然杨振宁已把他们的分歧用文字正式公开了出来，又承认曾向"直系亲属和两个最亲密的朋友"谈及此事，李政道就在 1986 年用英文写了两篇文章，一篇是

《破缺的宇称》，另一篇是《往事回忆》作为回应。在《破缺的宇称》那篇文章的开头，李政道用寓言式的笔法将他们两个人比喻成在沙滩上玩耍的小孩，他们共同发现了宝库，使他们名扬四海，但当他们年老了的时候却发生了争吵，为了究竟谁是第一个发现者而争吵不休。这里表现出李政道对与他们两个在发现宇称不守恒问题上的看法，给人的印象还是比较公道的。但是，既然杨振宁已有文字公之于世，李政道自然不会只讲这个寓言完事。李政道在文章里也把自己的看法公开了出来：宇称不守恒的突破性的思想是由他第一个独立地提出来的，杨振宁先是反对，随后被他说服。李政道于是欢迎杨振宁参加进来一起工作。在文章里。李政道还讲述了他们之间友谊破裂的情形，说明是由于杨振宁总是过于计较名次排列等事情，使他无法忍耐，才做出那样的决定。

第二篇文章《往事回忆》是李政道在庆祝他六十寿辰的学术讨论

在60岁大会上，和部分诺贝尔物理奖获得者在一起。

会上的演讲，主要叙述了40年代他们合作的事情，对于杨振宁不真实的说法进行了批驳，对宇称不守恒的发现也做了叙述，重申在《破缺的宇称》文章里讲的故事。李政道60寿辰的学术讨论会，也是庆祝宇称不守恒思想提出30周年庆祝会，这次会议实际上就是一次肯定李政道是宇称不守恒思想的首创者的会议。

李政道在这两篇文章发表以及这次祝寿会议之后，决心不再公开讨论此事，完全保持沉默。按照李政道的说法，由于这两篇文章都是用英文写的，又是在美国发表，所以全世界物理学界，尤其是使用英语的学者们对于他们之间的争论，实际上已有定论，只不过是心照不宣而已。他也希望他们的争论就此结束，他会永不开口，让历史去做最终裁判。

可是，事不遂人愿，1988年杨振宁在上海出版了中文版的《杨振宁文集》，把原先他以英文发表的一些他的论文注释，包括上面引用的他关于宇称不守恒的发现经过，都发表出来，直接面向中文读者。2002年，更进一步，江才健著《杨振宁传》在台湾出版，最终打破了李政道所保持的沉默。他觉得这是杨振宁有意利用中国读者的不知情，想在中国读者中制造舆论，对他进行新一轮的攻击，完全违背了他自己的诺言，是有意重新挑起争论。于是他于2003年4月3日接受了《科学时报》记者杨虚杰的采访，回答了她提出的19个问题。

记者的问题虽然有19个之多，但李政道的回答中并没有什么新的内容。他所说的，基本上都是过去已经说过的话。即使如此，李政道的答记者问在社会上仍然引起了很大的反响。对这一重新捡起来的历史遗案，大家的反应，共同的一点是非常遗憾。读者们深深地为这两位中国裔的物理大师又战火重燃感到十分不安。就像对待一切争论一样，人们大致分成了三个派别。在有关媒体和互联网上的评论顿时铺天盖地，纷纷扬扬，各说各话，莫衷一是。

实际上，李政道对这一轮被迫应战确实感到十分无奈。他再三说，他的确不愿意再来重复十几年前说过得那些话。但是他认为，李杨之争不同于科学史上其他的类似争论。在突破思想的提出、首次实验结果的产生等事情上，都有书面的事实证明，都有当事人的文字的回忆，争论的结论是很明显的，对分辨他和杨振宁孰是孰非是很容易的。但是，由于杨振宁的狡辩，他们之间的这段公案却长久不能了断。他认为"这种情形是比较惊人的，在科学史上可能也是空前的。"在回答记者时他说，他曾为和解李杨矛盾做过让步，但没有效果。无奈的争辩也是他所不情愿的。他说："我十分清楚，李杨的矛盾，对中国的学术界，无论怎么说都不是一个好的榜样。"他又引用了他在《破缺的宇称》那篇文章开头的那个寓言式的描述，表现了他仍然希望用那两个小孩共同发现宝藏的比喻来评判他们的争论。

为了使读者了解事情的全貌，李政道还请人编辑出版了一本《宇称不守恒发现之争论解谜》的书①里面收集了可以说全部有关资料。李政道的用意是很清楚的，他觉得，这本书应该就是争论的结论和结束。

李政道答记者问和上述书的出版，似乎并没有使杨振宁屈服。杨振宁态度低调，在看到李政道的答记者问之后，在中央电视台《面对面》节目上，主持人对他说："我们中国有句老话'相逢一笑泯恩仇'②，我相信所有中国人都希望看到你们俩和好。"杨振宁回答说："对，这也是我现在决定，我公开地在生前不再在这方面讨论这个问题的道理，是因为大家很显然、很自然地都希望我们和好，可是我们没法再和好，所以在这种情形下，最好的就是不再讨论。"

---

　①《宇称不守恒之争论解谜》，李政道答《科学时报》记者杨虚杰问及有关资料，季承、柳怀祖、滕丽编，甘肃科学技术出版社，2004；同书繁体字版由香港天地图书有限公司出版，2004。

　② 句出鲁迅诗《题三义塔》："度尽劫波兄弟在，相逢一笑泯恩仇。"

杨振宁挂出"免战牌"，使得这次争论没有迅速升级，但是同时也告诉人们，争论并没有结束。什么时候结束，谁也不敢说，因为杨振宁只说生前不讨论。

不久，2004 年 11 月香港《明报》月刊，登载了杨振宁的妹妹杨振玉的一篇短文《一九七二年我父亲杨武之会见李政道之真相》，澄清李政道在答记者问里的叙述：

> 李说"杨武之先生很想和我见面"。事实是我父亲从未提出过想和李政道见面；李政道关于见面时他们紧紧握手，杨武之说杨振宁对不起你，请你原谅等情节。事实上没有那种事情。

李政道看到杨振玉的短文后，于 2005 年 5 月在《明报》月刊上回答以短文《真相乎》，对上述两点做了说明，文中并有中国科学院当时负责接待工作的负责人朱永行先生的书面材料，证明李政道所说都是事实。

可是事情并未就此结束。事过一年，2006 年 4 月 22 日至 25 日，美国物理学会在得克萨斯州的达拉斯举行庆祝宇称不守恒发现 50 周年学术会议。这是美国物理学会的一件大事，应该说也是世界物理学界的大事。更有意义的是，宇称不守恒的两位发现人李政道和杨振宁都参加了会议，虽然他们的报告没有安排在同一节会议中。

李政道开始报告前三四分钟，杨振宁和翁帆来到会场，在第一排坐下。李政道也坐在第一排。这时能容纳几百人的报告厅里人满为患，充满了一种期待和敬仰的气氛。李政道报告的题目是《旧题新观》。在接下来的一节会议里，杨振宁做了《门在何方》的报告。

李政道报告的第一部分，从实验和理论两个方面回顾了弱作用中宇称不守恒发现的历史，进而评述了对弱作用中分立的对称性 C，P 和

T 破缺的研究发展过程。第二部分，总结了目前对强子和轻子的弱相互作用流的认识。第三部分提出了一种可能的有关对称性破坏的起源的解释。他提出了一种很有吸引力的看法：所有对称性的破缺都是通过 Higgs 机制引起的自发破缺。所有自旋不为零的场，包括广义相对论的引力子，QCD 的 SU（3）色规范场，电弱规范场，自旋为 1/2 的夸克和轻子场，本身都是对称的，质量为零的。整个宇宙的复杂性都源于自旋为零的场。第四个部分详细地分析了自旋为零的场的重要性。认为，所有的对称破缺都源于惯性场，而自旋不为零的场都是对称的。通过惯性场，粒子的微观世界就与整个宇宙的宏观世界密切地联系起来了。所以，在弱作用中的宇称不守恒发现 50 年后，我们或许正处于寻找基本物理学中所有对称性破缺的根源的起点。

杨振宁则从 $\theta-\tau$ 之谜开始，说 $\theta-\tau$ 之谜是和奇异粒子有关的，但是为什么宇称不守恒却是在 β 衰变里发现的？为什么 50 年前，没有任何奇异粒子的实验能说明宇称不守恒？

这时，李政道在座位上说道："你讲的是不对的。"

杨振宁没有理会，接着讲下去，说：1956 年底以前，没有任何人相信宇称可能不守恒，包括我们和吴健雄。

这时，李政道又在座位上说："只说你自己。你刚才说的是不真实的。"

杨振宁接着出示了一张投影片，是李政道 1956 年涂写的一张稿纸。这张稿纸在他们获得诺贝尔奖之后曾经刊登在《今日物理》第 10 卷第 12 期，即 1957 年 12 月号的封面上。杨振宁所示实际上只是该稿纸的一部分，上面全是李政道所写的数理式子。但所示部分没有 P(宇称) 的内容。杨振宁的意思是用这张涂写稿纸证明，那时李政道的兴趣是在统计物理和多体物理上面，对宇称并没有兴趣。

李政道再一次在座位上说："这是我的涂写，我的。与你无关。而你把上面本来有的 C，P，T 等……都故意删掉了。"

杨振宁听后就接着出示了下一页，内容正是上面那个意思。于是不做说明便翻了过去。

会场里气氛紧张，鸦雀无声。杨振宁匆忙结束了报告。

对这戏剧性的一幕，李政道觉得实在是事出无奈，杨振宁讲的不符合事实，他不能不反驳。事实上，50 年前已经有奇异粒子实验在李政道的想法指导下说明宇称不守恒，只是因为数据量不够，不能做结论；1956 年底前李政道已经不相信宇称守恒了，而杨振宁所说的不相信宇称不守恒的"我们"显然是指他和李政道；在李政道那张完整的涂写稿纸上，有好几处写有 C、P 不守恒的符号和字样，但杨振宁却只选了没有那些符号和字样的部分放映出来。这一连串的说法和做法激怒了李政道，使他顾不得礼貌，在座位上大声反驳。对这一点，李政道自然感到有失妥当，也颇有自责之意。

这是直到目前仅有的两次李、杨间的对质，像这样的争论，历史会怎样做出裁判呢？

第十五章
语大义之方　论万物之理

李政道虽然曾说过"古稀之年，亦有前景"的话，可是实际上他并没有感到自己已真正迈入老年，因为李政道在 60 岁的时候，哪里有老年的影子！那时他容光焕发，神采奕奕，依然朝气蓬勃。他的物理生涯，在那时也正处在巅峰时期。他在非拓扑孤立子、相对论离子碰撞以及真空构造、随机格点、离散空间—时间、黑洞辐射以及孤立子星等方面都有开创性的工作，受到世界物理学界的高度重视。

"老骥伏枥，志在千里"这是曹操的诗句。雄心勃勃，豪气冲天，激励人心。但是，对于李政道来说，生命不息，工作不止，永远"伏枥"，已经是事实，而他的"志"却不在"千里"。他的雄心，志在无垠！

李政道在 1986 年度过了他 60 岁的生日，当时哥伦比亚大学物理系曾在美国举行过一次隆重的庆祝会，同时又是庆祝宇称不守恒思想提出 30 周年。来自全世界的约 150 几位物理学家出席庆祝会，近 20 位学者发言。杨振宁也应邀，但是没有到会。会议回顾了 30 年前宇称不守恒发现时紧张而又欢快的日子，历述了李政道在发现宇称不守恒上首创性的贡献、对物理学众多领域的成就以及他高尚的为人品格。李政道在他的答谢演说里，介绍了中国历法里的 60 "甲子" 的循环计年法。他风趣地说，在中国 60 年是一个 "甲子"，一个循环过去，新的循环开始，人们也就重新开始生命之旅。他指着会场里超过 60 岁的许多科学家说，你们在新的循环里情况都非常好，而有一位只不过才一岁（61 岁），另一位才两个月，而他自己才刚刚诞生！

在庆祝会后出版的纪念文集里[①]李政道发表了他的《往事回忆》，对杨振宁 1983 年发表的那些关于宇称不守恒发现的评论做了回应。实际上，庆祝会上几位与此事有紧密关系的物理学家的演讲已经说明，宇称不守恒突破思想的首创权是属于李政道的。物理学界对这一事实实际上也已经是心照不宣。李政道认为，杨振宁 1998 年出版中文版的《杨振宁文集》，只不过是想蒙骗中文读者。

那么，李政道在自己生命的新的一轮里，"志" 在何方呢？他的 "志" 可不是去进行普普通通的物理课题的研究，他的课题是要解决宇宙学的重要问题。其中，"真空" 就是其中的一个。

其实，李政道早在 20 世纪 70 年代就对研究 "真空" 产生了兴趣。1974 年李政道和威克发表了一篇论文[②]合作研究自发破缺的真空是否可能在一定条件下恢复破缺的对称。他们发现，在重离子碰撞中，在原子核大小的尺度上可以局部恢复对称性。也就是说，当两个高能重核对撞时，它们互相穿过，留下一小段空间在很短的时间里可以被激发。这个被激发了的真空，很接近我们宇宙开始大膨胀时比较对称的真空，把这原始的真空掌握住，对它进行研究，可以得到重要的物理结

① T.D.Lee. Reminiscences. R. Novik ed. Thirty Years Since Parity Nonconservation. Boston: Birkhauser Inc., 1988. 153~165.

② Vacuum Stability and Vacuum Excitation in a Spin 0 Field Theory(with G.C. Wick). *Phys. Rev.* D9, 2291(1974).

果。他们认为，真空并不是真的空的，而是物质存在的一种形式，是没有物质的态。真空里虽然没有现存的那些物质，但是各种力都可以通过真空。譬如，万有引力可以通过真空，否则地球不可能围着太阳转。除了万有引力，强作用力也可以通过，弱作用力也可以通过，凡是作用力都可以通过真空，真空里有作用，就必定有涨落，符合相对论性，有很复杂的构造，可以相变，可以禁闭夸克，可以使 CP 不守恒，等等。总之，真空很重要，要研究宇宙，研究物理，就要研究真空。这样，他们就开创了相对论重离子碰撞这一研究领域。

但是，研究真空，要有手段，要改变或制造新的真空态。李政道想到，用重离子对撞的办法，可以改变真空态，可以形成奇特的真空态，创造新的能量。于是他建议，用金离子对撞的办法来进行这项研究。这样，就要建造极高能量的对撞机，把每一束金离子加速到 20 万亿电子伏特。估计投资需要十亿美元。刚刚上任的布鲁克黑文实验室的主任，对于李政道的想法很支持，便向美国能源部提出建造相对论性重离子对撞机（RHIC–Relativistic Heavy Ion Collider）的建议。李政道为此项计划大力游说，终于得到了能源部的批准。所需经费由能源部提供。

1993 年，美国布鲁克黑文国家实验室的 ISABELL 质子－质子对撞机，因为超导磁铁制作出了问题，整个建造计划下马，但是它已经建造的隧道可以为新建的对撞机所用。这样，就可以减少 RHIC 的投资，这也是能源部批准这一计划的因素之一。

建造对撞机是为了进行物理研究，因此必须建造实验探测器，进行有针对性的物理实验。李政道所要进行的物理实验主要有三个方面：自旋物理 (Spin Physics)，格点色动计算力学（LQCD－Lattice Quantum Chromodynamics Computational Physics）和夸克胶子等离子体物理（Quark Gluon Physics）。

自旋物理　原本人们相信，自然界里的规律都是左右对称的，也就是说，镜像世界里的自然规律应该与我们所在世界的规律是一样的。可是，自从 1956 年李政道和杨振宁发表那项令人震惊的看法以后，人们认识到，镜像世界里的自然规律，在左和右上，与我们所在世界里不同。为此，他和杨振宁获得了诺贝尔奖。在证明李政道的看法的实验里，自旋是核子的一种特性，利用它可以去分辨"左"和"右"，从而证明了镜像世界里的自然规律与我们所在世界里的不同。可见，自旋对于确定空间里的"左"和"右"具有非常重要的作用。自旋可以用一定的量来表示，如 +1 或 –1 等。一般来说，核子的特性是由组成它的夸克和胶子的特性来解释。因此，由于核子是由三个夸克组成，核子的许多特性就由这三个夸克的特性来解释。譬如，因为质子是由 2 个上夸克和 1 个下夸克组成，而质子的电荷是 + 1，原因是上夸克的电荷是 + 1/3，两个上夸克的电荷就是 1/3 x 2 = 2/3；一个下夸克的电荷是 –1/3；于是它们的和就是 +1。由此，人们也认为，核子的自旋也应该就是夸克自旋的和。可是，80 年代末，西欧中心的实验表明，质子的自旋的和大于夸克自旋的和。那么，质子多余的自旋是哪里来的呢？于是出现了"质子自旋危机"。这是粒子、核子物理中的一个大问题，人们必须回答，是什么东西持有了多余的自旋？

格点场理论　是理论物理中新发展起来的一种严格的、用来描述强相互作用的数学方法。人们已经知道，自然界存在着四种作用力：引力，可见于天体运动，由广义相对论描述；电磁力，可见于核子和电子之间的相互作用；弱作用力，可描述核子的 β 衰变，电磁力和弱作用力由电弱理论统一起来；强作用力在组成质子和中子的夸克和胶子之间起作用，由 QCD 理论描述。把夸克和胶子束缚在核子内部的正是强相互作用。电子、质子、夸克和胶子，都用分布在连续空间里的许多点的"场"来描述。这些场就像波那样来传播空间—时间,互有影响。电子和光子的相互影响很弱,所以可以传播任意距离。它们的传播比较容易描述。相反,夸克和胶子的相互影响很强,理论上计算它们的传播要困难的多。引入格点空间—时间,在其中只有连接它们的不连续的点和线,夸克和胶子从一个点、线跳到另一个点、线,它们的传播就比教容易计算。这就是所谓的"格点场论"。使用这个方法计算 QCD 就叫做"格点 QCD"。为了精确计算在初始连续空间—时间里夸克胶子的传播,格点必须很细。因此格点场的点和线的数量就会很大,计算的量极大,每秒可达 2000 万次,需要大型计算机的支持。

夸克胶子等离子体物理　夸克胶子形成核子,它们紧紧地结合在一起,人们很难把它们分开,这叫做"夸克禁闭"。当物质的密度大大增加的时候,核子就排列起来,或者说温度提高,这时人们预计会出现一种新物质态,其中夸克和胶子就不再呆在原来它们所在的那个核子里,我们借用一般等离子的概念,即电子脱离了它原来围绕旋转的原子,形成等离子状态,就称这种物质态为"夸克胶子等离子体"(QGP)。这种物质态曾存在于"大爆炸"之后很短的时间(10^{-4} 秒)里,那时温度和密度都十分高。

为了能进行这些物理实验,需要在大型实验探测器上做实验,需要经费,需要人才。为了解决这一问题,李政道又一次显现出他天才的构思能力。他觉得,要进行上述领域的研究,应该有一个研究机构,有一批物理学家,有相应的经费。这时,他想到了日本。多年的观察,他觉得日本重视基础科学研究,重视高能物理研究,愿意在这一方面投入力量,参加国际合作,培养年轻人才。所以与日本合作建立一个研究所,来从事上述几方面的物理理论和实验研究,是一个解决问题的好途径。早在 1988 年,日本就与美国签订了科技合作协议,1996 年日本科技部与美国能源部又签订了联合进行科技项目的协议。李政道于是就把联合进行自旋物理实验提出来作为双方合作的项目。

这个项目在物理的意义上明显的是一流的，因为它要进行的研究的确是物理学最前沿的工作，而李政道从来也不做第二流的物理研究，这一点日本的物理学家和日本政府是非常清楚的。但是为了说服日本政府出钱，这个项目必须显示出对日本有特别的吸引力。李政道提出，由日本出经费，成立一个联合的研究机构，只设少量固定职位，主要支持博士后，而日本的博士后可占总数的 1/3，这样可以替日本培养相当多的年轻人才。这样的设计对日本很有吸引力。这个研究机构由李政道任主任，日本科学家任副主任。日本方面可以参与对该研究机构的管理。这个机构是国际性的，要吸引其他愿意合作的国家参加，以壮大力量。为了成立这个机构，李政道多次访问日本，做了大量说服工作。经过几年的协商，日本科技部与美国能源部于 1996 年签署了在基础科技领域合作的执行协议。1995—1996 年又签署了在 RHIC 上联合进行自旋物理项目的备忘录。1997 年又签订了日本物理及化学研究所（RIKEN–The Institute of Physics and Chemical Research of Japan）和美国布鲁克黑文国家实验室（BNL）成立研究中心（RBRC–RIKEN BNL Research Center）的执行协议。

1995 年研究自旋物理的巨型探测器 PHENIX 开始建造。该探测器于 2000 年建成。

1997 年 RIKEN–BNL 研究中心 (RBRC) 正式成立。这是李政道几年努力的结果。可以说，正是这个中心，领世界潮流之先，开始了重离子物理领域的全面研究。

同时，RIKEN 和哥伦比亚大学还签署了合作建造并行超级计算机的协议。在进行物理实验的同时，就由实验室自己动手制造高速计算机，满足大数量数据计算的需求，这又是李政道的先见之明。为此，在李政道的倡议和组织下，RBRC 和哥伦比亚大学决定建造专用的计算机 QCDSP(QCD on Digital Signal Processors or Supercomputer)。两台 QCDSP 计算机，一台安装在哥伦比亚大学（0.6 万亿次 / 秒），一台安装在 RBRC(0.4 万次 / 秒)，是当时世界上运算速度最快的计算机之一，总起来每秒可运算 1 万多亿次。该计算机于 1988 年建成并获得 Gorden Bell 奖①。作为一个理论物理学家，李政道除了在物理思想上起指导作用之外，还领导了这样先进的计算机的开发建造，表现了他组织进行现代科学研究的非凡的才能和智慧。

RHIC 于 1999 年建成，2000 年就在 PHEX 上实现了金离子对撞。

李政道建立 RBRC，从物理研究的角度，有他深远的想法。他的想法是在他对 20 世纪物理学的发展进行总结的基础上提出来的。他认为，20 世纪物理学的研究以"简化归纳"(reductionism) 为主导。人们相信，大的东西是由小的东西组成。知道了小的，便会知道大的。这种思想取得了成功。量子力学的成功，使人们能从理论上做出极为精确的预言，同时又可以以精确的测量来加以证实。人们发现了组成物质的 12 种基本粒子，6 种夸克，6 种轻子。但是，到了 20 世纪下半叶，人们遇到了两个严重的迷惑。其一，我们不能单独地观察到 6 种夸克中的任何一种夸克；其二，我们的理论是建筑在对称基础上的，而实验观测却证明是不对称的。这两种迷惑，使人们不得不改弦更张。

李政道认为，21 世纪的物理学将会以"整体统一"(holism) 为主导。要了解小的，就不能够与研究大的分开。要了解为什么夸克不能单独地被看到，就必须研究物理真空态的禁闭机制。为了使现在宇宙的不对称和我们理论的基本的对称原则相一致，我们必须重新研究整个宇

---

① 是以美国著名计算机专家戈登·贝尔（Gorden Bell）命名的计算机运行奖项。

宙对称的演化过程，从宇宙大爆炸时的几近完全对称，到现在的几乎完全不对称。RHIC 就是一台可以用来探索物理真空结构以及新物质态的对撞机。

李政道还有一个重要的想法，就是通过这个项目培养年轻的人才。他认为，从 20 世纪科学的发展来看，重要的科学进展都是由年轻人做出的。爱因斯坦 20 岁发表了狭义相对论并开始探讨广义相对论；玻尔 27 岁时提出了原子轨道的量子规律；接下来，年轻一代的海森堡、狄拉克、费米和仁科芳雄 (Y. Nishina) 创建了量子力学。他自己也是在 29 岁时发现了弱作用中宇称不守恒的规律。在新的世纪里，要使科学更快发展，一定要培养年轻的人才，给年轻人提供发展的机会。

李政道不但设计了 RBRC 的整个工作框架，还领导了 RBRC 的全部实际工作，他还饶有兴致地为它设计了一个标志。这个标志极具东方特色，有深刻的东方文化内涵。一个圆被一

1973 年，李政道与 CERN 所长。

条 S 形的线分成两半，一半的颜色是蓝色，一半是白色，圆的中央是一个小的红色圆。李政道的解释是，中央红色的小圆代表日本，红、白、蓝三色代表美国；红的中心代表"单一"，蓝白代表双重，是为太极。太极为派生万物的本原，故此太极生两仪，两仪生四象，四象生八卦。太极就是万物之理。按老子的说法，一生二，二生三，三生万物，和谐统一。这个标志不但具有深刻的哲理，把 RBRC 的研究目标表示出来，从艺术上看也非常美丽，是李政道科学和艺术结合的一个佳作。

除此而外，李政道还把李可染的《核子重如牛，对撞出新态》的画作，放在 RBRC 网站的主页上，把《物之道》的大型雕塑的照片放在实验室介绍的后面，将他的书法《物之道》小诗以及英文译文附上。整体看起来，是一幅中西合璧、科学与艺术结合的美妙的作品。

李政道主持的 RBRC 获得了极大的成功。2000 年，RHIC 于建成一年后，实现了金离子的对撞，获得了大量数据。通过实验，于 2003 年 6 月已经观察到夸克—胶子等离子体（QGP），这是人类第一次人工产生宇宙大爆炸后 10^{-4} 秒时的物质，因而是 RHIC 产生的第一个激动人心的科学结果，是一个重大的发现。截止到 2004 年 RHIC 已经出版了 62 本实验报告文集，公布了一系列的重要实验数据和研究结果。与此同时，RBRC 理论组的孙（D.T. Son）获得了 2000 年度能源部核物理学优秀青年研究员奖（Outstanding Junior Investigator–OJI）。2001 年理论研究员斯提凡诺夫（M. Stephanov），凡·克尔克（U. Van Kolck）获 2001 年度能源部 OJI 奖。

RHIC 的初步研究结果震动了世界物理学界，物理学家们认为 RHIC 的研究方向很有前途，肯定会有新的物理结果出现。但是，RHIC 的研究结果也引起了误会。某些报纸发表消息说，美国 BNL 的物理学家在实验室里模拟大爆炸，制造出微型黑洞，形成"奇异夸克"，可能触发无法控制的连锁反应，地球上的所有物质因此将被摧毁，地球将会被毁灭。这当然是杞人忧天。

在李政道主持下，RBRC 和哥伦比亚大学在 QCDSP 的基础上，2002 年又决定进行合作建造 QCDOC(QCD On a Chip) 计算机。这台计算机的芯片，是由哥伦比亚大学、IBM、RIKEN、UKQCD(United Kingdom) 紧密合作研制的。QCDOC 的研制经费，部分由 RIKEN 提供。QCDOC 于 2005 年建成，已在 RBRC 的物理研究中发挥着巨大的作用，如果没有计算机强有力的支持，RBRC 的物理工作不可能有出色的成果。可见，李政道的谋划是多么大胆和精细。

李政道为 RBRC 的建立和运转花费了巨大的精力。他不但提出了物理思想，构想了与日本合作的架构，促成了合作的实现，还在他担任主任长达八年的时间里，领导着这一世界水平的实验室完成了一项又一项的工程和研究工作。他不领取 RBRC 的工资，却不辞辛苦，每周三天为了去 RBRC 工作而长途奔波在纽约和长岛之间。由于他细致而强有力的领导，RBRC 各方面的工作取得了极大的成绩。

2003 年，李政道从 RBRC 退休。但是 RBRC 的工作仍沿着他指出的方向发展，硕果累累。2006 年 11 月在上海召开的"第 19 次夸克物质国际学术研讨会"，是对这一领域物理实验工作的大检阅。有数百名来自世界各地的科学家出席研讨会并做报告，总结了 RHIC 的科学成果。

现任 RBRC 的主任塞缪斯（N. Samios）在报告里称李政道是相对论性重离子对撞物理领域里的老师、同仁、指导者、管理者和朋友（Teacher, Colleague, Mentor, Administrator, Friend）。并说："经常认真听取李政道的意见，你会大有收获。"他说，1974 年 11 月 29 日在纽约熊山召开的 BeV 重离子碰撞学术会上，莱德曼（L. Lederman）和温乃舍（J. Weneser）指出，物理学的历史教育我们，重大革命事件的产生，一定要逐渐理解下述事实，就是只有根本地离开现存的想法，才能积累确凿无疑的观察，以证明革命事件的存在。而李政道则说："相当大数量的高能或高核密度，对发现新现象是极为重要的。"1974 年李政道和威克提出了李—威克物质的观念，认为真空并不稳定，真空并不是基态：隧道。强子碰撞能够实现那样的转换吗？这样，人们可以暂时重建物理真空破坏了的宇称，可能创造出核物质异常的密集态。这是一个关于高密度物质的极为睿智的想法。到 1982 年，李政道就提出了相对论性重离子碰撞物理以及其未来的发展，即所谓 RHIC 物理。

在 2004 年 5 月召开的"在 RHIC 上的新发现"工作会上宣布，他们发现了一种"强相互作用胶子等离子体"（sQGP—Strongly Interacting Quark Gluon Plasma），这是一种新的物质态，即温度约 200MeV，密度为 15~30 GeV/Fm^3，具有非常强的相互作用的物质。我们必须研究并了解这一新型物质的特性。李政道在他的论文[①]中指出：强相互作用夸克胶子等离子体的发现，是一个历史性的事件。但是，"知道了方程式不等于就知道它的解。"现在，我们知道有 sQGP，但并不知道它是什么。实验的发现，只不过是新物理时代的开始。它可以引导我们去较完整地了解夸克和胶子的基础理论—量子色动力学。由于 sQGP 是一种强相互作用系统，一旦产生出它的许多特性，将会主宰跟着而来的所有物理现象。所以，sQGP 物理就可能是一个开端，通过它我们将能达到 LHC[②] – 质子对撞加速器上的物理工作并走得更远，或许能了解我们宇宙的暗能量和暗物质问题。李政道还用一首诗来结束他的论文：

Eight Gluons for the Universe
To set her gauge.

---

① The Strongly Interacting Quark Gluon Plasma and Future Physics T.D.Lee A talk given at the RBRC Workshop on "New Discoveries at RHIC"

② 西欧核子研究中心的一个质子对接机。

Six Quarks for Humankind
Search for the truth.
One Plasma with superstrength
One Plasma to bind them.
Through Dark Energy
One Plasma to quench them.
And from the Big Bang
One Plasma to shape them all.

试译之：

宇宙里的八个胶子
确定了她的量规。
人类以六个夸克
去探寻真理。

1992 年纽约市长授予李政道纽约市奖。

一种等离子体具有超强作用
一种等离子体去约束它们。
通过暗能量
一种等离子体去熄灭它们。
而从大爆炸开始
一种等离子体却把它们全都形成。

美国物理学会和世界物理学界，都认为 sQGP 的发现是世界物理学界的重大成果，给予高度评价。

塞缪斯在他报告的结尾说：李政道是最高级别的物理学家，是思想家、战略家、管理家和艺术家。

物理学家艾利斯和拉瑞·麦克勒安（Alice and Larry McLerran）写了一首诗歌颂李政道：

汗腾格里峰①

一位青年测量了汗腾格里峰。
太阳在飞雪中编织了彩虹。
他走进去，那里色彩变幻，
直到星星成为他唯一的光源。

有人说他在夜里说话极其热情，
别人以为他因缺少空气而发疯。
然而，清晨他从雾中走出，
天山在他背后像利剑高纵。

高山是河流的源 —— 他把对它的爱教给大家
河流的源水从冰墙流下

_____
① 天山中部高峰，海拔 6995 米。

越过清新牧场上的万物
带着霜气流到长满崇高雪松的坡地。

朝着蓝天，孩子们梦想高峰。
新的攀登者们去寻找登山的道路
经过刺骨的稀释空气和风
去寻找别人从未见过的风景。

Khan Tengri
For T. D. Lee

A young man scaled the mountain Khan Tengri.
The sun wove rainbows in the blowing snow.
Entranced, he stayed there as the colors changed,
Until the stars became his only light.

Some say he talked with spirits in the night,
While others thought him crazed by lack of air.
Still, in the morning he strode from the fog,
The Tien-Shan rising spires at his back.

He taught to all his love of mountain heights-
The source of streams that flow from glacial walls
Past creatures crossing meadows crisp with frost
Down to the slopes where lofty cedars rise.

Faces turn skyward, children dream of peaks.
New climbers go in search of routes that mount
Through thinning air and wind that pierces bone

To reach the views no other eye has seen.

Alice and Larry McLerran

RBRC 仅是李政道年过花甲后的一项工作。他除了要想实现自己在探索"万物之理"上的无垠之"志"，很重要的一点，是想给年轻的人才创造成长的条件，用心之苦，感人至深！

李政道在忙于 RBRC 的同时，并没有放弃自己的理论研究工作。他在解薛定谔方程，探索暗能本质等方面继续自己的研究，每年都有论文发表。从 2002 年到 2006 年就发表了 19 篇论文。由于他负担的领导和组织工作很多，他的研究只好挪在晚间进行，说准确一点，在深夜进行。通常他晚饭过后，稍事休息就开始他的计算工作，几个小时过后疲倦了，便睡一会，一般也就是一两个小时，醒后便又开始计算，

跟朱镕基总理解释物理学原理。

天亮前再睡一两个小时便要去办公室。这样的情况，即便是在出差当中，他也是坚持不懈。所以，平时你只见李政道忙于各种活动，并无做论文的时间，可是他的论文却一篇又一篇地发表。难道这里会有什么秘诀吗？前面曾说过李政道做物理研究的秘诀，但是在时间的花费上，对任何人都没有秘诀可言。要说秘诀，那就是抓紧人生的分分秒秒，持之以恒，锲而不舍，勤奋刻苦，永不停止。李政道截止到现在所发表的三百几十篇论文，也就是他的"雄文六卷"（第五、六卷科学论文选集已经出版）① 就是他的生命的积累。他虽届暮年，但仍有前景。他还没有从物理研究的前线退下。他精力旺盛，身体健康，思想活跃，常有非常好的物理思想出现。他的研究工作所涉及的都是宇宙之间的大问题，对这些大问题，他都有自己的答案。他经常说，一个人一生做事，要忠于自己的事业，要做加法，不能做减法。不能只是空说，空喊又空又大的口号。要把从事的事业，看成自己的生命，看成像吃饭穿衣一样的必须。要有持久性，要持之以恒，要有奉献精神。最重要是要工作，不能停顿。年过 80 的李政道，没有"挂靴"的打算，他的计算簿，随身携带，字迹工整，密密麻麻，一页又一页，天天在增加。这就是为什么他的论文能一篇又一篇不断发表的原因。

2006 年 11 月 24 日，中国科学院在北京人民大会堂举办"李政道从事物理研究 60 年学术思想研讨会"庆贺他 80 寿辰。温家宝总理亲临会议并发表书面贺词。朱镕基、李岚清、路甬祥也发来书面贺词。会上，中科院、人事部、国家自然科学基金委、高能所、北京大学等单位发言，来自美国布鲁克黑文实验室的塞缪斯教授以及 CUSPEA 同学代表也发言，高度评价李政道在物理研究和教育事业等方面的成就和贡献，特别指出，李政道在几十年里对促进祖国科技教育事业的发

---

① 郭沫若曾用"有雄文五卷"来歌颂毛泽东。

展方面做出了出色的贡献。李政道做了题为《物理的人生》的发言答谢来宾。他以五首诗句回赠高宾：

老子：

道可道　非常道
名可名　非常名

孔子：

学而时习之，不亦说乎
有朋自远方来，不亦乐乎

杜甫：

细推物理须行乐
何用浮名绊此身

李政道借杜甫诗意：

细推物理日复日
疑难得解乐上乐

黄伯飞[①]：

人生有几何
性命无代数

李政道说，这五首诗就是他以物理为生的写照。他之所以终生以物理为业，目的就是要追求作为客观真理的"道"，故而要"时习之"，

---

① 李政道在美的朋友。

要欢迎远方的朋友一起切磋、研究，共同追求真理。为此，对于所进行的物理研究要有好奇心，要有兴趣，不能为名利所绊。要有持之以恒的决心，日复一日地工作，锲而不舍；解决了难题，就会得到快乐。人生几何，性命无尽，人们就应该把有限的生命、无穷的性命投入到追求真理的事业中去，为人类的发展贡献力量。

《庄子·秋水篇》里有一个故事，说的是黄河神河伯与渤海神若的对话。黄河神原来自以为了不起，但走到渤海则感觉到自己的渺小，于是向海神请教若干问题。渤海神以居高临下的态势，说了许多大道理，直教河神佩服得五体投地。实际上，这里的海神就是庄子的化身，而庄子在这里讲的那一套大道理，就是庄子的"道"，或者称为"大道"。用庄子的话来说，他就是在"语大义之方，论万物之理"。

人类自古以来，对于自己身外存在的事物，大到宇宙，小到秋毫之末；从社会到个人，从精神到物质，无不力图加以观察，以得到解释。这就是所谓"语大义之方，论万物之理"。因而"物理"这个名词，也就此产生，并逐渐演变成现代意义上的"物理学"，进而又出现了以"物理学"为职业的科学家——物理学家。

李政道就是这样的人——一位以研究"物理学"为职业的物理学家，但是，他又正是酷爱"语大义之方，论万物之理"的人。他从研究"物理学"入手，却对于世上的"万物之理"都感兴趣，并乐意给出自己的解释。这恰与"物理"这个名词的演化进程相反，他是从狭义的"物理"走向广义的"物理"的。

李政道从小就有解释宇宙万物，穷究世间存在的爱好和欲望。他选择"物理学"为自己的研究领域，重要的原因，就是他认为物理学是研究万物的本质的学问。这包括了万物的起源、运动的规律、宏观和微观的结构以及它对人类可能的应用等。在他从事物理研究已经获得很大成就的时候，曾经对做学问总结出了 12 字真经：

　　　　求学问　需学问
　　　　只学答　非学问

　　这 12 字真经，是李政道终生孜孜不倦进行研究的写照。李政道几乎对所有的问题都要问一个"为什么"，然后努力给出自己的答案。而其中李政道和杨振宁发现的宇称不守恒定律就是他治学问的典型例子。

　　李政道 1974 年和毛泽东主席谈对称，是他和伟大人物谈伟大科学主题的经典故事。1974 年 5 月 30 日清晨六时，毛泽东接见李政道。谈话开始，毛泽东就问："对称有什么重要？"这大出李政道的意料，如何对应，必须当机立断。

　　"对称"（Symmetry）一词，按照韦氏字典的解释，它的意思是"均衡比例"或"由这种均衡比例产生的形状美"。在汉语中，"对称"几乎具有同样的含义。所以，"对称"实质上是一个表示静止的概念。毛泽东认为，人类社会的整个进化过程是"动力学"式的变化，而不是"静力学"式的变化。社会学中是这样，自然科学中也应该是这样。但是，他不明了，为什么在物理学中，"对称"会被捧到如此高的地位。

　　为了回答毛泽东的问题，李政道也想用当年他获诺贝尔奖那样，有理论、有实验，使毛泽东一目了然，心悦诚服。这时，李政道发现，在他和毛泽东坐椅之间的小茶几上，放着有笔记本和铅笔。于是，他手拿笔记本，把一只铅笔放在上面，让笔记本先向毛泽东那边倾斜，铅笔滚向毛泽东那边，然后，又让笔记本向着自己这边倾斜，铅笔又滚回自己这边。如此反复几次，铅笔在笔记本上来回滚动。演示过后，李政道解释说：在这个演示中，笔记本和铅笔尽管没有一瞬时是静止的，但总起来说，这个动力学过程是对称的。因而，"对称"这个概念决不是静止的，它要比其通常的含义普遍得多，而且适用于一切自然现象，从宇宙的产生到每个微观的亚核反应过程。毛泽东听后没有再提出质疑，随即询问了其他一些物理问题，并说他年轻的时候，由于忙于其他的事情，没有更多地学习自然科学，对此颇觉遗憾。但是，他对自然科学是有兴趣的，曾经读过汤姆孙的《科学大纲》(The Outline of Science J. A. Thomson)。第二天，当李政道就要上飞机的时候，毛泽东却遣专人到机场给李政道送去了一套 1922 年四卷本原版的汤姆孙著的《科学大纲》。李政道发现书上的标签是北京图书馆的，于是在他回美国后，另外寻购了一套同样原版的汤姆孙著的《科学大纲》寄回国内，以弥补北京图书馆的收藏。

和上述故事可以媲美的是李政道与罗马天主教皇的交往。1993 年 5 月 8 日，李政道应罗马教皇保罗二世的邀请，去罗马参加为伽利略平反的活动。活动是在艾利斯中心（Erice Center）举行。三百多年前，也就是 1616 年，罗马教会因为伽利略主张地动说等而对他进行了第一次审判，1632 年被判入狱，1642 年含冤去世。后来罗马教会虽承认了地动说，但迟至 1979 年罗马教皇才正式承认对伽利略的审判不公正，决定予以平反。教会组织了一个完全由诺贝尔物理奖得主组成的六人委员会，以图评价伽利略对现代科学思想的贡献以及科学研究与宗教信仰的关系，就此了结这一历史公案。李政道是这个委员会的成员之一。他的发言是这样说的：教会对伽利略的对待是十分不应该的。问题倒不在于是地球围着太阳转还是太阳围着地球转，因为伽利略时代还没有相对论。现在从惯性力学的观点来看，说地球绕着太阳转或太阳绕着地球转都是可以的。问题在于，教会不应该强制性地判决只有某一种观点是正确的。教皇对他的这一说法表示很满意。

除去物理学领域的问题而外，李政道对物理领域以外的许多问题都感兴趣。

　　李政道关心的问题之一，是关于中国文化的。中国文化是世界
几大古文化之一。世界文化可以分为：东亚文化、南亚文化、西亚文
化和西欧文化。前三者为东方文化，后者演变为欧美文化，又可称为
西方文化。世界文化也可称为世界文明，相应地又可分为：黄河文明、
恒河文明、两河文明及尼罗河文明。李政道要问和要回答的问题不是
人类文化或者文明的分类。他关心的是，作为人类古老文化之一的中
国文化，为什么没有像古埃及文化、古希腊文化、古巴比伦文化和印
度文化那样中途夭折，而是一直延续至今。这个问题很重要，因为一
个文化纵使古老悠久，水平很高，但不能持续发展，甚而中途夭折，
岂不是巨大的不幸和损失。中国文化持续发展几千年，仍有旺盛的生
命力，对人类文明的发展不断做出贡献，其中原因应该总结，以为警
世之用。李政道的用心良苦，可见一斑。对这问题有多种答案。但归
结起来，不外内因和外因两个方面。内因，不外是民族的存在遇到不
可克服的困难；外因，则主要是外族的入侵。李政道的答案大致是这
样的：中国文化是黄土文化，因为它发生在黄河流域黄土高原一带，
而不是在沿海。中国古时候科学就开始发达，代表性的就是天文学。
那时天文观察比较发达，这对农业很有利。而农业是以人为本，以民
生为本。再加上中国古时候，虽然有迷信，但没有系统的宗教。因而，
民生为本、科学为主、没有宗教控制，就很可能是炎黄文化延续至今
的基本原因。李政道分析说，炎黄文化的发展方向与其他古文化不一
样。埃及古时候的塑像都是做成神的像，希腊也大多塑成超人的神像。
而中国则是璧、琮等玉制的天文仪器，另外是青铜的鼎、尊等盛吃盛
喝用的生活用具。中国为什么没有宗教？原因可能是中国在很早的时
候，科学就已经发达了，有了科学，宗教的产生就有困难。另外，中

国的象形文字在文化发展中的作用也很特别。象形文字和拼音文字不
同。象形文字很好懂，不容易受控制，不容易产生宗教；拼音文字是
密码，人们看不懂，容易导致宗教的产生。可以看出，李政道总结的
这三个原因，其侧重点是科学的作用。他的答案虽不是权威性的，但
重视科学这一点，对于现如今正在蓬勃发展的中国，是有重要意义的。

　　与这个问题同时，另一个问题也一直受到人们的重视并为其争
论不休。那就是，是什么原因使中国在近代落后于西方。这个问题与
"李约瑟难题"并不是同一个问题。李约瑟的问题是着重于近代中国
科学技术，而李政道所要回答的问题是整个中国。对于这个问题，正
如对"李约瑟难题"一样，答案也是多样的。李政道的看法专注一点，
一针见血地指出，世界进入近代以来，由于种种原因，中国忽视发展
近代科学技术，因而没能在传统科技的基础上，完成向近代科技的进
步。他说，这里有一个重要原因，就是不了解或者说不知道、不掌握
如何进行基础科学研究的方法。中国从古代到现代，科学技术的发展，
一直是比较平稳的。但是，到了十五六世纪，西方的科学技术有了明
显的发展，中国则仍然停留在原来的水平上没有迅速的进步。那时在
西方出了一位伟大的哲学家和科学家培根，他倡导实验科学，开创了
现代实验科学的先河，成为现代实验科学的真正鼻祖。可是在中国则
出了一位王阳明。本来中国也有所谓"格物致知"的理论和实验科学
传统，到了王阳明的时候，他却用哲学的理论对客观事物进行"格"，
搞起了"格竹致知"，失败了，因而得出了"天下之物本无可格者"的
结论，从而倡导所谓"格物之功，只在身心上做"，一下子把实验科
学拉回到人的内心的所谓"良知"上来，这对中国的科学技术的发展
产生了很大影响，恐怕是中国科技落后于西方的重要原因。进一步说，
光空喊"格物"也不行，还要知道如何格，从哪里着手。例如，二十

世纪初，人类面临的问题是如何认识太阳的能量，但是如果人们仅只是去朝着太阳看，是不可能认识太阳的，只有找到认识太阳的入手之处才可能真正对太阳有所认识。大家知道，后来解决这个问题是通过认识光和热的本质才达到的。而王阳明虽然去"格"竹子，可是他不用实验科学的方法，而是用哲学的方法，格了七天就格到心里去了。他的实验（格）以失败告终。按照王阳明的做法，中国的科学技术怎么能够快速发展呢？李政道不赞成说中国在近代以前没有科学技术的看法。他认为，中国在远古的时候就有很发达的科学和技术，特别是农业科技和天文学，并因此而使社会稳定进步。在公元前几千年的时候，中国的天文学研究就已经能够给农业的发展提供支持。譬如，公元前 1300 年时，中国就有了天文观察和记载。在商朝的一片甲骨上就记有"新大星并火"的字样，记录了一颗新星的爆炸。关于超新星的记录也是中国最早做出的。那是在北宋仁宗至和元年发现的。从 1054 年 8 月 27 日一直记录到 1056 年 7 月。李政道还对现存的商朝的玉璧、玉琮和璇玑进行了研究。他推测，由于它们的体积较小，可能就是公元前 3000 年左右时天文观测仪器的复制模型。《周礼》上说："以苍璧礼天，以黄琮礼地。"《书·舜典》上说："璇，美玉也；玑为专远，径八尺，圆周二丈五尺强，玉者正天之器。"说明确实有这样的天文观测仪器。事实说明，中国的科技源远流长，在中国文化发展的历程中起了巨大的作用。很明显，近代中国的落后的一个重要的原因，是忽视或者说不知道如何进行真正的科技研究。

2004 年 10 月李政道来中国访问，他有感于中国政治、经济建设的高速发展，认为邓小平的理论对此起了决定性的作用。他觉得，在邓小平理论中间，"向前看"这一理论具有代表性，不但对中国的发展，甚至对世界的发展都具有重要的指导意义。他说，现在的世界，在民族或国家之间经常发生冲突，每发生一次，就结下一个死结，而且没有一个死结可以解开，死结越来越多，民族和国家的发展受到极大的阻碍。可是现在中国不同，过去的那么多死结都打开了，中国有了长足的发展。很重要的原因就是有了邓小平"向前看"的理论。于是，他对这一想法进行了归纳和总结，得到如下几条：

● "向前看"是邓小平于70年代末在中国社会发展的关键时期提出来一个伟大的方针，是对人类社会和平发展的一大理论贡献。

● 27年后，这一方针在中国得出了令人瞩目的结果。

● 回顾人类社会发展的历史，看一看当今全人类社会在发展上面对的严峻形势，便可以看出，邓小平的"向前看"的理论，不仅对中国社会和平发展具有重要意义，而且在解决全人类社会和平发展的问题上，同样会有极为重要的意义。

● "向前看"包含多方面的意义：

 ＊ 对过去的问题——"宜粗不宜细"

 ＊ 要"团结一致"

 ＊ "不搞争论"

 ＊ 目的是为了发展——"发展是硬道理"

● "向前看"这一原则，适用于解决当今全人类，也就是各民族、教派、帮派和国家之间存在的各种问题——主要是和平与发展问题。

● 要大力弘扬邓小平"向前看"的理论，使全世界各民族都接受并遵照实行——人类大同世界定会实现。

李政道认为，有了邓小平"向前看"的理论，中国又实行了对外开放、重视科技等政策，所以中国就有了今天的快速发展。知道今天中国为什么能快速发展，就能知道过去中国落后的原因。

2001年10月，美国刚经历了"9·11"恐怖袭击，李政道来中国访问。他对这一事件进行了一些思考，觉得应该从这次事件吸收教训，对社会长远的发展一定极为有益。他认为：

20 世纪的几次战争，非但没有影响反而推动了美国经济的发展。因为战争的消费刺激了生产。当时，战争的消费主要是在美国以外的其他国家，而受战争刺激的生产则大部分是在美国。这次"9·11 事件"引起的战争可能不需要很大的消费，因而不会对生产有很大的刺激。可是恐怖分子利用突发事件造成的经济和精神上的破坏，在相当长的时间里也许很难完全恢复。

为了防止恐怖分子的袭击，必须分析可能被攻击的目标，研究可能的防止方法。大家首先想到的是，世贸中心那样的高楼是否要建造；水库的安全等等问题。但是，更重要的，是要从这一事件中得到启发，改变目前一些流行的观念，从而对今后长远的社会发展问题作比较根本性的讨论。为此，有必要对当前西方的现代化发展模式作进一步的讨论。

西方现代化的发展模式都是向着"集中和全球化"、"紧密联系和一体化"的方向发展。而从目前形势看，很有必要改变或修正这一模式。但是，欧美发达国家已经形成了很集中的、密切联系的现代化经济，改造是有困难的。而像中国这样的发展中国家，在新的建设中则需要考虑如"9·11 事件"给发展造成的问题，采取恰当的能应付 21 世纪的发展模式。

改进"集中和全球化"、"密切联系和一体化"的方法之一就是在保持"集中和密切联系"的同时，引进一定的独立性和延迟效应。西方经济发展的"集中和密切联系"的模式，以追求经济效益和高速发展为目的。但是，社会的高速发展并不是唯一的目的，还要注意社会的稳定发展。为此，必须在"集中和紧密联系"的模式中，在一定空间和时间范围内保留相对的独立性和延迟效应。这样，一旦有突发事件时，便能迅速反应，在某些局部，在一定程度上切断联系，使社会经济或人们的生活在一个小的范围内独立维持生存一定时间，然后再有计划地建立新的联系。这种灵活性的实现可能需要增加一定的经济投入。但这种消费是积极的，会带动生产的发展。

现代社会中，技术（包括许多技术手段）的扩散和利用是没有隔离的，是连续的。它一旦产生出来，很快就扩散到世界各地。迅速是它的优点，但也会产生为人利用的机会。其中最大的问题就是失去控制。这次"9·11事件"，恐怖分子就是利用了这一点。为避免这种问题的发生，也许有必要改变观念，在连续的观念中增加隔离或控制的观念。举几个例子说明：

1. 飞机：驾驶舱与客舱是连通的，使恐怖分子有机可乘。现在要使二者完全隔离，使驾驶员不受客舱内发生的事情的干扰。对飞机结构的这种改造是完全必要和可能的。

2. 生活饮用水：为了能应付突然的袭击，每个家庭可以贮存一至二天的饮用水。今天可以饮昨天贮存的水，明天可以饮今天贮存的水。发生停水或水污染的意外时，每个家庭都可以独立地维持一至二天。这段延迟时间对于组织反击，重新提供正常的饮水是非常宝贵的。

3. 邮件：邮件之所以被恐怖分子利用，也因为邮政是一个无隔离的连续的递送手段。因此要在邮局和收件人之间，建立一种隔离的机制，譬如，一个检验邮件的服务环节或公司。

此外，诸如互联网等，都有类似的问题，可以采用相应的方法去解决。

上面所述都是很初步的思考，但沿着这个思路，或可更进一步对国防、经济、生活的各个方面作一个全面的分析，寻求一种全新的，既有集中、联系，又有独立、延迟的灵活性的廿一世纪的现代化社会的发展模式。

李政道不单对于上述大问题，乐于发表高见，谈天论地，纵说古今，提出有独立见解的答案，他对于一些看似虽小的问题也有兴趣提出独特的见解。有人说，李政道的大脑天生就是为了回答问题的。但凡有问题提出，李政道总会给出一个答案。

有一次，一位美国人问他：为什么中国话里把东西叫做"东西"？这本来是一个"无头公案"，没有现成的答案。李政道也没有成竹在胸。但他不愿意让一个外国人问倒，便稍加思索回答说：中国古都长安城的布局，皇宫坐北朝南，位居城的中央，城的左边和右边，也就是东边和西边都是居民区和市场，人们可以从那里买到所需要的东西，故有"东西"之说。再者，中国的大江大河都是东西向的，故用"东西"代表山河万物，并推而广之为一切事物。这当然不是权威甚或正确的解释，不过李政道善于思考，敢于给难题做答的精神和智慧令人钦佩。后来，了解到另一种解释，说中国古代把木、火、金、水、土"五行"分别代表东、西、南、北、中五个方位。把甲、乙、丙、丁、戊、己、庚、辛、壬、癸称为"天干"，又把"天干"的每两个与五个方位对应，形成东方甲乙木、南方丙丁火、西方庚辛金、北方壬癸水、中方戊己土。可见，东方属木，代表一切植物；西方属金，代表一切金属矿物。故有"东西"代表世间一切物体之用。当然，这也不过是一家之说而已。

有一次，李政道从美国来中国，在飞机上，国内某大学的一位教授问他：现在大家都说有两个世界，一个是客观世界，一个是主观世界。它们有什么区别吗？如果没有主观世界，如何确定客观世界的存在呢？李政道想了一下即兴回答说：每个人都有一个主观世界，两个人在一起的时候，他们的主观世界一定会有交叉。如果有第三个人，那么三个人的主观世界的交叉部分就会比两个人的要更多。这样，在人数很多的情况下，人们的主观世界的交叉部分就比一个人的主观世界要大得多，多人的主观世界就成为客观世界了。这听起来似乎近于诡辩，但细想之下，不是也颇有道理吗？

　　但是，李政道对某些问题的解释，并不都是如此，当有人问他科学和宗教的关系的时候，他的解释是无懈可击的。李政道认为，宗教和科学是平行的人类文化，是人类文化的两条路。宗教对于人和宇宙的关系也给了我们一个答案，一个可能的解释的希望。宗教可以把人和上帝联系起来，可是宗教的答案是不能证明的。相反，科学对宇宙间的各种问题的答案是可以重复的，可以证明的。这就是科学和宗教的不同之处。李政道不信教，他崇尚科学，因为科学是可以证明的，这也就是科学之所以是科学的道理。

　　如何看待和评价中国的传统医学，相当时间以来，存在着争议。有一些人高度评价中医甚至达到了迷信的地步，有一些人则基本上持否定的态度。具体说法各别。时至 2007 年，这种争论几乎达到了白热化的地步。就这个问题，有人想知道李政道的看法，于是乘机发问。

李鹏、宋健、周光召与李政道夫妇合影。

1988年，邓小平接见第九次中美高能物理联合委员会的美方代表。

2005年摄于美国国家标准局。

李政道说，中医一开始就讲究整体，着眼整体，而西医则是从点开始，然后到线，再到面，然后到全体。但是中医仅是停留在整体上，没有从整体到面，再到线、点。这就是说它没有能够实现科学化。这是中医的局限。当然中医的科学化是很难的事情，不过还是应该这样做的。而西医恐怕也要多从总体上着眼一些。李政道的这种看法，应该说是比较公允的，只要不是持极端观点的人，恐怕是可以接受的。至于有关中西医谁优谁劣的争论，如果仅仅停留在坚持己见，而不去作踏踏实实的工作，则无论经过多少时间，也不会有任何结论的。

李政道解释了许许多多大大小小的问题，他的解释饱含着深邃的智慧和高超的技巧，令人深受启发，回味无穷。但是，问题是无穷尽的，小问题是这样，大问题也是这样。李政道和所有的物理学家却面临着要回答的几个重大问题。这几个问题真可谓是万物的"大义"，而它们的"方"和"理"又是什么呢？

正如19世纪末20世纪初那样，几朵乌云在物理学的天空中漂浮，挥之不去，驱之不散。后来，物理学对这几朵乌云做出了解释，科学技术有了巨大进步，整个人类社会突飞猛进。现在，物理学的天空中又出现了几朵乌云，等待着人们驱散。

2001年10月7日，中国工业经济联合会、中国高等科学技术中心会同全国人大环资委等16个单位，在人民大会堂举办大型学术报告会，请李政道作《物理的挑战》的报告。来自北京各有关单位的近万名听众聆听了李政道的讲演。李政道在他的讲演里，纵论中国古代的物理学和20世纪物理学的发展、人才的培养等重大课题。在说到21世纪物理学面临的巨大的挑战的时候，他指出，有四大问题等待着人们的答复：

第一个大问题是：对称的理论基础，不对称的实验结果。

现在已知的强相互作用、电弱相互作用和引力场三大相互作用的理论基础都是对称的，可是实验结果很多是不对称的。通常，人们认为这并不是什么了不起的问题。他诙谐地说，顶多就是把那些多事的理论物理学家赶走就是了。可是，这却是一个有关宇宙存在的大问题，不解决是不行的。至少现在人们已经知道，正是由于宇宙的不对称性，才有人类的存在。如果宇宙是对称的，正像理论家的理论所说的那样，宇宙可能就不会存在，也不会有我们人类。当然，即使我们了解了为什么宇宙是不对称的，人类也不可能左右宇宙的发展，不过却可能出现其他意想不到的结果。

第二个大问题是：夸克单独看不见。

现在我们已经知道，组成物质的最小单元的基本粒子共有 12 种，其中一半是夸克，但是所有的夸克都是单独看不见的。这就是所谓"夸克禁闭"问题。这是为什么？弄清这一问题，对于进一步了解物质构造具有重要意义，因为随着对物质构造更进一步的了解，往往会产生意想不到的对人类极为有益的后果。

第三个大问题是：暗物质和暗能量。

引力场的实验事实已经证明，宇宙中确实存在着暗物质和暗能量。假如宇宙的总能量是 100 的话，那么我们现在所能看到的宇宙的能量，只占宇宙全部能量的 5% 或更小些，其余 95% 的能量，大约 70% 是暗能量，25% 是暗物质的能量。我们能感受到暗物质的吸引力，也知道它们不是我们已经了解到的现存物质，也不是反物质，但是究竟是什么物质，我们并不了解。至于暗能量，我们也不知道它是什么能量。很显然，了解宇宙 95% 的能量的秘密，将对人类产生巨大影响。

第四个大问题是：类星体。

类星体是一种特别的星体。有一个类星体，它的直径小于地球和太阳之间的距离，可是它的亮度比整个银河系里 10^{12} 个恒星释放的能量还要大一万倍。现在已知至少有 100 多万个类星体，每一个类星体的能量约是太阳能量的 10^{15-16} 倍，它不是太阳的核聚变能量，是什么能量，我们不知道。所以，揭露类星体能量的秘密成为人类面临的课题，它的解决对我们肯定会有重要的意义。

摆在人类面前的这几个大问题，足够物理学家们忙活一个世纪了。

2002 年 10 月 22 日，中国国家科技领导小组在中南海举办科技知识讲座，李政道应邀再一次做了《物理的挑战》的讲演。中共中央政治局常委、国务院总理、国家科技领导小组组长朱镕基以及李岚清等领导人出席听讲。讲演结束后，朱镕基说，李政道的讲演使他进一步认识到宇宙的伟大和人类探索宇宙能力的无限。面对 21 世纪日益激烈的科技竞争，我们更应高举"科教兴国"、"科学技术是第一生产力"的旗帜，把国家的科学技术提高到一个新的水平。

笑容可掬的李政道。

李政道永远站在物理学的最前沿，对这几个大问题早有考虑并开始了探讨。他于 2004 年发表了一篇论文《暗能量的可能来源》（A Possible Origin of Dark Energy），他说他的观念是"天外有天"，就是说，因为有暗能量，而暗能量是一种负的压力，它使我们的宇宙不断加速膨胀，说明在我们的宇宙之外可能还有很多的宇宙。这就是"天外有天"。他于 2005 年发表的另一篇论文《强相互作用夸克—胶子等离子体及未来物理学》（The strongly interacting quark-gluon plasma and future physics，简称sQGP），试探解释新核物质与暗能量的关系。他的观念是"核天相连"，就是说，核能也许可以和宇宙中的暗能量相变相连。"天外有天"、"核天相连"就是李政道关于大小宇宙的形象说法，这也是他的重要的物理思想。sQGP是一种新物质，它是在美国布鲁克黑文国家实验室能量极高的对撞机上（RHIC），由金核与金核对撞产生的。这项实验是由李政道主持在这台对撞机上进行的，它能将每个金核离子加速到100GeV，使它们迎头对撞，来产生新的物质，来研究真空的实质。

对于"对称的理论基础，不对称的实验结果"，"夸克单独看不见"，李政道也有自己的见解。他说，这两个问题的解虽然还没有出来，但是已经有了一个可能的解。他认为，要解答这两个问题，必须去研究真空和真空的构造。正是因为真空有构造，所以真空能够把夸克禁闭

1993 年，李政道在 Lindau 会议上。

起来。因为真空能变，所以真空的变化能影响对称性，正因为如此我们也可以改变真空。重离子对撞的实验就是在实验室里制造宇宙大膨胀开始时候的情形，追踪研究膨胀后的发展，看看物质是怎样产生的，有没有暗物质和类星体的痕迹和启示。

李政道把人类面临的四大问题归结为"物理的挑战"，人类要进步，就要去回答这些大问题。回答了这些大问题，人类就会得到相应的报偿，就会有新的进步。然后，人类肯定将会面临新的大问题。如此循环往复，不停前进，以至永远。这就是"大义之方"和"万物之理"。有志于破解宇宙之谜的人们，应该像李政道那样孜孜追求，勇于提问，更善于回答，为人类的发展而奋斗不息。

附录一

弱相互作用中的宇称守恒质疑 [‡*]

李政道　　　　　　　　杨振宁 [†]

（哥伦比亚大学）　　（布鲁克黑文国家实验室）

1956 年 6 月 22 日收到）

提要: 本文检验了 β 衰变及超子和介子衰变中的宇称守恒问题. 建议了在这些相互作用中可以检验宇称守恒的可能的实验.

最近，实验显示 θ^+（$\equiv K_{\pi 2}^+$）和 τ^+（$\equiv K_{\pi 3}^+$）介子的质量 [1] 和寿命 [2] 几乎完全一样。另一方面，基于角动量和宇称守恒，对 τ^+ 的衰变产物的分析 [3] 强烈建议 τ^+ 和 θ^+ 是不同的粒子，这就形成了一个相当令人迷惑的局面，并引起了广泛的讨论 [4]。

摆脱这种困境的一种方法是，假定宇称不严格守恒，θ^+ 和 τ^+ 是同一粒子的两种不同的衰变模式，它们的质量和寿命就必须相同。在本文中，我们想在已有的宇称守恒的实验证据的基础上分析这种可能性。我们的分析清楚显示，在强作用和电磁作用中，现有的实验以很高的精确度表明宇称守恒；但是，对弱相互作用（即，介子和超子的衰变作用和各种费米相互作用）宇称守恒至今仍只是外推的假设，并没有实验证据的支持。（人们甚至可以说，现在的 $\theta - \tau$ 之谜也许可以视为弱

[‡] 注: 原文发表于 1956 年 10 月 1 日 Phys. Rev. 104 卷, 254-258 页.

[*] 本工作由美国原子能委员会部分支持.

[†] 永久地址: 高等研究院, 普林斯顿, 新泽西.

1. Whitehead, Stock, Perdins, Perterson, and Birge, Bull. Am. Phys. Soc. Ser. II, 1, 184 (1956); Barkas, Heckman, and Smith, Bull. Am. Phys. Soc. Ser. II, 1, 184 (1956).

2. Harris, Orear, and Taylor, Phys. Rev. 100, 932 (1955); V. Fitch and K. Motley, Phys. Rev. 101, 496 (1956); Alvarez, Crawford, Good, and Stevenson, Phys. Rev., 101, 503 (1956).

3. R. Dalitz, Phil. Mag. 44, 1068 (1953); E. Fabri, Nuovo Cimento 11, 4769 (1954). 最近实验结果参看 Orear, Harris, and Taylor [Phys.Rev. 102, 1676 (1956)].

4. 参看, 例如, Report of the Sixth Annual Rochester Conference on High Energy Physics (Interscience Publishers, Inc., New York, 即将发表).

作用中宇称守恒破坏的迹象。但是，这个论点没有被认真对待，因为，我们目前对于奇异粒子的性质了解得太少。倒不如说，这提供了一个检验宇称守恒问题的动机。）要明确地判断宇称在弱作用中是否守恒，我们必须通过实验确定弱作用能否分出右和左。下面将讨论一些可能的这类实验。

目前宇称不守恒的实验极限

如果宇称不严格守恒，所有的原子与原子核都将处于混合状态，它们主要由我们通常认定的态构成，同时混有少量具有相反宇称的成份。后者所占比例称为 $\mathcal{F}^2$，这个量代表了宇称守恒破坏的程度。

在原子物理与核物理中确立的宇称选择定则清楚表明，混合度 $\mathcal{F}^2$ 不可能大。从这些考虑我们可以得到的限度为：$\mathcal{F}^2 \leq (r/\lambda)^2$，对于多数原子谱，其数值为 $\sim 10^{-6}$。一般说来，对核谱所得的极限的精度较低。

宇称不守恒意味着存在使不同宇称混合的相互作用。与通常的作用相比，这种作用的强度一般以 $\mathcal{F}$ 表示，由此得到混合为 $\mathcal{F}^2$ 的量级。这种作用的存在会影响核反应的角分布。但是，我们将看到，这些实验的精度不高，得到的 $\mathcal{F}^2$ 的限度不会好于 $\mathcal{F}^2 < 10^{-4}$。

作为例子，让我们检验极化实验，因为它与下面要讨论的一些实验很相似。一束在对于其动量垂直的 z 方向极化的质子流，被原子核散射时，比较对 x–y 平面反射对称的两个方向 A 和 B 上的散射强度 [5]，结果发现二者的差异小于 $\sim 1\%$。如果这散射是由通常宇称守恒的相互作用加上宇称不守恒的相互作用（比如，$\sigma \cdot r$）引起的，则在 A 和 B

5. 参看，例如，Chamberlain, Sergre, Tripp, and Ypsilantis, Phys. Rev. 93, 1430 (1954).

方向的散射振幅之比应正比于（ $1+\mathcal{F}$ ） $/(1-\mathcal{F})$ ，其中， $\mathcal{F}$ 是散射中两类作用的强度之比。因此，实验结果要求 $\mathcal{F} < 10^{-2}$ ，或 $\mathcal{F}^2 < 10^{-4}$ 。

宇称守恒的破坏在所有系统中都将导致一个电偶极矩，矩的大小为

$$\text{矩} \sim e\mathcal{F} \times (\text{系统的尺度}). \tag{1}$$

这一电偶极矩的存在会产生有兴趣的结果。比如，若质子有电偶极矩 $\cong e \times (10^{-16} \text{厘米})$ ，由氢原子的相邻的 $2p$ 态引起的微扰会使其 $2s$ 态移动约 1Mc/ 秒。这将与目前兰姆位移的理论解释不一致。在电子 – 中子相互作用中还找到另一个例子。中子的电偶极矩 $\cong e \times (10^{-18} \text{厘米})$ 是目前实验允许的上限。

至今最精确的电偶极矩测量由普塞尔（ Purcell ），拉姆塞（ Ramsey ）和史密斯（ Smith ）完成 [6]。他们得到中子电偶极矩的上限为 $e \times (5 \times 10^{-20}$ 厘米)。由此得到 $\mathcal{F}^2$ 的上限为 $\mathcal{F}^2 < 3 \times 10^{-13}$ ，这也是强作用和电磁作用中对宇称守恒的最精确的验证。但是，我们将看到，即使如此高的精度也不足以提供弱作用中宇称守恒的实验证明。为此，需要 $\mathcal{F}^2 < 10^{-24}$ 的精度。

β 衰变中的宇称守恒质疑

初看起来，大量与 β 衰变有关的实验似乎会提供弱 β 相互作用中宇称的确守恒的证明。我们仔细检验了这个问题，却发现并非如此，（见附录）。我们先写出五种通常类型的耦合。另外，我们又引入了五种保持角动量守恒，但宇称不守恒的耦合。很明显，这时将 β 衰变分为

6. E.M. Purcell and N.f. Ramsey, Phys. Rev. 78, 807 (1950); N. F. Ramsey, Molecular Beams (Oxford University Press, London, 1956) 书中引用 Smith et al. 的工作.

允许跃迁，一级禁戒跃迁等等的过程与通常的完全相同。（核态的宇称混合对这些选择定则没有可测量的效应。这一现象将在下节讨论）。然后，我们检验了如下一些现象：允许跃迁谱，特殊禁戒跃迁谱，具有允许谱形状的禁戒跃迁谱，β – 中微子关联和 β – γ 关联。结果发现，这些实验都与 β 衰变作用中的宇称守恒问题无关。这是因为，在所有这些现象中都不存在宇称守恒和宇称不守恒两类相互作用的干涉项。换言之，计算结果总得到正比于 $|C|^2$ 的项加上正比于 $|C'|^2$ 的项。这里 C 和 C′ 分别为通常宇称守恒的作用（五项的总和）和宇称不守恒的作用（同样也是五项的总和）的耦合常数。而且，众所周知 [7]，如果不测量中微子的自旋，就不可能区分 C 耦合与 C′ 耦合 (假定中微子的质量为 0)。我们目前有关 β 衰变的绝大部分知识来自与上述现象有关的实验结果，因此不能决定 C′ 型相互作用与通常类型作用的混合程度。

CC′ 干涉项不存在的原因其实很清楚。仅当从实验观测量能形成赝标量时，这种量才会出现。例如，当测量三个动量 p_1、p_2、p_3 时，就可能有 $CC'p_1 \cdot (p_2 \times p_3)$ 项。或者，当测量动量 p 和自旋 σ 时，会出现 $CC'\mathbf{p} \cdot \boldsymbol{\sigma}$ 项。在所有上面谈到的 β 衰变现象中，都不能从观测量形成这样的赝标量。

β 衰变中宇称守恒的可能的实验验证

以上讨论也建议了一类实验，用它可以探测 C 和 C′ 的可能的干涉，从而可以确定 β 衰变中宇称是否被破坏。一个相对简单的可能的实验是，测量极化原子核的 β 衰变中出射电子的角分布。设 θ 为母核取向与电子动量的夹角，θ 和 $180^o - \theta$ 分布的不对称性就构成 β 衰变中

---

7. C. N. Yang and J. Tiomno, Phys. Rev. 79, 495 (1950).

宇称不守恒的肯定证据。

更明确地说，让我们考虑任意一个极化核，比如 Co^{60} 的允许 β 跃迁。β 射线的角分布形式为（见附录）：

$$I(\theta) = (常数)(1 + \alpha\cos\theta)\sin\theta d\theta, \tag{2}$$

其中 α 正比于干涉项 CC'。如果 $\alpha \neq 0$，我们就得到了 β 衰变中宇称不守恒的肯定证明。通过测量用分数表示的 $\theta < 90^o$ 和 $\theta > 90^o$ 的不对称性，就能得到 α 的值，即

$$\alpha = 2\left[\int_0^{\pi/2} I(\theta)d\theta - \int_{\pi/2}^{\pi} I(\theta)d\theta\right]\bigg/\int_0^{\pi} I(\theta)d\theta.$$

值得指出的是，这时用于极化原子核的磁场将可自动把以 $\theta > 90^0$ 和 $\theta < 90^0$ 出射的电子在空间上分开，因此，有可能证明这个实验是行得通的。

初看起来，研究极化核 β 衰变产物中的 γ 射线分布，可以从极化核的自旋和 γ 射线的动量 p_γ 形成赝标量。由此看来也许会提供另一种可能的宇称守恒的实验检验。不幸的是，核的能级有确定的宇称，而电磁作用中宇称是守恒的。（任何具有 $\mathcal{F}^2 < 3 \times 10^{-15}$ 的宇称混合都不会影响这个论证。）因此，γ 射线携带确定的宇称，这样，所观测的几率函数一定是 p_γ 的偶函数。这个性质排除了形成赝标量的可能性。因此，不可能用这种实验来检验宇称守恒。

对 $\beta - \gamma - \gamma'$ 三体关联实验，基于类似的，但是更复杂的推理，我们可以证明，这三个动量的测量不能提供任何关于 β 衰变中宇称守恒问题的信息。

在 $\beta - \gamma$ 关联实验中，γ 的极化特性能提供一个检验。更确切地

说，让我们考虑与 β 射线平行出射的 γ 射线的极化状态。如果 β 衰变中宇称守恒，γ 射线就没有极化。相反，如果 β 衰变中宇称守恒被破坏，一般来说，γ 射线就存在极化。但是，这种极化的性质是圆极化，因而，可能不易实验探测。（通常通过康普敦散射，光电效应及氘的光致离解测量极化的方法都不能探测圆极化。这是因为，圆极化是由平行于传播方向的一个轴矢量规定的，从这些探测技术观测的动量无法形成这样的轴矢量。）对于沿其它方向出射的 γ 射线，宇称不守恒会导致椭圆极化。这个效应的探测则更加困难。

介子和超子衰变中的宇称守恒质疑

如果像 β 衰变或介子和超子衰变这样的弱作用中宇称不守恒，宇称混合将作为二级过程在所有这些相互作用中出现。为了检验这个效应，让我们考虑，例如 Λ^0 的衰变：

$$\Lambda^0 \to p + \pi^-.$$

在这一衰变中宇称不守恒的假设意味着，Λ^0 实际上存在两个相反宇称的状态，因此它具有一个电偶极矩，大小为：

$$\text{电偶极矩} \sim e\mathcal{G}^2 \times (\Lambda^0\text{的尺寸}), \tag{3}$$

其中 $\mathcal{G}$ 是 Λ^0 衰变作用的耦合强度。（$\mathcal{G}^2 \leq 10^{-12}$．）因此，$\Lambda^0$ 的电偶极矩为 $\leq e \times (10^{-25}$ 厘米)。

显然，质子也应当有同样数量级大小的电偶极矩。我们已经看到，这么小的电偶极矩的存在完全与已有的实验信息一致。换另一种说法，

比较式（3）与式（1），我们有

$$\mathcal{F} \sim \mathcal{G}^2.$$

因为所有的弱作用，包括 β 相互作用都有特征的耦合强度 $\mathcal{G}^2 \leq 10^{-12}$，弱作用中的宇称破坏会引入以 $\mathcal{F}^2 < 10^{-24}$ 标志的宇称混合，正如我们已经指出，这个量超出当前实验知识的限度。

如果弱作用破坏宇称守恒，宇称就像奇异数一样，只能在强作用和电磁作用中被定义和被测定。而且，要注意一件重要的事，伴随着奇异数守恒，正如伴随每一个守恒律一样，对所有系统的宇称都存在一个任意因子。所有奇异粒子的宇称因而只能决定到因子 $(-1)^S$，其中 S 是奇异数。因此，Λ^0（相对于核子）的宇称只是个定义问题。但是，一旦它定义了，其它奇异粒子的宇称就可以从强作用中测得。

介子和超子衰变中宇称守恒的可能的实验检验

要灵敏地、明确地检验弱作用中宇称是否守恒，我们必须确定弱作用是否能区分右和左。只有产生了相反宇称态之间的干涉，才有可能做到这一点。仅观测从一种"粒子"产生的具有相反宇称的两种衰变产物不能提供宇称不守恒的结论性证据，这正是目前 $\theta - \tau$ 之谜所处的状态。

如前所述，仅当所观测的量能形成如 $p_1 \cdot (p_2 \times p_3)$ 这样的赝标量时，才可能有这些干涉项。与 Λ^0 的产生联系起来观察它的衰变，确实提供了这种可能的赝标量，从而提供了检验 Λ^0 衰变作用中宇称是否守

恒的可能性. 让我们考虑如下实验:

$$\pi^- + p \to \Lambda^0 + \theta^0, \quad \Lambda^0 \to p + \pi^-. \tag{4}$$

令 p_{in}, p_Λ 和 p_{out} 分别为实验室系中入射 π, Λ^0 和衰变 π 的动量. 定义参数 R 为 p_{out} 在 $p_{in} \times p_\Lambda$ 方向上的投影. R 的数值范围在大约 -100 MeV/c 到大约 $+100$ MeV/c 之间. 将矢量乘法从（通常使用的）右手定则变成左手定则意味着改变 R 的符号. 因此, 从实验上研究 $+R$ 和 $-R$ 是否以相同的几率出现, 可以验证 Λ^0 的弱衰变相互作用中的宇称守恒.

为了更清楚地了解参数 R 的意义, 我们把 $p_{out}(\to p')$ 变换到 Λ^0 的质心系中. 新的矢量 p' 的大小为常数 $\cong 100$ MeV/c. 可以在球面上画出矢量 p' 出现的次数（频度）的分布. 取这个球的 z 轴为 $p_{in} \times p_\Lambda$ 方向, 我们能证明如下两个对称性:

(a) 绕 z 轴转 180^0 后, 球面上的频度分布不变. 这个对称性是由产生 Λ^0 的强作用过程的宇称守恒决定的, 与弱作用的性质无关.

(b) 如果在 Λ^0 的衰变作用中宇称守恒, 对 Λ^0 的产生平面作反射后, 球面上的频度分布不变.

为了证明（a）, 我们只需考虑, 对于由 p_{in} 和 p_Λ 确定的产生平面作反射后, 产生过程的不变性. 这个反射是空间反演后, 再绕 z 轴（即产生平面的法向）转 180° 的结果. 因此, Λ^0 的极化状态在绕 z 轴转 180° 后不变, 由此得到所述的对称性.

（b）是弱作用和强作用中宇称都守恒的假设的直接结果 [8]．对产生平面的反射必定保持整个过程不变．

R 的频度分布，只是球面上的分布在 z 轴上的投影．因此，+R 与 −R 间的不对称意味着在 Λ^0 衰变中宇称不守恒．但是，如果 Λ^0 的自旋不极化，即使在 Λ^0 衰变中宇称不守恒也不存在不对称 [9]．所以，为了得到极化的 Λ^0 束流，实验最好以确定的入射能量，在 Λ^0 的一个确定的非朝前产生角上进行．

以上讨论也适用于任何其它奇异粒子衰变过程，只要（1）该粒子的自旋不等于零，并且（2）它衰变为两个粒子，其中至少一个自旋不为零，或者它衰变为三个或更多个粒子．因此，以上考虑也可应用于 $\Sigma^\pm$ 衰变，可能也可以用于 $K_{\mu2}^\pm$，$K_{\mu3}^\pm$，$K_{\pi3}^\pm (\equiv \tau^\pm)$ 衰变．

在如下衰变过程中

$$\pi \to \mu + \nu, \tag{5}$$

$$\mu \to e + \nu + \nu, \tag{6}$$

从静止的 π 出发，我们可以研究 μ 介子的动量和在 μ 的质心系中的电子动量的夹角 θ 的分布．如果在（5）和（6）中宇称都不守恒，一般来说，对于 θ 和 $\pi - \theta$ 的分布不相同．为了理解这一点，首先考虑 μ 的自旋取向．如果过程（5）破坏宇称守恒，一般来说，μ 会在它的运动方向极化．在接着的衰变（6）中，对 θ 角的角分布问题则与我们前面

---

8. 仅当 Λ^0 在强作用中作为具有确定宇称的单个粒子存在时，也就是说，Λ^0 不作为具有相反宇称的两个简并态 Λ_1^0 和 Λ_2^0 存在，不是我们曾经所建议的那样，[T. D. Lee 和 C. N. Yang, Phys. Rev. 102，209 (1956)]，对（a）的证明才成立（如上节所述）．[必须强调的是，如果在弱作用中宇称确实不守恒，（现在）就根本没有必要如此复杂地引进宇称相反的两个简并态]．另一方面，即使 Λ^0 以相反宇称的两个简并态 Λ_1^0 和 Λ_2^0 存在，（b）仍然是正确的．总之，（a）中叙述的对称性破坏意味着，存在宇称二重态 Λ_1^0 和 Λ_2^0，其质量差小于它们的宽度．（b）中叙述的对称性破坏意味着在 Λ 衰变中宇称不守恒．又见注解 12 及 T. D. Lee 和 C. N. Yang, Phys. Rev. (将发表)．
9. 如果衰变产物中两个宇称间的相对相位为 90°，干涉也可能偶然地不存在．但是，当衰变过程中时间反演守恒，这种情况就不会出现．

讨论的从极化核上出射的 β 射线的角分布问题非常类似。(完全类似的讨论对 $\Xi^- \to \Lambda^0 + \pi^-$ 和 $\Lambda^0 \to p + \pi^-$ 过程也适用。)

评　注

如果宇称守恒在超子衰变中破坏，衰变产物将有混合的宇称。但这并不影响阿代尔（ Adair ）[10] 和特莱曼（ Treiman ）[11] 关于在特定情况下超子自旋与其衰变产物角分布的关系的论述 [12] 。

人们会问，是否在弱作用中其它物理守恒定律也会破坏。检验这个问题后发现，重粒子数，电荷，能量和动量的守恒在弱作用中都没有出现破坏。对于角动量守恒和宇称守恒，不能得到同样的结论。对时间反演守恒，也不能作同样结论。初看起来， $\pi^\pm$ 的寿命的相等及 $\mu^\pm$ 的寿命的相等似乎可以用作弱作用中电荷共轭不变性的证明。但是，仔细检验这个问题，发现事实并非如此。事实上，带电粒子及其电荷共轭态在弱作用衰变中寿命相等（对于弱作用强度的最低级）是由在特殊洛伦兹（ Lorentz ）变换（即没有空间反演也没有时间反演的洛伦兹变换）下的不变性得到的。因此，至今还没有弱作用下电荷共轭不变的实验证据。本文只讨论了宇称不守恒的问题。

人们通常相信宇称守恒，并不问其正确性的可能限度。其实，并没有先验的理由说明，为什么它的破坏不会存在。正如众所周知，它的破坏意味着左右不对称的存在。前面我们已经看到一些实验有可能检验这个不对称性。这些实验将检验，是否现有的基本粒子会显示出对左

10. R. K. Adair, Phys. Rev. 100, 1540 (1955).

11. S. Btreiman Phys. Rev. 101, 1216 (1956).

12. 具有相反字称的 Λ_1^0 和 Λ_2^0 的存在可能会影响这些关系。这与注释 8 中讨论的对称性（ a ）的破坏类似。见：T. D. Lee and C. N. Yang, Phys. Rev.（将发表）。

与右的不对称行为。如果这种不对称的确被发现了，人们还可以问，为什么不能存在显示相反的不对称性的相应的基本粒子，因而在更广的意义上，仍然保持整体的左 — 右对称。必须指出，若真是如此，则应存在两类质子 p_R 和 p_L，右手质子和左手质子。而且，当前实验室中的质子必须以其中一类为主，以产生假想地被观测到的非对称性，也才会给出观测到的质子的费米（Fermi）— 狄拉克（Dirac）统计性质。这意味着，它们之间的自由振荡周期必须比宇宙的寿命长。这样，它们才有可能都被视为稳定粒子。而且，p_R 和 p_L 的数目必须分别守恒，但是它们之间的相互作用并不一定弱。比如，p_R 和 p_L 可以与同样的电磁场，也许同样的 π 场发生作用。他们就可能分别成对产生，导致有兴趣的观测可能性。

在这一图象中，假设被观测到的左右不对称性并不归因于基本的反演不守恒，而是由于在宇宙论的意义上，比如说，p_R 比 p_L 占局域优势。这情况很类似于质子对反质子的优势。沿这些方向的思考是非常有趣的，但已远远超出本文的范围。

作者感谢 M. 哥德哈伯（Goldhaber），J. R. 奥本海默（Openheimer），J. 斯坦伯格（Steinberger），和吴健雄（C. S. Wu）的有兴趣的讨论和评论。作者也感谢与 R. 欧姆（Oehme）的有兴趣的交流。

补 充

如果 β 衰变中宇称不守恒，哈密顿量的最一般形式为

$$
\begin{aligned}
H_{int} = \;& (\;\psi_p{}^\dagger \gamma_4 \psi_n)(C_S \psi_e{}^\dagger \gamma_4 \psi_\nu + C_S' \psi_e{}^\dagger \gamma_4 \gamma_5 \psi_\nu) \\
& + (\psi_p{}^\dagger \gamma_4 \gamma_\mu \psi_n)(C_V \psi_e{}^\dagger \gamma_4 \gamma_\mu \psi_\nu + C_V' \psi_e{}^\dagger \gamma_4 \gamma_\mu \gamma_5 \psi_\nu) \\
& + \frac{1}{2}(\psi_p{}^\dagger \gamma_4 \sigma_{\lambda\mu} \psi_n)(C_T \psi_e{}^\dagger \gamma_4 \sigma_{\lambda\mu} \psi_\nu \\
& + C_T' \psi_e{}^\dagger \gamma_4 \sigma_{\lambda\mu} \gamma_5 \psi_\nu) + (\psi_p{}^\dagger \gamma_4 \gamma_\mu \gamma_5 \psi_n) \\
& \times (-C_A \psi_e{}^\dagger \lambda_4 \gamma_\mu \gamma_5 \psi_\nu - C_A' \psi_e{}^\dagger \gamma_4 \gamma_\mu \psi_\nu) \\
& + (\psi_p{}^\dagger \gamma_4 \gamma_5 \psi_n)(C_P \psi_e{}^\dagger \gamma_4 \gamma_5 \psi_\nu + C_P' \psi_e{}^\dagger \gamma_4 \psi_\nu),
\end{aligned}
\tag{A.1}
$$

其中 $\sigma_{\lambda\mu} = -\frac{1}{2}i(\gamma_\lambda \gamma_\mu - \gamma_\mu \gamma_\lambda)$ 和 $\gamma_5 = \gamma_1 \gamma_2 \gamma_3 \gamma_4$。如果 β 衰变中时间反演守恒，两个常数 C 和 C' 均为实数，但下面将不引入这一假设。

这一相互作用的计算过程与通常完全一样。比如，我们得到允许跃迁时电子的能量和角分布为：

$$
\begin{aligned}
N(W, \theta) dW \sin\theta d\theta = \;& \frac{\xi}{4\pi^3} F(Z, W) pW(W_0 - W)^2 \\
& \times \left(1 + \frac{ap}{W}\cos\theta + \frac{b}{W}\right) dW \sin\theta d\theta,
\end{aligned}
\tag{A.2}
$$

其中，

$$
\begin{aligned}
\xi = \;& (\;|C_S|^2 + |C_V|^2 + |C_S'|^2 + |C_V'|^2)|M_{F.}|^2 \\
& + (|C_T|^2 + |C_A|^2 + |C_T'|^2 + |C_A'|^2)|M_{G.T.}|^2,
\end{aligned}
\tag{A.3}
$$

$$
\begin{aligned}
a\xi = \;& \frac{1}{3}(|C_T|^2 - |C_A|^2 + |C_T'|^2 - |C_A'|^2)|M_{G.T.}|^2 \\
& - (|C_S|^2 - |C_V|^2 + |C_S'|^2 - |C_V'|^2)|M_{F.}|^2,
\end{aligned}
\tag{A.4}
$$

$$
\begin{aligned}
b\xi = \;& \gamma[(C_S^* C_V + C_S C_V^*) + (C_S'^* C_V' + C_S' C_V'^*)]|M_{F.}|^2 \\
& + \gamma[(C_T^* C_A + C_A^* C_T) + (C_T'^* C_A' + C_A'^* C_T')] \times |M_{G.T.}|^2,
\end{aligned}
\tag{A.5}
$$

以上表达式中所有未说明的记号都与标准的记号意义相同。（比如，见罗斯（Rose）[13] 的文章）

上面的表示中不包含任何宇称守恒的和不守恒的相互作用部分的干涉项。实际上，在通常表达式中将 $|C_S|^2$ 因子用 $|C_S|^2 + |C_S'|^2$ 代替，$C_S C_V^*$ 因子用 $C_S C_V^* + C_S' C_V'^*$ 代替，等等，可以得到干涉项。如文章中指出，除了能用观测量构成赝标量的情况，这个规则一般都成立.

当能形成赝标量时，如在极化核上的 β 衰变中，如（2）式所清楚表明，会存在干涉项。在允许跃迁 $J \to J-1$（no）中，α 为

$$\alpha = \beta < J_z > /J \,,$$

$$\begin{aligned}
\beta = \ & \mathrm{Re}\Big[C_T C_T'^* - C_A C_A'^* + i\frac{Ze^2}{\hbar cp}(C_A C_T'^* + C_A' C_T^*)\Big] \\
& \times |M_{G.T.}|^2 \frac{\nu_e}{c}\frac{2}{\xi + (\xi b/W)} \,,
\end{aligned} \tag{A.6}$$

其中 $M_{G.T.}, \xi$ 和 b 由（A.3）–（A.5）定义。ν_e 是电子速度，$< J_z >$ 是初态核自旋分量的平均值，对允许跃迁 $J \to J+1$（no），α 为：

$$\alpha = -\beta < J_z > /(J+1). \tag{A.7}$$

在以上考虑中，已包括了库仑场的效应。

---

13. M. E. Rose，见 Beta – and Gamma – Ray Spectroscopy (Interscience Publishers, Inc., New York, 1955), pp. 271-291.

勘　误 *

弱相互作用中的宇称守恒质疑，T. D. Lee and C. N. Yang [Phys. Rev. 104, 254 (1956)]。附录中的（ A.4 ）式应修改为

$$
\begin{aligned}
a\xi = & -(|C_S|^2 - |C_V|^2 + |C_S'|^2 - |C_V'|^2)|M_{F.}|^2 \\
& + \frac{1}{3}(|C_T|^2 - |C_A|^2 + |C_T'|^2 - |C_A'|^2)|M_{G.T.}|^2 \\
& + 2\mathrm{Re}\Big\{ i\frac{Ze^2}{\hbar cp}[(C_S C_V^* + C_S' C_V'^*)|M_{F.}|^2 \\
& - \frac{1}{3}(C_T C_A^* + C_T' C_A'^*)|M_{G.T.}|^2] \Big\}.
\end{aligned} \tag{A.4}
$$

这一改变不影响文中的叙述，也不影响附录中的其余部分。作者感谢 R. B. 科第斯 (Curtis) 博士和森田真人 (M. Morita) 博士 [††] 指出 (A.4) 式中的错误。

赵维勤　译

---

* 注：原文见 Phys. Rev. 106 (1957) 1371
†† M. Morita, Progr. Theoret. Phys. Japan 10, 346 (1953).

附录二

李政道年谱（1926—2008）

1926 年 11 月 24 日 生于上海，祖籍江苏苏州。按家谱属"道"字辈，祖父为他取名"政道"。

祖父李仲覃，苏州博习书院（东吴大学前身）毕业，1920 年美国伦道夫·梅肯学院（Randolph-Macon College）名誉博士；曾任基督教苏常沪区主任传道、教区长，是苏州圣约翰教堂的建立者之一。祖母蒋咏苹是清朝画家蒋廷锡后裔。

父亲李骏康，南京金陵大学毕业。母亲张明璋，上海启明中学肄业。共有子女六人，李政道排行第三。

大哥李宏道，重广税务学校毕业。二哥李崇道，柳州广西大学毕业，美国康奈尔大学（Cornell University）研究院毕业，得博士学位。四弟李达道，上海大同大学肄业。五弟李学道，上海交通大学毕业，瑞典格森博格·察尔莫斯大学（Gothenburg Chalmers University）研究院毕业。六妹李雅芸，上海交通大学毕业，美国路特格斯大学（Rutgers University）研究院毕业，得博士学位。

1935-1937 年 在上海清心中学附小读五、六年级，因日本侵华战争爆发，未能毕业。酷爱读书。

1938 年 入东吴大学附中。时东吴大学由苏州迁上海。

1941 年 12 月 8 日 日寇占领上海租界。

12 月 22 日 离家赴大后方求学，经浙江、福建至江西。

1942 年夏 到达赣州招待所（为流浪学生而设），入江西临时中学，后改为江西赣州联合中学。因没有教师，自学，与同学切磋。饱受急性疟疾、痢疾、疥疮等疾病并饥饿冷冻之苦，几乎完全没有了希望。未毕业。

1943 年 辗转从江西经广东、广西到贵阳，以同等学历参加全国大学统一招生考试，报考浙江大学，被录取入电机系，开学前转入物理系，在贵州湄潭的永兴场上课。校长竺可桢（在贵州遵义），教授王淦昌、束星北（在贵州湄潭）。每周束星北教授由贵州湄潭赴永兴场作半日指导。

1944 年夏 母亲由上海赴重庆。去重庆访母，回贵州浙大时因翻车背神经受伤，不能行动，卧床停学。

1945 年夏 赴昆明考取西南联合大学为二年级转学生（由姑父杨管北转托友人梁大鹏写介绍信给吴大猷教授，得吴教授指导）。

冬 吴大猷、华罗庚、曾昭抡三教授赴重庆，受蒋介石委托，建立国防研究机构。

1946 年春 经吴大猷、华罗庚、曾昭抡三位教授的推荐，朱光亚、李政道、孙本旺、唐敖庆、王瑞骁获选赴美国学习原子弹制造技术。

9 月 李政道（大学二年级）与华罗庚、朱光亚、孙本旺、唐敖庆、王瑞骃同船赴美国，在旧金山登岸。

秋 被美国芝加哥大学研究生院破例录取。

1947 年春 获芝加哥大学全校奖学金 (University Fellowship)。

1948 年春 通过基础学科考试，师从物理学家恩瑞柯·费米（Enrico Fermi）为博士研究生。

冬 与秦惠䇹女士相识。

1949 年 1 月 完成论文《介子与核子和轻粒子的相互作用》Interaction of Mesons with Nucleons and Light Particles，with M. Rosenbluth and C.N. Yang. *Phys.Rev.*,75, 905(1949) 对 β 衰变、μ 介子的衰变及俘获进行了整体性分析，发现这些过程都具有相同的强度。预言这类相互作用可以由重的中间粒子来传递。之后，李政道推导出中间玻色子的质量上下限并取名 W(weak) 粒子。

冬 完成博士论文《白矮星内的氢含量和能量产生机制》。论文用稳定性的新观念，证明白矮星的氢含量极小，因而其钱德拉斯卡极限是 1.44 $M_\odot$（$M_\odot$ = 太阳质量标准），不是 5.75 $M_\odot$，证明白矮星是太阳这类主序星的晚期形态。同文正确地给出非常致密物质的电导公式。

年底 离开芝加哥。

1950 年 1-8 月 在芝加哥大学威斯康星州约克斯（Yerkes）天文观察站任研究员。

6 月 获芝加哥大学哲学博士学位。与秦惠䇹女士结婚。

1950 年 9 月 −1951 年 8 月 在伯克利加州大学物理系任讲师和博士后。

1951 年春 提出水力学中二维空间的流体没有湍流。发表论文《二维液体和三维液体的湍流的差异》Difference Between Turbulence in a Two-dimensional Fluid and in a Three-dimensional Fluid. *Journal Of Applied Physics*, Vol. 22, No. 4, 524. 1951. 此论文对气象预报的计算有很重要的影响。

秋 在普林斯顿高等研究院做统计物理方面的工作，与杨振宁合作，首次给出不同相热力学函数的严格定义。推翻迈耶等人建立的相变基本观念，标志着相变问题严格处理的新开端。证明李 – 杨单元定理。发表论文《物态方程和相变的统计理论》

　　• Statistical Theory of Equations of State and Phase Transitions. I. Theory of Condensation (with C.Y. Yang). *Phys . Rev.*, 87. 404.

　　• Statistical Theory of Equation of State and Phase Transitions. II. Lattice Gas and Ising Model (with C.N. Yang). *Phys. Rev.* 87, 410.

1952 年 在普林斯顿高等研究院，暑期在伊利诺伊大学，做固体物理方面的工作，与劳（ F. Law）、派因斯（D. Pines）合作，用场论的中间耦合方法，完整地解决了极化晶体中的极化子问题。

　　发表论文《慢电子在极性晶体内的运动》The Motion of Slow Electrons in Polar Crystals (with F. Low and D. Pines).

Phys. Rev., 90，297（1953）这篇论文直接启发了 1957 年的巴丁—库珀—施里弗（Bardeen‐Cooper‐Schrieffer）超导解。在 J.R. Schrieffer 的《超导电性的理论》（Theory of Superconductivity，W.A. Benjamin Inc., 1964）第二章第 39 页有详细记载。

7 月 17 日 长子李中清生。

1953 年 任哥伦比亚大学物理系助理教授。

7 月 17 日 为盖尔曼（M. Gell‐Mann）和劳解重整化群方程式。该方程式影响了 1973 年格罗斯（D. J. Gross）、波利策（H.D. Politzer）和维尔切克（F. Wilezek）的发现，即量子色动力学中有渐近自由（asymptotic freedom）现象，解释了夸克禁闭。李政道的解刊登在 M. Gell‐Mann and F. E. Low 在 *Phys. Rev.* **95**, 1300(1954) 的论文中（p. 1311）。

1954 年 发表论文《重正化场论中某些特殊事例》Some Special Examples in Renomalizable Field Theory. *Phys .Rev.*, 95, 1329(1954) 提出了李模型，是场论中少有的可解模型。在该模型下，重整化可以严格推导出来，由此可验证，在微扰论中，重整化不一定正确。由于李模型的存在，使得后来证明负几率和 S 矩阵的么正性是相容的。影响以后法捷耶夫—波波夫（L.D. Faddeev-V.N. Popov）等对量子色动力学的发展。

1955 年 任哥伦比亚大学副教授。

10 月 25 日 次子李中汉生。

1956 年 任哥伦比亚大学教授，时年 29 岁，是哥伦比亚大学建校二百多年历史上最年轻的正教授。

与杨振宁合作发表论文《弱相互作用中的宇称守恒质疑》Question of Parity Conservation in Weak Interactions (with C.N. Yang). *Phys. Rev.*, 104, 254(1956)；Errata *Phys. Rev.*, 106, 1371(1957) 为破解 θ-τ 之迷，给出了实验测量离散对称性 C(电荷共轭)、P（宇称）和 T（时间反演）的严格条件，指出已有的弱相互作用的实验并未验证这些对称性。在此基础上提出了几种检验弱相互作用宇称是否守恒的实验途径。

1957 年 发表论文《宇称不守恒与中微子二分量理论》Parity Nonconservation and a Two–Component Theory of the Neutrino(with C. N. Yang). *Phys. Rev.*, 105, 1671(1957) 提出二分量中微子的理论，对宇称不守恒理论作出了定量的预言。

发表论文《对于可能的时间反演和电荷共轭不变性破坏的评注》Remarks on Possible Noninvariance under Time Reversal and Charge Conjugation (with R. Oehme and C.N. Yang) Phys.Rev.,106,340(1957)。引入 CPT 定律，对 T 和 CP 不守恒问题，特别是中性 K 介子作了系统的研究，提出了如何可以实验证明的建议。

发表论文《在超子衰变中验证宇称不守恒》Possible Detection of Parity Nonconservation in Hyperon Decay(with

J. Steinberger, G. Feinberg, P.K. Kabir and C.N.Yang). Phys.
Rev., 106, 1367. 分析了 Λ 和 Σ 重粒子衰变如何测量宇称
P,T 和 C 不守恒问题。提出了实验证明的方法。

吴健雄小组完成实验，证实弱作用中宇称确实不守恒。之后，有近百项不同实验也得到同一结论。

9 月 –1958 年 5 月　在普林斯顿高等研究院作访问学者，全家同往。

10 月　因发现弱作用中宇称不守恒，与杨振宁共获诺贝尔物理学奖。

12 月　出席在瑞典斯得哥尔摩举行的诺贝尔奖的授奖仪式，发表"弱相互作用和宇称不守恒"的讲演。是年，任哈佛大学劳伯讲座教授（Loeb Lecturer, Harvard University），获爱因斯坦科学奖（Albert Einstein Award in Science），当选台湾"中研院"院士（Member, Academia Sinica）。

1957–1960 年　与杨振宁合作研究量子统计力学。与黄克孙、杨振宁合作研究玻色硬球系统的统计。与杨振宁合作建立统计物理中的多体问题通用框架，发现有相互作用的玻色系统可以导至超流现象，从而对氦 II 的奇特性质有了进一步了解。

1958 年　与杨振宁合作研究了硬球玻色气体的分子运动论，对研究氦 II 的超流性质作出了贡献。完成论文《硬球玻色子系统的低温特性》、《硬球的稀薄玻色子系统的低温行为》和《量子力学中的多体问题》、《液氦 II 中元激发螺旋性

的可能的测定》。

• The Low Temperature Properties of a Bose System of Hard Spheres(with C.N. Yang) Proc. of Midwest Conference on Theoretical Physics, St. Louis, March 14－15, P. 149. Low Temperature Behavior of a Dilute Bose System of Hard Spheres. I. Equilibrium Properties (with C.N. Yang) Phys. Rev., 112,1419.（1958）

• Low Temperature Behavior of a Dilute Bose System of Hard Spheres. II. Non−Equilibrium Properties (with C.N. Yang). Phys. Rev., 113, 1406.（1959）

• Possible Determination of the Helicity of Elementary Excitation in Liquid He II (with F. Mohling). Phys. Rev. Letters 2, 284.（1959）

获普林斯顿大学名誉科学博士 (Hno. Sc.D., Princeton University)。

1959 年　倡导高能弱作用研究的新领域，促成施瓦兹（M. Schwarz）提出用高能中微子作为有效的实验手段的建议。与杨振宁合作分析高能中微子的作用，确定了此后二十多年这方面的实验和理论工作的方向。发表论文《可能的高能中微子实验的理论讨论》Theoretical Discussions on Possible High Energy Neutrino Experiments (with C.N. Yang). Phys. Rev. Letters 4, 307。（1960）被选为美国科学院院士 (Member, American Academy of Arts and Sciences)。

1960-1963 年 任普林斯顿高等研究院教授兼哥伦比亚大学教授。强
调中微子实验的重要性，在论文《高能中微子实验》
（ High-Energy Neutrino Experiment.CERN61 - 31: Particle
Physics － CERN Seminars 1961, p. 65. ）中给出 W 粒子质
量的上、下限分别为 300 和 30G 电子伏。在另一篇与杨
振宁合作的论文里，计算了 W 粒子在高能中微子束实验
中的产生截面。

1961 年 1 月 赴台北看望母亲。于台北阳明山会见蒋介石、宋美龄。

1 月 15 日 于孟买会见印度尼赫鲁总理。

1962 年 与杨振宁合作，研究了带电矢量介子电磁相互作用的不
可重整化性。

发表论文《荷电矢量介子与电磁场的相互作用理
论》A Theory of Charged Vector Mesons Interacting with
Electromagnetic Field(with C.N. Yang). Phys. Rev. 128,885.
（1962）

提出了 ξ 极限理论（ ξ - limiting process ），计算了
$W^{\pm}$ 的轻子衰变，μ 子衰变和"裸"核子（ bare nucleon ）
β 衰变辐射修正中有限的 $\alpha ln\alpha$ 项（ $\alpha = 1/137$ 精细结构常
数 ），发表论文《ξ 极限理论在中间玻色子的研究上的
应用》Application of ξ - limiting Process to Intermediate
Bosons. Phys.Rev.12(1962),899. 当选美国哲学学会院士（
Member, American Philosophical Society).

1964 年 当选美国国家科学院院士 (Member, National Academy of

Sciences)。任哥伦比亚大学费米物理学讲座教授。与瑙恩伯格 (M. Nauenberg) 对零质量粒子理论中的发散进行分析，引入一套解决问题的办法，有关结论被称为 KLN 定理，是目前强相互作用实验中不可缺少的定理，也是用高能喷注去发现夸克和胶子的理论基础。

发表论文《简并系统和质量奇异性》Degenerate Systems and Mass Singulations (with M. Nauenberg), Phy. Rev. 133,B.1549(1964) CP 不守恒发现，证明了 1957 年李政道、杨振宁和欧姆（R. Oehme）的理论预见。在此背景下，李政道又提出一系列 CP 不守恒的模型，并验证它与当时的实验测量是相容的。几年后又在自发破缺的基础上提出另一模型，该模型至今仍是解决 CP 问题的可能途径之一，也是后来建造 B 介子和 τ 轻子 – 粲夸克工厂等大型加速器的主要研究目标之一。

1965–1966 年 和吴健雄合作完成有关弱作用的一个完整的、经典的综述文章《弱相互作用》。该综述分为两大部分：部分 A 是全面的理论讨论以及对弱作用理论的深入而具有总结性的概括；部分 B 是有关实验和唯像的分析。

发表论文《弱相互作用》

• Weak Interactions (with C.S. Wu), Ann. Rev. Nucl. Sci. 15, 381 (1965)

• Weak Interactions: Chapter 8—Decays of Charged K Mesons, and Chapter 9—Decays of Neutral K Mesons (with

C.S. Wu), Ann. Rev. Nucl. Sci. 16 (1966), 471; Corrections, ibid. 17, 513.

1969 年　任古根汉姆基金学者 (Guggenheim Fellow)。

获法兰西学院布德奖章（G. Bude Medal, College de France）获香港中文大学名誉文学博士学位 (Hno. LL.D., The Chinese University of Hong Kong)。

1969−1971 年　与威克（G. C. Wick）合作提出解决量子场论中紫外发散的方法——在希尔伯特空间引入不定度规。用李模型严格证明负几率和 S 矩阵的么正性是相互相容的。

发表论文《负度规和 S 矩阵的么正性》、《具有不定度规的可解模型内 $N\theta\theta$ 分区中的么正性》、《具有不定度规的场论中洛仑兹不变性问题》。

• Negative Metric and the Unitarity of the S−Matrix(with G.C. Wick). Nuclear Physics B9, 209.（1969）

• Unitarity in the N00 Sector of a Soluble Model with Indefinite Metric (with G. C. Wick). Nuclear Physics B10, 1.（1969）

• Question of Lorentz Invariance in Field Theories with Indefinite Metric (with G.C. Wick) Phys. Rev., D3, 1046(1971).

1972 年 9−10 月　第一次回国访问。先在上海访问，后抵北京。与中国科学院高能物理所云南宇宙线观测站科技人员在北京饭店讨论物理问题，受到周恩来总理关注。

10 月 14 日　周总理、纪登奎、郭沫若、刘西尧等接见。

在北京访问时，多次询问恩师束星北以及吴作人、肖淑芳、李可染等艺术家的近况，表示关心。后来，在北京饭店得见吴作人和肖淑芳夫妇。自此开始了与祖国艺术家们的友好往来。

15 日 赴洛阳等地参观。

20、21 日 参观韶山毛主席故居。

27 日 在上海到医院看望病中的杨武之。

31 日 返美。

此次回国访问中，李政道提出了一些重要观点：基础科学是应用科学的基础；要"超"就必须抓基础科学；要较早地培养年轻的基础科学人才，建立一支少而精的基础科学队伍；交流是发展科学的重要途径。同时做出决定：捐献家藏珍贵文物给上海博物馆，送长子回国学习和锻炼。

1973 年 李中清回国学习锻炼一个暑假。

1974 年 5 月 第二次回国访问。

9 日 由深圳抵广州。

10 日 抵上海。

19 日 抵北京。给周恩来总理写信提出培养基础科学人才的建议书《参观复旦大学后的感想》。为克服祖国教育的危机，建议使用培养芭蕾舞演员的办法来培养基础科学人才，建立一支基础科学队伍；建议从全国选拔一批十几岁的

孩子集中培养，达到能独立进行研究工作的水平，然后
再出国作一段时间的实践。

在周恩来总理接见时，李政道就重视科技和人才培
养问题提出：培养基础科学人才也可以从十三四岁开始，
培养一支少而精的基础科学人才队伍；基础科学和应用
科学两者都属必需，不要把基础科学变成应用科学；基
础科学包括理论和实验，不完全是理论；基础科学的训
练必须有连续性；基础科学的人才数量需少而精。

5月30日 毛泽东接见。李政道阐述对称性的意义，提出培
养青年科技人才的建议，促成了中国科技大学"少年班"
的建立。与中国科学院高能物理研究所讨论邀请国外加
速器专家来华访问以及建造加速器等问题。

31日 赴上海。

6月6日 返美。

1974年 与威克（G. C. Wick）合作研究自发破缺的真空是否可能
在一定条件下恢复破缺的对称。发现重离子碰撞中，在
原子核大小的尺度上可以局部恢复对称性。开创了相对
论重离子碰撞这一研究领域。

发表论文《真空稳定性和零自旋场论中的真空激发》
Vacuum Stability and Vacuum Excitation in a Spin 0 Field
Theory(with G. C. Wick). Phys. Rev. D9, 2291.（1974）

1月4日 在伯克利劳伦斯实验室（LBL）。同年在纽约州举行

的熊山（Bear Mountain）会议上，李政道说："迄今为止，在高能物理领域里，我们所进行的实验，都是要把高了又高的能量花费在小了又小的尺度上。为了研究'真空'这一问题，我们必须改弦更张；我们应该把高能量用在一个相对说来较大的空间里，去研究那些'大块头'的现象。这种做法从来没有人去尝试过，这个事实本身就是促进我们去做这样实验的动力。就如同我们所讨论的那样，有可能产生非常态物质。"

在之后的三十多年中，李政道积极地开拓和推动相对论性重离子的新研究领域，直接推动 2005 年超级夸克胶子等离子体（SQGP）的发现，美国物理学会认为这是当年最重要的成果。

发表论文《反常核态与真空激发》、《高密度下物质的一种可能的新形态》

• Abnormal Nuclear States and Vacuum Excitations, an invited talk given at the Annual Bevatron Users' Meeting, Lawrence Berkeley Laboratory, 1974; Revs. Mod. Phys. 47, 267 (1975)

• A Possible New Form of Matter at High Density, Report of the Workshop on BeV/Nucleon Collisions of Heavy Ions—How and Why, Bear Mountain, 1974(BNL No. 50445), 1.

1976 年 10 月 趁潘诺夫斯基到中国访问之机，与他讨论中国建造加速器问题，指出建造电子对撞机最适合中国国情。

1976-1978 年 与弗里德伯格（R. Friedberg）和瑟琳（A. Sirlin）合作，发现和研究场论中一系列新的经典解及量子化解—非拓扑孤立子，建立了一个新领域并用这些解建立强子结构的孤立子模型。提出了真空的"色散常数"概念。

发表论文《三维空间中一类标量场的解》、《三维空间中规范场非拓扑性孤立子 I, II》、《非拓扑性孤立子及其对强子的应用》

• A Class of Scalar–Field Soliton Solution in Three Space Dimensions (with R. Friedberg and A. Sirlin). Phys. Rev. D13, 2739.（1976）

• Gauge–Field Nontopological Solitons in Three Space Dimensions(I) (with R. Friedberg and A. Sirlin). Nucl. Phys. B115, 1.（1976）

• Gauge–Field Nontopological Soliton in Three Space Dimensions(II)(with R. Friedberg and A. Sirlin). Nucl. Phys. B115, 32.（1976）

• Fermion–Field Nontopological Solitons II. Models for Hardrons (with R. Friedberg). Phys. Rev., D16, 1096.（1977）

• Nontopological Solitons and Applications to Hadrons. Comments on Nuclear and Particle Physics 7, 165.（1978）

1977 年 2 月 第三次回国访问。

2 月 27 日 华国锋接见。李政道再次强调基础科学的重要性。继续与高能所讨论建造加速器的问题。

12 月 与袁家骝、吴健雄一起写信给中科院高能所所长张文裕，提出在中国建造正负电子对撞机的建议。第二次获法兰西学院比代奖章（G. Bude Medal, College de France）。

1978 年 获纽约市立大学名誉科学博士（Hno. SC. D., The City College of CUNY）

1979 年 1 月 促成中美在高能物理领域的正式合作，两国政府签订中美两国高能物理合作执行协议，成立中美高能物理联合委员会，中国科学院高能物理所与美国能源部五大国家实验室合作开始。

第一次中美高能物理联合委员会在美国斯坦福直线加速器中心（SLAC）召开。

4 月 15 日 邓小平接见，讨论了派高能物理人员去美国学习的问题。

5 月 在北京讲授"统计力学"、"粒子物理"和"场论"，为期二个月，每日五小时。全国 33 个科研单位、78 所高校，共约 1000 余科研人员、教师、研究生参加听课。

5 月 17 日 华国锋接见。李政道提出"中美联合招考物理研究生项目"（CUSPEA），由美国约 60 余座大学在美国招生署招生计划之外在中国联合招考研究生，由美国大学出奖学金，学成归国。组织高能物理和加速器科研人员赴美五大实验室进修。

本年获伽俐略奖章（Galileo Galilei Medal）。

1980 年 1 月 正式向中国政府提出 CUSPEA 的招考计划，47 所美国大学在中国招考第一批 127 位研究生。出席广东"粒子物理理论讨论会"。

华国锋和邓小平分别接见李政道。

1981 年 12 月 被授予中国科学技术大学名誉教授。将父亲的骨灰从台湾转经纽约，移葬到苏州。邓小平、万里接见，肯定 CUSPEA 要搞下去，肯定中国质子加速器下马后改建对撞机的方案（1977 年 2 月李政道曾提出相同建议）。美国 64 所大学 66 个物理系在中国招收 128 名研究生。专著《粒子物理与场论简引》出版 Particle Physics and Introduction to Field Theory, Harwood Academic Publishers, 1981

1982 年 3 月 向胡耀邦等领导人提出培养年轻人才的建议。

中国决定建造北京正负电子对撞机。

研究格点规范，提出随机格点的理论和离散力学理论，是统一场论的可能途径之一。

发表论文《随机格点场论》、《随机格点的规范理论》、《随机格点阵中的碎片和联线的权重》。

• Random Lattice Field Theory: General Formulation (with N. H. Christ and R. Friedberg). Nucl. Phys. B202, 89.（1982）

• Gauge Theory on a Random Lattice(with N. H. Christ and R. Friedberg). Nucl. Phys. B210[FS6], 310.（1982）

• Weights of Links and Plaquettes in a Random Lattice (with N. H. Christ and R. Friedberg). Nucl. Phys. B210 [FS6],

337.（1982）获意大利比萨高等师范学院杰出物理成就奖（Diploma di Perfezionamento in Physics, Scuola Normale Superiore, Pisa），是在拿破仑建立该校后近二百年的历史上，第一位获此奖项者。被选为罗马国家科学院院士（Member, Academia Nazionale dei Lincei, Rome）被授予上海复旦大学、暨南大学名誉教授。

1983 年　任哥伦比亚大学全校讲座教授。

2 月 19 日 母亲在台湾逝世。

3 月 将母亲骨灰由台湾归葬苏州。

9 日 邓小平接见。李政道提出建立博士后流动站的建议。又提出基础科学是水，应用研究是鱼，开发研究是鱼市场的生动比喻，强调基础科学的重要以及三者的正确关系。

发表论文《时间可能是离散动力学变量》、《离散量子力学》。

• Can Time be a Discrete Dynamical Variable? Phys. Lett. 1226, 217(1983)

• Discrete Quantum Mechanics (with R.Friedberg) Nucl. Phys. B 225 [FS9]/(1983)

提出时间可能是离散动力学变量（discrete dynamical variable），和弗里德伯格（R. Friedberg）提出离散量子力学。

5 月 27 日 长孙李善时（Andrew）生。

1984 年 5 月 21 日 邓小平接见。李政道介绍对撞机建设，CUSPEA 的历史经过以及博士后流动站情况，均得到邓的肯定。

10 月 与中国教育部、科学院确定博士后流动站建站方案和国家博士后科学基金试行条例。

10 月 7 日 参加北京正负电子对撞机工程奠基仪式。

10 月 在纽约哥伦比亚大学办公室与台湾物理学会会长沈君山、中国科学院副院长周光召、台北"中研院"院长吴大猷三地同时通话，协调解决中国台北物理学会参加国际地球物理和地球地质学会（IUPAP）问题，台湾方面首次同意使用"中国台北物理学会"名义参加。

定义和发展了关于时间是一个离散的动力学变量的新观念，发表论文《从爱因斯坦广义相对论推导雷杰作用量》、《接近连续极限的格点引力》

• Derivation of Regge's Action from Einstein's Theory of General Relativity(with R. Friedberg) Nucl. Phys. B242, 145(1984)

• Lattice Gravity Near the Continuum Limit(with G. Friedberg, R. Friedberg and H.C. Ren) Nucl. Phys. B245, 343(1984)

获巴德学院（Bard College）名誉科学博士学位，受聘清华大学名誉教授。

1985 年 7 月 向中国领导人提出《如何促进"国民经济生产总值翻两番"的一些简单想法》。邓小平接见。李政道提出建立自然科学基金的建议。受聘南京大学名誉教授，出资在苏州中学设立李政道奖学金。获北京大学名誉科学博士学位。

1985—1986 年 发表论文《用差分方程表述的物理》Physics in Terms of Difference Equations in The Lessons of Quantum Theory eds. J. de Boer, E. Dal and O. Ulfbeck (Amsterdam North — Holland Physics Publishing, 1986), p.181. 建议整个物理学的基础应该用一组新的差分方程表达，而不是用传统的微分方程。证明这组新的差分方程可以产生连续性的能量、动量、角动量等可以连续的守恒定律。

发表论文《黑洞是否为黑体？》及《水平辐射定理的推广》，证明霍金的黑洞理论仅是一个近似理论。

• Are Black Holes Black Bodies? Nucl. Phys. B264, 437(1986)

• Generalization of a Theorem on Horizon Radiation(with R. Friedberg and Y. Pang) Nucl. Phys. B276, 549 (1986)。

1986 年 2 月 23 日 长孙女李善玄（Andrea）生。

获意大利共和国大骑士勋章（Order of Merit, Grande Ufficiale, Republic of Italy）。获德雷斯尔大学名誉文学博士 (Hno. LL .D., Drexel University) 学位。被聘为南开大学名誉教授。

英文版《李政道论文集》（三卷本）出版。T. D. Lee, Selected Papers, Vols. 1 – 3 ed. G. Feinberg. Birkhauser Boston Inc., 1986

与弗里德伯格和庞阳创立孤子星研究领域。与弗里德伯格和任海沧研究高温超导，提出玻色子－费米子超导模型并予言可能的实验。研究理想带电玻色子的玻色－爱因斯坦凝聚，指出当密度超过某一临界值后，该系统才成为第二类超导体并给出了临界磁场的新值。与弗里德伯格、任海沧合作证明场论中的等同定理，建立玻色子－费米子超导模型。

发表《六十回忆》一文。

10 月 14 日 与北京大学合作成立现代物理研究中心，任主任。与中国科学院合作建立"中国高等科学技术中心"（世界实验室），意大利政府出部分资金，任主任。

10 月 18 日 邓小平接见李政道和世界实验室主任吉奇奇（A. Zichichi），邓小平说："中国要发展离不开科学，实现人类的希望要靠科学，第三世界摆脱贫困要靠科学，维护世界和平也要靠科学。"

11 月 哥伦比亚大学"纪念宇称不守恒定律发现三十周年暨李政道六十寿辰学术讨论会"在纽约举行，盛况空前。严济慈、周光召、吴大猷赴美祝贺。

1987 年 被授予苏州大学名誉教授。被授予上海交通大学名誉教授。

5 月 主持中国高等科学技术中心举行的《用并行机的格点规范理论》国际学术研讨会并为研讨会设计制作主题图案。

6 月 主持中国高等科学技术中心《粲物理》国际学术研讨会

　　　　　　　• Parity Doublet and Pairing Mechanism of C60 (with R. Friedberg and H.C. Ren) Phys. Rev. B46, 14150(1992).

1992 年　　获筑波大学名誉科学博士学位 (Hno. Sc. D., Tsukuba University)。

　　5 月　促成并陪同吴大猷访问内地。促成中美在美国超级超导对撞机建造上的合作，第一次合作会议在北京召开。

　　31 日　促成中国物理学家联谊会的召开，江泽民、杨尚昆、李鹏出席。

1993 年 5 月 8 日 会见罗马教皇。

　　　　　　与黄胄共同主持第一次《科学与艺术》讨论会。被授予西安西北大学名誉教授。

1994 年　　当选为中国科学院外籍院士。被授予洛克菲勒大学名誉科学博士学位 (Hno. Sc. D., The Rockefeller University)。获意大利和平科学奖（Science for Peace Prize）。

1995 年　　当选第三世界科学院院士。

1996 年　　获中国国际科技合作奖。

　　11 月　七十华诞，宋平、温家宝、周光召、朱光亚祝贺。

　　11 月 29 日　夫人秦惠䇹逝世。

1997 年　　获纽约市科技成就奖（N. Y. Mayer's Award for Excellence in Science and Technology）。

　　　　　　促成美国布鲁克黑文国家实验室（BNL，Brookhaven National Laboratory）与日本理研所（RIKEN，the Institute of Physical and Chemical Research, Japan）合作建设理研－布鲁克黑文研究中心（RBRC，即 RIKEN and BNL Research Center），任主任。日本决定参加建造相对论性重离子对撞机（RHIC，Relativistic Heavy Ion Collider），投资一亿美元建造加速极化质子装置。国际天文学联合会命名小行星 3443 为李政道星。

2 月 27 日 孙女李善星（Kate）生。

1998 年 1 月 为纪念夫人秦惠箬，以私人积蓄建立"秦惠箬－李政道基金"，北京大学、复旦大学、兰州大学、苏州大学参加，开创本科生（一半为女生）暑期跨学科进修的新途径。英文版《李政道科学论文集》第四集（1985－1996）出版。（T. D. Lee, Selected Papers, 1985－1996. Edited by Hai-cang Ren and Yang Pang, Gorden and Breach Science Publishers）

5 月 被授予上海大学名誉教授

8 月 为李政道工作了四十多年的秘书 Irene Tramm 逝世。

8 月 主持由哥伦比亚大学物理系理论组设计与 IBM 合作，建造了两台当时世界计算速度最快的 1.1 万亿次色动力学专用超级计算机（QCDSP），分别安装在哥伦比亚大学和 RBRC。

10 月 与美国加速器学校合作，在北京中国高等科技中心举办 1998 中国加速器物理学校（CAPS98），为中国建设同步光源培养人才。

11 月 QCDSP 超计算机获得 SC98 Gordon Bell 奖。

1999 年 《李政道文录》出版。任山西省首席科学顾问。任上海浦东开发区科学顾问。被授予中国国家友谊奖。

1 月 专程赴台湾看望病中的吴大猷老师。

3 月 专程赴台湾吊唁吴大猷老师。

6 月 18 日 孙女李善华（Abigail）生。

2000 年 任辽宁省首席科学顾问。任甘肃省首席科学顾问。在甘肃省设立"李政道奖学金"。

参加北戴河座谈，获江泽民接见。

台湾清华大学参加䇹政基金。被授予兰州大学名誉教授。获纽约科学院奖（New York Academy of Science Award）。

9 月 主编的《科学与艺术》大型画册出版，江泽民为画册题写书名。

2001 年 5 月 "艺术与科学"展览在北京举行，与吴冠中同任总顾问。

暑假 大陆和台湾两岸"䇹政学者"第一次交流，大陆四所大学的 24 名大学生赴台清华大学暑期实习，台湾清华大学 14 名大学生来大陆四校实习。

10 月 在北京人民大会堂作《物理的挑战》大型报告，7000 人到会听讲。创意大型雕塑《物之道》。任北京市首席科学与艺术顾问。

12 月 主编的《科学与艺术》画册获中国国家图书奖荣誉奖。

2002 年 3 月 上海徐汇区授予徐光启荣誉奖。苏州东山秦惠䇹墓地建成。

    6 月 5 日 参加在北京大学举行的 CUSPEA 实施 20 周年纪念活动并作讲演。李岚清、王兆国、丁石孙、陈至立等领导人出席。

    7 月 首批大陆"䇹政学者"赴台湾交流。

    10 月 15 日 在中南海给国务院干部举办讲座《二十一世纪科学的挑战》。

2003 年 3 月 就 2002 年台湾出版《规范与对称之美——杨振宁传》答《科学时报》记者问。发表论文《兼并的量子双阱势的新迭代解的一种新的证明和它的推广》。

2004 年 1 月、4 月《宇称不守恒发现之争论解谜：李政道答〈科学时报〉记者杨虚杰问及有关资料》一书分别在香港、兰州出版。

    3 月 任理研 – 布鲁克黑文研究中心名誉主任。

    10 月 被聘为澳门特区政府科技顾问。

2005 年 4 月 在人民大会堂举办的世界物理年报告会上，作《在祖国纪念爱因斯坦》的科普报告。

    10 月 参加复旦大学建立 100 周年庆祝会，作《复旦百年——相对论百年》及《薛定谔方程新解》的报告。接受《科学时报》记者采访，阐述在新时代基础科学的重要性。

    12 月 发表论文《薛定谔方程解的新方法》。

2006 年 4 月 22 日 出席美国物理学会 (APS) 为庆祝宇称不守恒发现 50 周年在达拉斯举行的报告会，作《旧题新观》（New Insights to Old Problem）的报告，提出对称性破坏起源的一种可能的解释，指出整个宇宙的复杂性都源于自旋为零的场。在弱作用中宇称不守恒发现 50 年后，或许我们正处在基本物理中所有对称性破缺的根源的起点。

7 月 被英国诺丁汉大学授予名誉科学博士学位。

　　　发表论文《任意空间维度和任意角动量中对于墨西哥草帽状位势的收敛迭代解》及其相关文章：《旧题新观》、《中微子质量矩阵和中微子映射矩阵间的可能的关联》、《理想带点玻色子系统中超导的评注》、《一类薛定谔方程的低端激发态的迭代解》。

9 月 5 日 出席"2006 诺贝尔奖获得者北京论坛"，作《从能量的来源谈基础科学和人才培养》的演讲。

9 月 29 日 出席美国哥伦比亚大学物理系为李政道 80 寿辰举办的庆祝会，做《学而时习之》的演讲。

11 月 11 日 出席清华大学美术学院"第二届艺术与科学国际作品暨学术研讨会"，作《对称与不对称》的演讲。

11 月 24 日 出席在人民大会堂小礼堂举行的"李政道从事物理研究六十年学术思想研讨会"。

11 月 25 日 出席"北京大学高能物理中心成立暨学术思想研讨会"，作《发现宇称不守恒五十年后的物理学之将来》的演讲。

2007 年 1 月 15 日 在东京接受日本政府授予的金银旭日重光奖章。此奖章的授予是因为李政道倡议建立了理研 – 布鲁克黑文研究中心，该中心获得了重要的重离子碰撞物理成果，培养了大批人才。

4 月 24 日 在纽约家中突发丹毒病，经紧急住院救治，病情得以控制。

5 月 出院后即准备东京国际核物理会议（International Nuclear Physics Conference, Tokyo, Japan, June 3 – 8, 2007, 即 INPC）上的报告。报告中一个重要公式，即 Hidden Symmetry 中的 Jarlskog 不变量 J 的具体表达式，就是李政道在出院后第二天推演出来的。报告的题目是《Hidden Symmetry of the CKM and Neutrino Mapping Matrices.》R. Friedberg and T.D. lee 会议期间，日本天皇接见，李政道致词。

6 月 11 日 参加在中科院高能物理所举行的 "高能量情况下宇称守恒恢复" 学术研讨会 (Possible Parity Reconstruction at High Energy)，作《弱相互作用中的宇称守恒和不守恒》的学术报告。

6 月 为西南联大老校友《我心中的西南联大》一书题词：

> 刚毅坚卓①
> 维艰维难
> 兼容并包

---

① 西南联大的总校训。

　　　　新民摇篮①

　　　　为纪念李政道八十寿辰，上海科学技术出版社出版《李政道随笔画选》。

8 月 20 日 在西欧核子中心作《弱相互作用中的宇称守恒和不守恒》的学术报告。

　　　　去台湾参加"吴大猷诞生一百周年学术研讨会"，作即席讲演。

9 月 28 日 青岛国家海洋局第一海洋研究所举办"束星北先生诞生一百周年学术研讨会"，委托季承发言，纪念恩师束星北。

　　　　为纪念李政道八十寿辰，《李政道科学论文选》（上下册）由上海科学技术出版社出版。

11 月 20 日 在 CERN 访问并做报告《粒子物理的光辉前景》。

11 月 出席中美高能物理联合委员会第 28 次会议，会议在美国费米实验室召开。讨论了 BEPCII、中国散裂中子源、上海同步辐射光源、大亚湾中微子实验、北京谱仪等项目和合作，确定了 2007 — 2008 合作项目，共 56 项。

12 月 10 日 赴斯德哥尔摩参加诺贝尔奖颁奖盛典。值李政道、杨振宁获诺贝尔奖 50 周年，瑞典皇家诺贝尔基金会特邀请李政道及其家属出席颁奖盛典。李政道携家人黄美芬、李善玄、李善时出席。

　　　　本年发表论文：

_____

① "新民"一词来自《大学》，梅贻琦校长曾著文阐释。

1. Hidden Symmetry of the CKM and Mapping Matrices R. Friedberg and T. D. Lee Ann. Phys. (2007),doi:10.1016/ j.aop.2007.06.004 arXiv:0705.4156[hep−ph]

2. Jarlskog Invariant of the Neutrino Mapping Matrix R. Friedberg and T. D. Lee Ann. Phys. (2007), doi:10.1016/ j.aop.2007.11.001 arXiv:0709.1526[hep−ph]

3. Convergent Iterative Solutions of Schroedinger Equation for a Generalized Double Well Potential R. Friedberg , T. D. Lee and W. Q. Zhao Ann. Phys. (2007), doi:10.1016/ j.aop.2007.09.006 arXiv:0709.1997 [quant−ph]

4. Symmetry and Asymmetry T. D. Lee A lecture given at the symposium for the Centennial Celebration of Hideld Yukawa, June 3, 2007, Tokyo To be published in the proceedings of International Nuclear Physics Conference 2007 in Nucl. Phys. A (2008)

2008 年 5 月 31 日 到北京，对汶川大地震极为关心。

6 月 7 日 在人民大会堂北京厅召开的"吴大猷先生诞辰 100 周年纪念会"上做《百年吴大猷》的演讲。

6 月 9 日 参加中科院理论物理所成立 30 周年庆祝会。在会 上作即兴讲话，谈到，近年来通过格点量子色动力学 (Lattice QCD)，对 $m=E/c2$ 和对非线性方程式有一些新 的了解。通过极小的输入，可以计算出原子、现存物质、 我们的银河系以及我们的宇宙的质量，这是物理学的一个新起点，将带来一场革命。用 m=E/c2 正确地计算质量是 Lattice QCD 的新的一大成功，是掌握非线性方程式的新的里程碑，也是研究理论物理的一个重要方向。

6 月 15 日 接受中央电视台采访，介绍改革开放初期，中科大"少年班"的建立。强调邓小平提出的"向前看"的观点对中国以及世界发展的重要性。

6 月 19 日 在宁波诺丁汉大学做报告《从伽利略到牛顿》。

10 月 11 日 出席清华大学"叶企孙诞辰 110 年纪念大会"，做《大音希声，大象无形》的报告。

10 月 12 日 在"纪念望远镜发明 400 周年科学大师演讲会"上作《以天之语，解物之道》的报告。

10 月 19 日 在日本质子加速器研究中心学术会议上作《当代和未来的物理学》的报告，提出"时间子"的概念。

阅 读 心 得

姓名：　　　　　　　地址：　　　　　　　　　　　　　　　电话：